本书由国家重点研发计划"战略性国际科技创新合作"重点专项 2019 年度联合研发与示范项目"一带一路沿线典型重污染行业清洁生产技术比较与应用联合研究"(2020YFE0201400)资助

"一带一路"沿线钢铁行业清洁生产与可持续发展战略研究

王寿兵　　王玉涛　　方　锴　　张挺锋　编著

北　京

冶　金　工　业　出　版　社

2023

图书在版编目(CIP)数据

"一带一路"沿线钢铁行业清洁生产与可持续发展战略研究/王寿兵等编著.—北京：冶金工业出版社，2023.5

ISBN 978-7-5024-9587-9

Ⅰ.①一… Ⅱ.①王… Ⅲ.①"一带一路"—钢铁工业—无污染技术—国际合作—可持续发展战略—研究 Ⅳ.①F416.31

中国国家版本馆 CIP 数据核字(2023)第 140190 号

"一带一路"沿线钢铁行业清洁生产与可持续发展战略研究

出版发行 冶金工业出版社		**电　话**	(010)64027926
地　址 北京市东城区嵩祝院北巷 39 号		**邮　编**	100009
网　址 www. mip1953. com		**电子信箱**	service@ mip1953. com

责任编辑　赵缘园　美术编辑　彭子赫　版式设计　郑小利
责任校对　梅雨晴　责任印制　窦　唯

北京博海升彩色印刷有限公司印刷

2023 年 5 月第 1 版，2023 年 5 月第 1 次印刷

710mm×1000mm　1/16；14.75 印张；288 千字；224 页

定价 120.00 元

投稿电话　(010)64027932　投稿信箱　tougao@cnmip.com.cn
营销中心电话　(010)64044283
冶金工业出版社天猫旗舰店　yjgycbs.tmall.com
(本书如有印装质量问题，本社营销中心负责退换)

前　　言

为应对全球气候变化，世界许多国家已陆续将碳中和作为国家战略。碳中和目标对全球产业链的重组和重构，尤其是在全生命周期碳减排方面的要求将产生重大影响。钢铁行业是全球经济发展的重要基础，也是能耗、大气污染和碳排放密集型的典型行业，同时实现能耗、污染和碳排放"三减"目标的难度极大。据统计，全球钢铁行业生产过程中排放的 CO_2 约占全球直接能源相关二氧化碳排放的 7%。目前，世界各国已逐步在国家和企业层面实施多种清洁生产技术来降低污染和 CO_2 排放。世界钢铁协会（World Steel Association，WSA）指出，目前全球钢铁行业正在推进的低碳和减污替代技术可分为三大路径，分别为碳技术路径、氢气技术路径及电解技术路径，共涉及生物质替代、碳捕获及储存（Carbon Capture and Storage，CCS）、碳捕获及利用（Carbon Capture Utilization，CCU）、氢气直接还原、氢气生产以及电解六大类技术。需要注意的是，钢铁行业的碳中和愿景贯穿于全生命周期过程，很难单靠某项技术的革新与推广来实现。虽然目前正在推进的新技术（如氢冶金技术）发展迅速，但总体仍处于小试或中试阶段，还有不少技术壁垒需要克服，距离大规模工业应用还有较长距离。

此外，据国际能源署（International Energy Agency，IEA）预测，全球对钢铁的需求在未来几十年仍将继续增长，以满足日益增长的社会和经济发展需求。这对全球钢铁行业而言，既是机遇，同时也是挑战，那就是需要在碳约束下更加绿色可持续发展，以实现经济增长和碳减排的协同效应。中国于 2013 年分别提出建设"新丝绸之路经济带"和"21 世纪海上丝绸之路"的合作倡议，旨在依靠中国与有关国家既有的双边或多边机制，借助既有的、行之有效的区域合作平台，拓展国际经济技术合作发展空间。2015 年国务院印发的《中国制造 2025》也提出，推进"一带一路"建设可以把中国强大的产能通过"一带一路"释放出去，将推动重点产业国际化布局，推进国际产能和装备制造合作。截至 2023 年 1 月 6 日，中国已经同 151 个国家和 32 个国际组织签署了 200 余份共建"一带一路"合作文件。随着"一带一路"沿线国家（以下简称：沿线国家）的增加及沿线国家工业化进程不断推进，基础设施项目的逐年增加，沿线国家在很长一段时间都将是全球钢铁投资与消费的重要地区。综上，在碳中和目标的约束下，"一带一路"倡议为构建更优的国际钢铁产能合作机制提供了可行的路径，也为钢铁行业清洁生产研究和发展提供了新的挑战与机遇。

除了从源头治理，发展以氢冶金为代表的低碳或无碳炼铁新流程，钢铁行业清洁生产的另一个课题是改变钢铁原料结构，根据不同国家的资源特点与发展趋势，开发低成本废钢熔炼技术，大幅降低铁钢比。沿线国家在全球工业分工中还多处于中低端位置，存在资源效率低下、环境污染严重等问题，钢铁行业整体清洁生产水平不高，管理和技术体系不够完善。因此，有必要较为系统地梳理沿线国家钢铁相关的环境、经济、社会三个维度的发展现状以及钢铁行业清洁生产相关政策法规、评价体系和应用案例等内容，为后续推动沿线国家钢铁清洁生产技术转移及建立更加高效有序的国际钢铁产业格局和产能合作机制提供重要依据。

　　本书初步厘清了"一带一路"沿线典型国家钢铁行业清洁生产现状，构建了基于生命周期概念的钢铁行业清洁生产评价指标体系，提出了"一带一路"沿线钢铁行业清洁生产提升潜力和战略，弥补了国内外在相关领域研究的不足。本书第 1 章阐释了研究背景、研究目的与研究内容。第 2 章分别从国家（地区）和企业层面上分析钢铁行业发展现状，包括中国、"一带一路"国家（包括潜在可能加入的）和发达国家（地区）三个区域尺度及产量占据该国钢铁市场 75% 以上的企业的发展现状。第 3 章分别从生产、消费和贸易三个维度描述全球与"一带一路"沿线钢铁行业的时空格局。第 4 章梳理了"一带一路"沿线钢铁行业清洁生产相关政策、技术规范和评价体系，特别是中国现行及沿线国家现行的国际评价指标体系和标准，并阐述存在的不足及可提升方向。第 5 章从国家层面上分别分析了部分发达国家、钢铁主要生产国及"一带一路"沿线典型钢铁生产国的钢铁行业清洁生产技术实施现状，并从企业层面上，梳理各国典型钢铁企业清洁生产实施现状与中长期发展规划。第 6 章进一步聚焦到筛选出的国内外十个典型钢铁企业，梳理典型清洁生产技术应用案例。第 7 章是面向碳中和目标的钢铁行业清洁生产研究，梳理了全球钢铁行业碳减排技术现状与发展以及有关碳排放和碳中和的标准体系。第 8 章是面向全生命周期和碳中和的钢铁行业清洁生产评价体系研究。从综合环境影响和碳足迹两个层面系统梳理了典型国家（地区）开展的 LCA 研究，并在此基础上，提出了一套基于 LCA 和碳减排目标的钢铁行业清洁生产评价体系。第 9 章则基于前述研究，从社会—经济—环境三个维度提出

"一带一路"沿线钢铁行业清洁生产合作挑战与机遇、前景展望及对策建议。

除编著者外，项目组还有部分研究生参与了资料收集、文献调研、文稿编写等工作，各章主要参与人员如下：第 1 章（胡静茹，王菊，薛美丽），第 2 章（胡静茹，隗琪，朱子浩），第 3 章（胡静茹，宋子杰），第 4 章（隗琪，屈颖，顾昕凯，陈浩），第 5 章（胡静茹，胥思涵，朱子浩），第 6 章（胡静茹，胥思涵，王心怡），第 7 章（王心怡，陈浩，张一哲），第 8 章（隗琪），第 9 章（胡静茹，屈颖，崔媛媛）。

由于作者学识所限，书中不足之处，敬请读者和专家批评指正。

著 者

2023 年 3 月

目　　录

1　绪　　论

1.1　研　究　背　景

钢铁工业既是全球经济发展的重要基础产业，也是现代社会可持续发展的重要支撑。全球钢铁贸易集中在主要经济体之间，钢铁产量和需求量大、增长快，且各国间极不平衡。为使全球钢铁行业更加可持续发展，有必要建立更加完善的国际产能合作机制。中国于 2013 年 9 月和 10 月分别提出建设"新丝绸之路经济带"和"21 世纪海上丝绸之路"的合作倡议，旨在依靠我国与有关国家既有的双边或多边机制，借助既有的、行之有效的区域合作平台，共同打造政治互信、经济融合、文化包容的利益共同体、命运共同体和责任共同体。"一带一路"倡议的提出为钢铁行业的清洁生产研究和发展提供了新的重大机遇。此外，钢铁行业还面临气候变化带来的挑战，尤其在全球兴起的碳达峰和碳中和战略目标约束的背景下，钢铁行业向节能低碳转型的压力巨大。通过实施面向全生命周期过程的钢铁行业清洁生产技术，以实现经济增长和碳减排的协同效应，将成为我国，尤其是"一带一路"沿线国家钢铁行业高质量发展的主旋律。

1.1.1　全球钢铁工业现状

钢铁作为一种人类社会经济发展中必不可少的材料，早已根植于现代经济社会发展的方方面面。现代人类经济社会飞速发展的同时也对钢铁有了极大的需求。世界粗钢产量从 1950 年的 189Mt（Million tones，百万吨）提高到了 2022 年的 1897Mt，增长了约 9 倍（图 1-1）。特别是自 20 世纪 90 年代末期以来至 2021 年，世界钢铁产量增长势头迅猛。全球粗钢产量最高峰值出现在 2021 年（1951Mt），后受新型冠状病毒感染肺炎疫情（后文简称"新冠疫情"）等因素影响，2022 年粗钢产量较 2021 年有所下降（1897Mt），但仍可与 2020 年粗钢产量持平。世界钢铁协会认为，2022 年世界钢铁需求量或将增长 0.4%，达到 1840.2Mt，2023 年，钢铁需求量还将继续增长 2.2%，或达到 1881.4Mt[1]。

另外，在钢铁产量、消费、贸易和可持续发展方面，各国间分布呈现严重不均现象。在产量方面，中国是当今世界最主要的钢铁生产国。即使受到新冠疫情的冲击，2022 年中国粗钢产量略有下降，仍高达 1013Mt，占世界粗钢总产量的

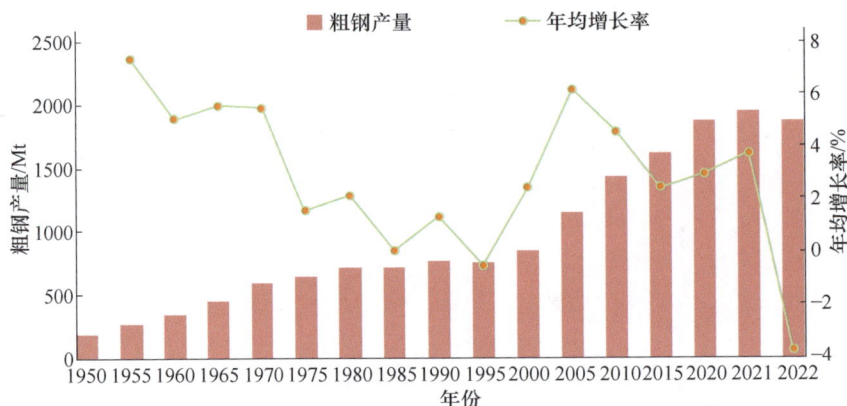

图 1-1 1950~2022 年全球粗钢产量和年增长率

53.9%，远高于排在第 2 名的印度（约 124.7Mt）。其他产量分列世界排名第 3~6 位的日本、美国、俄罗斯和韩国，其 2022 年粗钢产量仅分别为 89.2Mt、80.7Mt、71.5Mt 和 65.9Mt[2]。欧盟（含英国）2021 年粗钢产量仅占全球 8.2%，除中、日、韩和印度外的其他亚洲国家 2021 年粗钢产量仅占全球 8.1%，而欠发达地区，如中南美洲和非洲的粗钢产量分别仅占全球的 2.4% 和 1.0%[1]。

在钢铁消费方面，中国当前同样是世界上最大的钢铁消费国。2021 年中国表观消费量占全球的 51.9%，而印度仅约占 5.8%，日本约占 3.1%[1]。从人均消费量来看，2021 年韩国人均成品钢消费量达到了 1075.6kg，排名世界第一。中国人均成品钢消费量达到了 666.5kg，已超过了美国、欧盟等一些发达国家和地区的水平。对于一些欠发达国家和地区，尤其是"一带一路"沿线如乌克兰（110.3kg）、南非（83.8kg）和非洲（27kg）等，则远远低于世界平均水平（232.8kg），尤其是委内瑞拉人均成品钢消费量甚至仅有 2.5kg。

在钢铁贸易方面，当前世界钢铁贸易集中在几个主要经济体之间[1]。2021 年主要钢铁出口国有中国（66.2Mt）、俄罗斯（32.6Mt）和日本（33.8Mt），主要进口国有中国（27.8Mt）、欧盟❶（含英国）（48.1Mt）和美国（29.7Mt）。2021 年前三大钢铁净出口国为中国（38.4Mt）、日本（28.3Mt）和俄罗斯（27.6Mt），前三大钢铁净进口国为欧盟（含英国）（22.0Mt）、美国（21.4Mt）和泰国（13.7Mt）。废钢贸易是其中值得关注的重要一环，2021 年世界废钢总出口量和进口量分别达 110.7Mt 和 109.5Mt，其中欧盟（含英国）国家出口量和进口量分别为 56.2Mt 和 36.6Mt，而其他欧洲国家废钢出口量仅为 10.9Mt，进口量则高达 26.6Mt。此外，2021 年美国出口废钢 17.9Mt，相应

---

❶ 不包括欧盟内部进出口。

的进口仅为 5.3Mt；日本出口废钢 7.3Mt，进口仅 0.1Mt。而中国废钢出口为 0，进口也仅为 0.1Mt。

在可持续发展方面，世界钢铁协会发布了《可持续发展指标报告 2022 年版》[3]，统计了 2003～2021 年国际钢铁协会会员企业八项可持续性指标数据。其中：(1) 环境绩效结果显示，2021 年吨钢 CO_2 排放量为 1.91t，吨钢能源强度为 21.31GJ，原料效率为 97.34%，建立环境管理体系的占比为 95.5%。从时间尺度上分析，可以发现在统计的时间段内，吨钢 CO_2 排放量在 1.75～1.91t 范围内波动，并且 2014 年后，从 1.80t 逐渐上升至 2021 年的峰值 1.91；而吨钢能源强度多维持在 20GJ 水平上下，2021 年的 21.31GJ 也是峰值；原料效率在 96.09%～98.03%范围内波动，峰值出现在 2008 年（98.03%）；环境管理体系比例较前五年略有下降。(2) 社会绩效结果显示，2021 年误工工伤率为 0.81 工伤数/百万工时，雇员培训为 6.71 培训天数/雇员。从时间尺度上分析，可以发现误工工伤率大体上呈逐年下降的趋势；2021 年雇员培训相对其他年份略有下降。(3) 经济绩效结果显示，2021 年新工艺和新产品投资为 6.41%，较其他年份有所下降；分配的经济价值从 2019 年的 98.27%下降到 2021 年的 93.83%。

1.1.2 "一带一路"倡议对钢铁行业的巨大影响

随着经济全球化和政治多极化的发展，各国之间的贸易往来和政治交流日益密切。当今世界正发生复杂深刻的变化，国际金融危机的深层次影响继续显现，世界经济缓慢复苏，发展分化，国际投资贸易格局和多边投资贸易规则酝酿深刻调整，各国面临的发展问题依然严峻，而任何一个国家都不能独立于世界舞台，只有加强区域合作，协力应对风险，才能在挑战面前走得更远。在此背景下，中国国家主席习近平于 2013 年 9 月和 10 月分别提出建设"新丝绸之路经济带"和"21 世纪海上丝绸之路"的合作倡议，依靠中国与有关国家既有的双边或多边机制，借助既有的、行之有效的区域合作平台，借用古代丝绸之路的历史符号，高举和平发展的旗帜，积极发展与沿线国家的经济合作伙伴关系，共同打造政治互信、经济融合、文化包容的利益共同体、命运共同体和责任共同体。2015 年 3 月 28 日，国家发展改革委、外交部、商务部联合发布了《推动共建丝绸之路经济带和 21 世纪海上丝绸之路的愿景与行动》，旨在推进实施"一带一路"重大倡议，让古丝绸之路焕发新的生机活力，以新的形式使亚欧非各国联系更加紧密，互利合作迈向新的历史高度[4]。

共建"一带一路"顺应世界多极化、经济全球化、文化多样化、社会信息化的潮流，秉持开放的区域合作精神，致力于维护全球自由贸易体系和开放型世界经济。共建"一带一路"旨在促进经济要素有序自由流动、资源高效配置和市场深度融合，推动沿线各国实现经济政策协调，开展更大范围、更高水平、更深层次的区域合作，共同打造开放、包容、均衡、普惠的区域经济合作架构。共建"一带一路"符合国际社会的根本利益，彰显人类社会共同理想和美好追求，是国际合作以及全球治理新模式的积极探索，将为世界和平发展增添新的正能量。

截至 2023 年 1 月 6 日，中国已经同 151 个国家和 32 个国际组织签署了 200 余份共建"一带一路"合作文件[5]。"一带一路"促进了亚、欧、非大陆各个国家间的交流合作，它连接了活跃的东亚经济圈、发展潜力巨大的中间广大腹地以及发达的欧洲经济圈。"新丝绸之路经济带"重点方向是畅通中国经中亚、俄罗斯至欧洲，中国经中亚、西亚至波斯湾、地中海，中国至东南亚、南亚、印度洋。"21 世纪海上丝绸之路"重点方向是从中国沿海港口过南海到印度洋并延伸至欧洲，从中国沿海港口过南海到南太平洋。"一带一路"涵盖了发展中国家与发达国家，实现了"南南合作"与"南北合作"的统一，有助于推动全球均衡可持续发展。

"一带一路"倡议为加快能源设施互联互通、促进清洁能源国际合作提供了广阔平台。"一带一路"沿线国家 GDP 占全球 GDP 总量的 29%，各国之间 GDP 总量及人均 GDP 都存在较大差距。沿线国家的工业化程度也不尽相同，涵盖了工业化进程的各个阶段，大多数国家处于工业化中后期阶段，大体呈现"倒梯形"结构特征。另外，"一带一路"沿线许多国家尚未完成工业化，工业发展状态与技术水平处于国际工业分工的中低端位置，清洁生产技术水平较低，对发达国家的技术依赖程度较高，且缺乏适用的清洁生产评价指标体系，这些在很大程度上造成了沿线国家严重的区域和跨区域污染问题，以及应对生态保护和气候变化等方面的诸多挑战。因此，有必要对"一带一路"沿线国家重污染行业清洁生产与可持续发展状况进行研究，为提高沿线国家清洁生产技术水平和完善清洁生产评价指标体系提供参考，为促进全球可持续发展增添新动能。

钢铁行业是"一带一路"沿线国家中的一个典型重污染行业。各国钢铁行业技术水平参差不齐，部分沿线国家的钢铁行业存在清洁生产技术水平不高、节能减排效果不明显、整体水平较低等问题，对当地的环境造成巨大负担。为实现"一带一路"倡议的共同繁荣和可持续发展的总体目标，并为实现 2030 年可持续发展议程作出贡献，须对"一带一路"沿线国家钢铁行业的清洁生产水平和可持续发展状况进行系统研究，为促进沿线国家钢铁行业加快转型升级和绿色发展提供决策依据和技术指导。

1.1.3 "双碳"目标对钢铁行业清洁生产提出了新的挑战

当前，人类面临着严峻的气候危机，根据《2018 年 IPCC 特别报告》，工业化以来人类活动造成了全球气温升高约 1℃，且现有排放造成的温室效应仍将持续，全球变暖的趋势尚未得到有效控制。按照当前预测，21世纪末世界仍朝着全球升温超3℃的趋势发展。为了实现《巴黎协定》提出的"将全球平均气温较前工业化时期上升幅度控制在2℃以内，并努力将温度上升幅度限制在1.5℃以内"的控温目标[6]，各国需要付出艰苦努力以提升碳减排力度，尽早实现碳中和。

碳中和是指一定时期内，碳排放量与碳的吸收、固定量达到平衡，从而实现碳的净零排放。2021年3月，在低碳转型成为未来全球经济社会发展方向的新形势下，欧洲议会投票通过了"碳边境调节机制"（Carbon Border Adjustment Mechanism，CBAM）议案[7]。CBAM希望在促进欧盟应对气候变化承诺时保护欧盟企业不受国际竞争力和碳泄漏威胁。该议案称，自2023年起，与欧盟有贸易往来的国家若不遵守碳排放相关规定，欧盟将对这些国家的进口商品征收碳关税。议案指出，欧盟碳排放交易体系（EU Emissions Trading System，EU ETS）下的所有商品（涵盖电力和能源密集型工业部门）均应纳入碳关税征收范围。这些被EU ETS覆盖的高碳行业占欧盟工业碳排放的94%左右，而且大部分在EU ETS的覆盖下仍能获得相当比例的免费配额。欧盟CBAM机制的实质是通过对进口产品隐含的碳排放进行定价的方式，将欧盟的碳排放交易体系扩展到世界其他地区。CBAM的具体实施方案还在制定过程中，并面临许多问题。但是CBAM机制对不同生产地的"同类产品"提供差别待遇这一点，就与世界贸易组织（World Trade Organization，WTO）条款不兼容，存在滥用贸易保护的嫌疑[7]。中、美等国也对CBAM的有效性、正当性、合法性、技术复杂性、公平性等方面都提出问题。不过，考虑到全球碳价政策及机制还处于发展阶段，中国与国际社会应就CBAM的碳核算体系、与WTO规则的兼容性、适用的范围和时机等议题加强对话与协调，尽快制定出能被各国广泛接受的应对竞争力和碳泄漏顾虑的政策或指南，避免单方面采取碳边境调节措施可能带来的冲突。

在第75届联合国大会一般性辩论中，中国提出二氧化碳排放力争于2030年前达到峰值，努力争取2060年前实现碳中和的长期目标。目前，有超过120个国家已经正式通过、宣布或正在考虑碳中和目标，这些国家碳排放量占全球碳排放总量的50%以上（排放差距报告2020）。其中既包括欧盟（2050）（括号内数字为碳中和目标年，本段后同）、美国（2050）、日本（2050）等发达国家和地区，也包括中国（2060）、印度（2060）、南非（2050）等发展中国家。"一带一路"沿线的许多国家也走在实现碳中和的路上，如韩国（2050）、新西兰（2050）和匈牙利（2050）以立法的形式明确了碳中和目标，意大利（2050）、葡萄牙（2050）、乌克兰（2060）、哈萨克斯坦（2060）以及纳米比亚（2050）等国在政策文件中提出了碳中和目标。

钢铁行业既是一个高能耗和高碳排放行业，同时又是一个全球需求量巨大且还在不断增长的行业。预计到 2050 年全球对钢铁材料的需求将增长 1/3 以上[8]。特别是对于大多数尚处于发展中阶段的"一带一路"国家而言，对钢材的需求仍将强劲增长。在碳达峰和碳中和"双碳"目标的约束下，如何通过实施面向全生命周期过程的清洁生产来实现污染物减排和碳减排的协同效应，是我国和其他"一带一路"沿线国家应高度重视的问题。

1.2 研 究 目 的

1.2.1 厘清"一带一路"沿线钢铁行业清洁生产现状

"一带一路"沿线国家是未来全球钢铁投资与消费的重要地区。当前，钢铁行业绿色发展面临两大课题：一是源头治理，发展以氢冶金为代表的低碳或无碳炼铁新流程；二是改变钢铁原料结构，根据不同国家的资源特点与发展趋势，开发低成本废钢熔炼技术，大幅降低铁钢比。但是，共建国家在全球工业分工中还多处于中低端位置，存在资源利用效率低下、环境污染严重、整体清洁生产水平不高、管理和技术体系不够完善等问题。由于各国发展水平、生产方式和管理模式不同，钢铁行业产业技术、清洁生产和污染排放等均呈现不同特征。因此，有必要从行业整体开展更深入的系统研究，梳理"一带一路"沿线钢铁行业生产、消费和贸易现状，清洁生产政策、评价标准与技术标准，清洁生产技术发展与实施现状。

1.2.2 构建面向全生命周期和碳中和的钢铁行业清洁生产评价指标体系

目前"一带一路"沿线尚无专门的钢铁行业清洁生产评价指标体系。沿线国家往往参照国际发达国家或地区实施的钢铁行业清洁生产指标体系，这些体系主要存在以下 3 个问题：（1）其使用数据和建立指标体系的依据较目前生产工艺已有较大滞后；（2）评价体系中大气污染排放物指标不够全面，没有特别考虑碳减排和碳中和目标的指标设定；（3）现行清洁生产指标体系尚未很好体现全生命周期思想。

同时，目前的指标体系主要针对钢铁生产过程，未涉及原材料生产阶段。另外，清洁生产评价指标体系主要还是针对各个主要生产阶段，还未针对钢铁生产全过程层面。本书旨在建立面向全生命周期和碳中和的钢铁行业清洁生产评价体系，为后续构建沿线国家适用的钢铁行业清洁生产评价指标体系提供理论借鉴与提升方向。

1.2.3 分析"一带一路"沿线钢铁行业清洁生产提升潜力和战略

本书结合钢铁行业国际先进清洁生产发展水平，从微观上产品系统生命周期各阶段、各工艺单元涉及的技术工艺、技术管理手段；从宏观上产业生态政策、产业生态系统构建等多方面分析和诊断代表性国家和共建国家存在的主要问题。

同时，结合我国和其他先进国家在清洁生产领域的成功经验，从原材料替代、落后工艺优化改进、能源结构调整、先进技术引进、技术系统集成创新、综合管理体系建立、产业政策生态化以及产业生态系统构建等方面探明其与国际先进水平存在的差距，并根据产生的根源和主要驱动因素以及综合考虑环境、经济和社会因素下未来的发展潜力，从而提出共建国家钢铁行业清洁生产发展提升战略。

1.3 研 究 内 容

1.3.1 典型国家（地区）和企业钢铁行业发展现状

分别从国家（地区）层面和企业层面上厘清钢铁行业生产工艺、清洁生产和污染排放水平等方面现状，为后续清洁生产水平评价和清洁生产实施路径的提出奠定基础。其中，典型国家（地区）主要从中国、"一带一路"国家（包括潜在可能加入）和发达国家（地区）三个尺度展开；对应国家的钢铁企业也主要选择产量占据该国钢铁市场 70%以上的典型企业进行分析。

1.3.2 全球与"一带一路"沿线钢铁行业生产、消费现状与贸易时空格局

基于获得的相关统计数据，分别从生产、消费和贸易三个维度描述全球与"一带一路"沿线钢铁行业的时空格局，梳理全球与"一带一路"沿线钢铁行业经济方面的现状。并在此基础上，进行分析与展望，为后续提出"双碳"目标下出现的全球钢铁行业，尤其是"一带一路"沿线国家钢铁行业的新机遇与新挑战做数据支撑。

1.3.3 "一带一路"沿线钢铁行业清洁生产政策、技术规范和评价体系

通过梳理"一带一路"沿线钢铁行业相关政策、技术规范和评价体系，特别是中国现行以及"一带一路"沿线现有的国际评价指标体系和标准，厘清沿线钢铁行业清洁生产概况，并在此基础上，分析现有指标体系存在的不足，并提出相关政策、技术规范和评价体系可提升方向。

1.3.4 "一带一路"沿线钢铁行业清洁生产实施概况

分别从国家和企业层面展开沿线钢铁行业清洁生产实施概况分析，在国家层面上从典型发达国家、钢铁主要生产国、"一带一路"沿线典型钢铁生产国的钢

铁行业清洁生产技术实施现状展开；在企业层面上，以各国典型钢铁企业为对象，梳理典型钢铁企业清洁生产实施现状与中长期发展规划。

1.3.5　典型清洁生产技术应用案例

基于上一章节企业层面上清洁生产实施总况的论述，进一步细化到清洁生产各个工艺流程，筛选出国内外十个典型钢铁企业，梳理典型企业典型清洁生产技术的应用案例，典型钢铁企业入围及获得"Steelie"低碳钢铁生产卓越成就奖项案例以及其他产业（领域）钢铁清洁生产技术应用案例，梳理典型企业典型清洁生产技术的应用案例，为后续建立钢铁行业清洁生产评价体系提供数据基础。

1.3.6　面向碳中和目标的钢铁行业清洁生产

基于碳中和目标，全球及"一带一路"沿线钢铁行业都面临新的机遇与挑战，结合前述研究，这一部分梳理全球钢铁行业和典型钢铁企业碳减排技术现状与发展趋势以及全球钢铁行业现行的碳排放标准体系和碳中和标准体系。

1.3.7　面向全生命周期和碳中和的钢铁行业清洁生产评价体系

根据生命周期思想、碳中和目标以及清洁生产目标的现实需求，系统梳理典型国家（地区）关注综合环境影响的 LCA 研究以及 LCA 角度的全球钢铁行业碳排放现状，并在此基础上，提出一套改进的全生命周期钢铁行业清洁生产评价指标体系。

1.3.8　"一带一路"沿线钢铁行业清洁生产合作发展对策

首先，梳理钢铁国际产能合作成功经验、中国和"一带一路"沿线国家钢铁产能合作现状的基础和现状；其次，基于此分析沿线国家钢铁行业实现碳中和目标的障碍与可行路径以及清洁生产提升潜力；最后，提出面向碳中和的"一带一路"钢铁行业清洁生产产能合作的对策建议。

参 考 文 献

[1] 世界钢铁协会. 2022 年世界钢铁统计数据［R］. 世界钢铁协会, 2022.
[2] 世界钢铁协会 . 2022 世界粗钢产量［EB/OL］. https：//worldsteel. org/steel-topics/
statistics/annual-production-steel-data/?ind＝P1_ crude_ steel_ total_ pub/CHN/IND.
[3] 世界钢铁协会. 可持续发展指标报告 2022 年版［R］. 世界钢铁协会, 2022.
[4] 推动共建丝绸之路经济带和 21 世纪海上丝绸之路的愿景与行动［C］. 国务院,
2015. http：//www. gov. cn/xinwen/2015-03/28/content_ 2839723. htm.
[5] 中国"一带一路"网. 已同中国签订共建"一带一路"合作文件的国家一览［EB/OL］.
https：//www. yidaiyilu. gov. cn/xwzx/roll/77298. htm.

［6］巴黎协定［C］. 联合国，2016. https：//www. un. org/zh/climatechange/paris-agreement.

［7］邢丽，樊轶侠，李默洁. 欧盟碳边境调节机制的新动向及研判［N］. 中国财政科学研究院，
2022-03-15. https：//www. chineseafs. org/ckynewsmgr/newsContent_queryOneNewsRecord？ retVal＝
cnzkcgxw&zyflag＝1&searchFlag＝2&newsid＝0315183149＿57113129.

［8］国际能源署. 世界能源展望 2020［R］. 国际能源署，2022.

2 典型国家（地区）和企业钢铁行业发展现状

在本章中，典型国家（地区）钢铁行业现状主要从中国、"一带一路"国家（包括潜在可能加入）和发达国家（地区）三个尺度展开；对应国家（地区）的钢铁企业也主要选择产量占所在国家（地区）市场 70% 及以上的钢铁企业进行分析。

2.1 中国钢铁行业总体和重点企业发展现状

2.1.1 中国钢铁行业总体发展现状

钢铁是我国实现工业化和现代化的基础产业之一，在国民经济中占有十分重要的地位。近年来，我国经济的高速发展，尤其是国内重点用钢行业的快速回升以及国际钢铁需求的快速发展，促使我国钢铁产业快速高质量发展并已成为我国国民经济的支柱产业之一。目前，中国已经发展成全球最大的钢铁生产国和消费国。自 2018 年起中国粗钢产量长期占据全球粗钢总产量 5 成以上，2022 年中国粗钢产量为 1013Mt，占全球粗钢总产量的 53.9%，2021 年中国粗钢消费量为 992.0Mt，占全球总消费的 51.9%[1,2]。在钢铁行业产业链中游，主要是粗钢制造以及各类钢材产品的生产制造，目前，我国钢材产品主要包括螺纹钢、线材、冷轧/热轧板卷、涂镀层和中厚板等产品。

全球钢铁的需求不断扩大，推动我国钢铁行业持续快速高质量发展。2021年中国重点大中型钢铁企业营业收入达 6.93 万亿元。在 2021 年全球主要钢铁生产企业中，中国宝武钢铁集团以粗钢产量 119.95Mt 位列世界第一，鞍钢集团以粗钢产量 55.68Mt 位列世界第三，沙钢集团和河钢集团分别以粗钢产量 44.23Mt和 41.64Mt，位列世界第五和第七[1]。

"一带一路"沿线地区已成为中国钢材的重要输出地。从出口区域看，我国向欧盟出口占比最大，南美洲增长最高。2021 年我国向东盟累计出口钢材19.2Mt，同比增长 11.0%；向南美洲出口钢材 7.7Mt，同比增长 78.4%[3]。在前10 大出口目的地中，亚洲国家有 7 个，南美洲有 3 个。其中，向越南、泰国、菲律宾和印度尼西亚 4 个东盟国家的出口量排名分别列第 2~5 名；向巴西和土耳其的出口量分别增长了171.6%和164.6%。从进口区域来看，我国钢材主要进口地为日、韩，同时东盟增长较快。日、韩是我国钢材传统进口国[3]。2021年东盟已跃升为我国钢材第二大进口地，累计进口量为3.6Mt。其中，自越南累计进口量回落43.5%；自马来西亚、印度尼西亚累计进口量均超过1Mt。

中国钢铁以超低排放为抓手开展绿色革命，钢铁企业围绕焦化、烧结（球团）、炼铁、炼钢、轧钢五大重点工序，积极开展烟气多污染物超低排放技术、高温烟气循环分级净化技术等的研究。截至2021年底，已有34家钢铁企业完成超低排放改造公示，合计钢铁产能达1.45亿吨；另外，11家钢铁企业完成了部分工序的超低排放改造和评估监测进展情况公示，涉及钢铁产能约84Mt。2022年重点统计企业吨钢可比能耗为589.95kgce/t，同比下降0.19%；吨钢耗新水同比下降0.7%；二氧化硫、烟尘和粉尘排放量同比分别下降19.5%、26%和15.1%[4,5]。

2.1.2 中国重点钢铁企业发展概况

2.1.2.1 首钢集团有限公司[6]

首钢集团有限公司始建于1919年，目前已发展成跨行业、跨地区、跨所有制、跨国经营的综合性企业集团，全资、控股、参股企业600余家，总资产5000多亿元，职工近9万人，2011年以来八次跻身世界500强。首钢是第一家采用无料钟炉顶装置、顶燃式热风炉等新技术建成国内首座现代化高炉，第一家通过引进国外二手设备建成现代化炼钢厂，第一家被国家赋予投资立项权、资金融通权和外贸自主权，第一家由工业企业创办银行，第一家走出国门收购海外矿产的公司。首钢曾实施史无前例的钢厂大搬迁，成为我国第一个由中心城市搬迁且调整向沿海发展的钢铁企业，并跨地区联合重组水钢、贵钢、长钢、通钢、伊钢，产业布局拓展到沿海和资源富集地区，形成30Mt钢生产能力，产品结构实现以高端板材为主的转变。2021年，首钢实现粗钢产量35.43Mt，在主要钢铁生产公司排名中位列世界第9[1]。

2.1.2.2 中国宝武钢铁集团有限公司[7]

中国宝武钢铁集团有限公司（简称中国宝武）由原宝钢集团有限公司和武汉钢铁（集团）公司联合重组而成，于2016年12月1日揭牌成立。2019年9月，中国宝武对马钢集团实施联合重组；2020年8月，中国宝武与太钢实施联合重组；2020年10月，中国宝武托管中钢集团；2020年12月，中国宝武成为重庆钢铁实际控制人。中国宝武注册资本527.9亿元，资产规模10141亿元，是国有资本投资公司试点企业。2020年，中国宝武被国务院国资委纳入中央企业创建世界一流示范企业。同年，中国宝武钢产量达到115Mt，问鼎全球钢企之冠。2021年，中国宝武实现粗钢产量119.95Mt，在主要钢铁生产公司排名中位列世界第 1[1]。在 2022 年《财富》发布的世界 500 强榜单中，中国宝武首次跻身前 50 强，排名第 44，继续居全球钢铁企业首位。

2.1.2.3 河钢集团有限公司[8]

河钢集团有限公司是世界最大的钢铁材料制造和综合服务商之一，目前已经成为中国第一大家电用钢、第二大汽车用钢供应商，海洋工程、建筑桥梁用钢领军企业，在 MPI 中国钢铁企业竞争力排名中获"竞争力极强"最高评级，是世界钢铁协会会长、中国钢铁工业协会轮值会长单位。截至 2021 年，河钢在全球拥有在岗员工 10 万人，其中海外员工 1.3 万人，实现年营业收入 4267 亿元，总资产达 5086 亿元。连续 14 年位列世界企业 500 强，2022 年居第 189 位，在 2022 年"中国企业 500 强""中国制造业企业 500 强""中国跨国公司 100 大"排行榜中分别位列第 62、第 17 和第 34。2021 年粗钢产量 41.64Mt，在主要钢铁生产公司排名中位列世界第 7[1]。

2.1.2.4 沙钢集团[9]

江苏沙钢集团作为世界知名的钢铁材料制造和综合服务商之一，目前拥有 5 大生产基地，分布于江苏、辽宁、河南等地，生产长、短流程相结合，产线工艺技术先进，产品普优特齐全，品类丰富，产品远销至全球 100 多个国家和地区，广泛应用于基础设施建设、工业生产、高端装备、民生消费等多个领域。

沙钢集团拥有总资产 3000 多亿元，职工 4 万余名，钢铁产能超 40Mt，位居全球钢企第 5。其中沙钢本部江苏沙钢集团有限公司是全国最大的电炉钢生产基地，也是全国单体规模最大的钢铁企业；所属东北特钢集团是我国高科技领域所需高档特殊钢材料的研发、生产和供应基地。同时，沙钢以钢铁产业链条纵向延伸、横向拓展为主线，大力发展资源能源、金属制品、金融期货、贸易物流、风险投资、大数据等多元产业，配套提供仓储配送、延伸加工、电子商务、保税物流、融资担保、综合服务等功能平台，积极培育新的战略支撑点和效益增长点，已成为跨行业、跨地区和跨国界的企业集团，连续 14 年跻身世界 500 强，2022 年位列第 291。2021 年沙钢集团粗钢产量为 44.23Mt，位列世界第 5[1]，并且实现销售收入 3028 亿元、利税 348 亿元，效益实绩继续位居国内同行前列。

2.1.2.5 鞍钢集团有限公司[10]

鞍钢集团有限公司是中央直接管理的国有大型企业，是新中国第一个恢复建设的大型钢铁联合企业和最早建成的钢铁生产基地，为国家经济建设和钢铁事业的发展作出巨大贡献，被誉为"共和国钢铁工业的长子""新中国钢铁工业的摇篮"。2021 年粗钢产量 55.65Mt，在主要钢铁生产公司排名中位列世界第 3[1]。

鞍钢集团是世界 500 强企业，在中国东北、西南、东南、华南等地有九大生产基地，具备 53Mt 铁、63Mt 钢、0.04Mt 钒制品和 0.5Mt 钛产品生产能力。鞍钢集团是中国首批"创新型企业"，中国首家具有成套技术输出能力的钢铁企业，汽车用钢、铁路用钢、造船和海洋工程用钢、桥梁钢、核电钢、家电用钢、集装箱用钢、电工钢、石油石化用钢、高端制品用钢和特殊钢等系列产品国内领先，产品广泛应用于"西气东输"、青藏铁路、京津高铁、三峡水利枢纽、国家体育场"鸟巢""华龙一号"核电站、"蓝鲸一号"超深水钻井平台、港珠澳大桥、神舟系列等重大工程。

2.1.3 主要生产工艺和产排污情况

2.1.3.1 主要生产工艺

目前，中国以及全球范围内钢铁行业普遍采用两种炼钢工艺：高炉—转炉炼钢和电弧炉炼钢。两种工艺主要不同之处在于使用的原料不同。其中，高炉—转炉炼钢主要原料是铁矿石、焦炭、废钢，而电弧炉炼钢则主要以废钢为原料。

高炉—转炉炼钢，又被称为长流程炼钢工艺。首先，将铁矿石还原得到铁，也称铁水或生铁，之后在转炉将铁水冶炼成钢，经过铸造和轧制后，再被加工成钢卷、钢板、型材或棒材等可交付的成品。

电弧炉炼钢使用电弧将废钢熔化，又被称为短流程炼钢工艺。合金作为添加剂用于调节以符合所需的化学成分，电能可通过氧气进行补充注入电弧炉。

其余下游加工工艺，例如铸造、再加热、轧制等，都是炼钢的后续工艺生产过程。钢铁并非单一的产品。目前全球共有 3500 多种不同类型的钢铁，其物理、化学和环境特性各异。

钢铁行业主导工艺流程如图 2-1 所示。

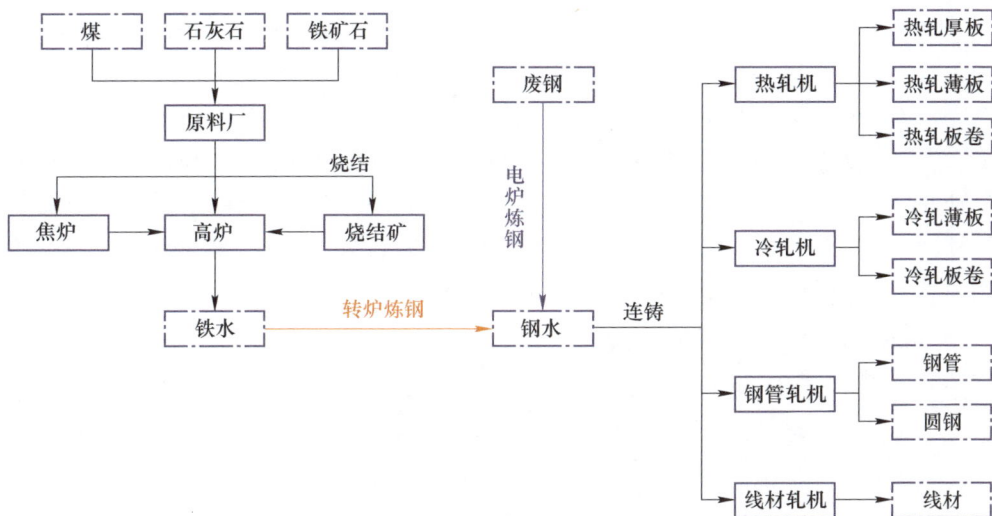

图 2-1 钢铁行业主导工艺流程

产品的典型生产路径包括焦化、烧结、炼铁、炼钢、热轧、冷轧等过程，其中冷轧拥有多条生产线，包括酸洗生产线、轧制生产线、退火生产线、退火/热镀生产线、平整生产线、涂镀生产线、酸轧生产线、热镀锌生产线、彩涂生产线等；厂内自发电过程常用机组包括 350MW 燃煤机组、350MW 燃气机组、150MWCCPP 机组等；此外，常用 70t/h 低压锅炉作为动力锅炉。

2.1.3.2 行业主要环境经济数据

总体上看，我国钢铁行业以"双碳"目标引领行业高质量发展，钢铁企业超低排放成效显著。据中国钢铁工业协会的最新统计数据，2022 年，我国重点统计的钢铁企业总能耗同比下降 2.49%；水重复利用率高达 98.2%，同比提高 0.1 个百分点；取新水量同比下降 3.2%，吨钢耗新水同比下降 0.7%，外排废水总量同比下降 23%；外排废气中二氧化硫排放总量同比下降 21.15%，颗粒物排放总量同比下降 15.16%，氮氧化物排放总量同比下降 13.89%；钢渣产生量 89.1Mt，同比下降 2.0%；钢渣利用率 98.6%，同比下降 0.5 个百分点，高炉渣利用率 99.3%，同比下降；高炉煤气利用率 98.4%，同比提高 0.1 个百分点；转炉煤气利用率 98.5%，同比提高 0.01%；焦炉煤气利用率 98.4%，同比提高 0.1%[5]。

表 2-1~表 2-8 较为详细地介绍了中国钢铁行业重点钢铁企业总体及各生产环节主要环境经济数据。

表 2-1 展示了中国钢铁工业协会会员企业综合技术经济指标[4]。从能耗看，吨钢综合能耗和可比能耗总体呈现波动下降趋势，2020 年比 2015 年分别下降了 8.47% 和 7.58%，2021 年的能耗稍有上升，但总体呈下降趋势，分别比 2016 年分别下降了 7.22% 和 8.24%。从生产效率看，无论是全部从业人员人均产钢量还是主业人员人均产钢量，均呈现快速提升趋势，同 2016 年相比，2021 年分别提升了 53.20% 和 58.10%。从污染物排放处理水平看，2021 年污染物综合排放合格率、废水、废气和废酸处理率分别为 99.96%、99.91%、100.00% 和 99.89%，比 2016 年分别提高了 2.67、−0.06、0.29 和 0.21 个百分点。从废物利用效率看，水资源重复利用率、可燃气体、尘泥和废渣的利用率分别达到 98.06%、98.54%、99.98% 和 99.09%，比 2016 年分别提高了 0.41、1.38、0.14 和 11.19 个百分点。

表 2-1 中国 2016~2021 年钢铁工业协会会员企业综合技术经济指标统计表

指标名称	计量单位	2016 年	2017 年	2018 年	2019 年	2020 年	2021 年
吨钢综合能耗	kgce/t	585.56	570.43	543.04	548.88	535.96	543.28
吨钢可比能耗	kgce/t	533.96	515.14	490.62	496.30	493.46	489.95
全部从业人员人均产钢量	吨/人	370.17	391.96	459.58	592.99	530.39	567.10
钢铁主业人员人均产钢量	吨/人	551.98	598.60	740.41	938.39	806.55	872.69

指标名称	计量单位	2016 年	2017 年	2018 年	2019 年	2020 年	2021 年
污染物综合排放合格率	%	97.36	99.90	98.34	99.93	98.64	99.96
水重复利用率	%	97.66	97.78	97.99	97.94	97.92	98.06
废水处理率	%	99.97	100.00	100.00	100.00	100	99.91
废气处理率	%	99.44	99.86	99.98	99.99	99.71	100.00
可燃气体利用率	%	97.20	99.01	98.98	98.52	98.63	98.54
尘泥利用率	%	99.84	99.74	100.00	99.32	99.97	99.98
废渣利用率	%	89.12	87.30	98.97	97.95	99.28	99.09
废酸处理率	%	99.68	98.01	99.76	99.26	99.6	99.89

表 2-2~表 2-8 分别展示了铁矿采掘、分选、烧结、球团矿、高炉炼铁以及炼钢 6 个重要工段的主要技术经济和环境指标[4]。从表 2-2 可以看到,露天采矿从业人员实物劳动生产率远高于地下开采,而其单位综合能耗和电力消耗则均远低于地下开采。

表 2-2 中国 2020 年、2021 年钢铁工业协会会员企业铁矿开采主要技术经济指标统计表

指标名称	计量单位	2020 年		2021 年	
		露天采矿	地下采矿	露天采矿	地下采矿
输出矿石合格率	%	98.31	95.33	98.17	98.10
采出矿石品位	%	27.50	33.02	27.52	32.90
输出矿石品位	%	27.58	31.77	27.81	31.73
高炉块矿品位	%	54.62	41.39	55.17	40.59
矿石贫化率(间接法)	%	6.44	15.18	5.94	14.05
采矿工序单位能耗	kgce/t	0.42	1.51	0.53	2.51
电力消耗	kW·h/t	0.95	11.92	1.04	12.04
柴油消耗	kg/t	0.23		0.20	
露天采矿从业人员实物劳动生产率	吨/人	43229.55	3937.57	45172.35	4932.94
采矿回采率	%	97.02	84.88	96.86	64.44
剥(据)采比	t/t	3.31	44.55	3.59	46.67
采矿强度	t/(m·a)	2005.92	23.70	1024.25	17.36
铁开采能力利用率	%	103.62	89.65	108.28	96.60

由表 2-3 可知,2021 年选矿工序单位能耗为 5.97kgce/t,电力消耗 31.31kW·h/t,均比 2019 年略有下降。新水消耗量为 0.36m³/t,水资源重复利用率为 94.46%,废水处理率、达标率和外排水达标率均达 100%,尾矿废渣利用率较高,为 91.47%。

表2-3 中国2019～2021年钢铁工业协会会员企业铁矿选矿主要技术经济指标统计表

指标名称	计量单位	2019年	2020年	2021年	指标名称	计量单位	2019年	2020年	2021年
处理原矿品位	%	27.67	27.95	27.92	水消耗	m³/t	4.30	3.89	4.47
铁精矿品位	%	64.24	63.89	64.12	新水消耗	m³/t	0.41	0.34	0.36
尾矿品位	%	10.31	9.14	10.38	选矿从业人员实物劳动生产率	吨/人	11937.14	11859.27	12814.12
理论金属回收率	%	83.50	85.42	85.31	磨矿机利用系数	吨/(平方米·台·时)	2.52	2.08	2.50
实际金属回收率	%	82.17	82.15	83.20	磨矿机作业率	%	81.33	77.82	80.71
磁性铁回收率	%	83.20	96.33	94.24	铁矿选矿处理能力利用率	%	83.61	80.18	82.05
钢球消耗	kg/t	1.11	1.02	1.14	铁精矿粉生产能力利用率	%	76.70	81.06	84.55
铁球消耗	kg/t	0.38	0.28	0.52	水重复利用率	%	92.31	94.28	94.46
理论选矿比	倍	2.11	3.09	3.07	废水处理率	%	100.00	100.00	100.00
实际选矿比	倍	2.92	2.81	3.01	处理废水达标率	%	100.00	100.00	100.00
选矿工序单位能耗	kgce/t	7.51	7.47	5.97	外排水达标率	%	100.00	100.00	100.00
电力消耗	kW·h/t	31.19	30.76	31.31	尾矿废渣利用率	%	41.10	42.57	91.47

2019~2021 年铁矿烧结工序物料消耗和能源消耗强度等指标如表 2-4 所示。2021 年烧结工序单位综合能耗达 49.07kgce/t，其中电力消耗为 47.68kW·h/t，固体燃料消耗量为 51.47kg/t，折标煤后为 44.83kgce/t。水资源重复利用率为 89.34%，比 2020 年的 84.56%略有上升，废水处理率和达标率均接近或达到 100%。

表 2-4　中国 2019~2021 年钢铁工业协会会员企业铁矿烧结工序主要技术经济指标统计表

指标名称	计量单位	2019年	2020年	2021年	指标名称	计量单位	2019年	2020年	2021年
烧结矿合格率	%	96.49	96.88	96.81	烧结工序单位能耗	kgce/t	48.23	49.08	49.07
烧结矿一级品率	%	75.63	79.96	80.07	烧结工序电力消耗	kW·h/t	46.31	45.99	47.68
烧结矿品位	%	55.66	55.59	55.56	烧结从业人员实物劳动生产率	吨/人	16486.27	16218.40	17563.99
烧结矿品位稳定率	%	97.73	98.02	90.79	烧结机有效面积利用系数	吨/(平方米·台·时)	1.26	1.28	1.31
烧结矿碱度	倍	1.93	1.94	1.65	烧结机台时合格产出量	吨/(台·时)	343.39	358.21	377.69
烧结矿碱度稳定率	%	94.07	94.64	94.46	烧结机日历作业率	%	88.8	91.71	83.83
烧结矿转鼓指数	%	80.07	79.45	79.84	烧结矿生产能力利用率	%	90.09	92.11	86.73
烧结矿含铁原料消耗	kg/t	892.57	915.33	917.53	水重复利用率	%	88.77	84.56	89.34
精矿粉消耗	kg/t	212.08	227.08	232.31	废水处理率	%	100.00	100.00	100.00
富矿粉消耗	kg/t	556.60	550.71	546.68	处理废水达标率	%	100.00	100.00	100.00
烧结矿熔剂消耗	kg/t	146.76	156.96	148.93	外排水达标率	%	99.55	100.00	100.00
烧结矿固体燃料折标煤消耗	kgce/t	44.60	44.88	44.83	烧结尘泥回收率	%	99.95	99.64	99.69
烧结矿固体燃料消耗	kg/t	52.66	52.52	51.47	烧结尘泥利用率	%	100.00	100.00	99.92

2019~2021 年铁矿球团工序物料消耗和能源消耗强度等指标如表 2-5 所示。从中可以看到，2021 年球团矿品位为 63.50%，比烧结矿的品位（55.56%）高

出 7.94 个百分点。在物料消耗方面，每生产 1t 球团矿需消耗含铁原料 975.15kg，熔剂 15.59kg 和黏结剂 16.43kg。在能耗方面，每生产 1t 球团矿需消耗固体燃料折标煤 9.31kg，非固体燃料折标煤 15.46kg，煤气 57.10m³，电 36.90kW·h。在水耗方面，每生产 1t 球团需消耗水 0.59t，其中新水 0.18t，其余为循环利用水。

表 2-5　中国 2019~2021 年钢铁工业协会会员企业铁矿球团工序主要技术经济指标统计表

指标名称	计量单位	2019 年	2020 年	2021 年	指标名称	计量单位	2019 年	2020 年	2021 年
球团矿合格率	%	98.64	99.06	98.47	球团矿工序单位能耗	kgce/t	25.51	25.04	26.27
球团矿一级品率	%	77.53	77.23	75.44	电力消耗	kW·h/t	35.62	34.92	36.90
球团矿品位	%	63.30	63.51	63.50	水消耗	m³/t	0.46	0.44	0.59
球团矿品位稳定率	%	93.95	93.16	92.91	新水消耗	m³/t	0.17	0.21	0.18
球团矿转鼓指数	%	95.08	94.61	93.59	球团从业人员实物劳动生产率	吨/人	7053.02	6889.93	9257.56
球团矿抗压强度	牛/球	2500.71	2642.33	2627.98	球团设备有效面积利用系数	吨/（平方米·台·时）	1.05	1.24	1.38
球团矿含铁原料消耗	kg/t	984.15	983.93	975.15	球团设备日历作业率	%	91.98	94.03	82.16
球团矿熔剂消耗	kg/t	17.95	18.56	15.59	球团矿生产能力利用率	%	86.17	76.66	84.66
球团矿黏结剂消耗	kg/t	16.09	15.96	16.43	水重复利用率	%	75.55	87.90	92.72
球团矿固体燃料折标煤消耗	kgce/t	11.13	9.58	9.31	球团尘泥回收率	%	99.19	99.76	99.78
球团矿非固体燃料消耗	kgce/t	15.06	19.14	15.46	球团尘泥利用率	%	100.00	100.00	100.00
球团矿煤气消耗	m³/t	58.24	62.55	57.10					

2019~2021 年高炉炼铁工序物料消耗和能源消耗强度等指标如表 2-6 所示。从表中可以看出，在耗材方面，2019 年每生产 1t 生铁需要消耗原料矿石

1635.38kg，人造块矿 1477.5kg，天然矿石 146.39kg，焦炭 360.78kg，以及煤 144.17kg；而 2021 年每生产 1t 生铁，需要消耗原料矿石 1631.18kg，人造块矿 1466.82kg，天然矿石 204.66kg，焦炭 355.28kg，以及煤 146.53kg，相对于 2019 年原料矿石、人造块矿和煤呈下降趋势，而天然矿石和煤消耗量增加。在能耗方面，2019 年单位生铁生产需要消耗 387.35kg 标准煤，其中电力消耗 63.40kW·h，消耗水 15.88m³，其中新水消耗 0.49m³；而 2021 年为 385.25kg 标准煤，其中电力消耗 62.10kW·h，消耗水 15.82m³，其中新水消耗 0.44m³，相对于 2019 年，生铁生产的能源消耗量整体下降。

表 2-6 中国 2019～2021 年钢铁工业协会会员企业高炉炼铁主要技术经济指标统计表

指标名称	计量单位	2019 年	2020 年	2021 年	指标名称	计量单位	2019 年	2020 年	2021 年
生铁合格率	%	99.75	99.80	99.76	入炉铁矿品位	%	57.09	55.23	55.20
生铁一级品率	%	73.37	72.38	70.48	平均热风温度	℃	1140.77	1224.23	1243.33
原料矿石消耗	kg/t	1635.38	1663.66	1631.18	综合冶炼强度	吨/(立方米·日)	1.31	1.33	1.32
人造块矿消耗	kg/t	1477.50	1466.27	1466.82	炼铁生产能力利用率	%	97.17	98.35	98.25
天然矿石消耗	kg/t	146.39	168.68	204.66	水重复利用率	%	98.17	98.19	98.55
入炉焦比	kg/t	360.78	359.83	355.28	废水处理率	%	100.00	100.00	100.00
综合焦比	kg/t	499.14	498.39	496.57	处理废水达标率	%	99.87	100.00	100.00
喷煤比	kg/t	144.17	144.25	146.53	外排水达标率	%	100.00	100.00	100.00
炼铁工序单位能耗	kgce/t	387.35	385.65	385.25	废气处理率	%	100.00	100.00	100.00
电力消耗	kW·h/t	63.40	59.45	62.10	废气排放达标率	%	100.00	100.00	100.00
水消耗	m³/t	15.88	15.75	15.82	高炉煤气利用率	%	94.30	97.85	98.20
新水消耗	m³/t	0.49	0.50	0.44	高炉瓦斯尘泥回收率	%	99.93	99.94	99.97
炼铁从业人员实物劳动生产率	吨/人	6906.26	5486.91	7927.86	含铁尘泥回收率	%	99.84	99.88	99.91

续表 2-6

指标名称	计量单位	2019年	2020年	2021年	指标名称	计量单位	2019年	2020年	2021年
高炉有效容积利用系数	吨/（立方米·日）	2.64	2.69	2.70	高炉瓦斯尘泥利用率	%	100.00	100.00	100.00
休风率	%	2.78	2.23	3.09	含铁尘泥利用率	%	100.00	100.00	100.00
高炉炉顶余压发电量	kW·h/t	39.25	40.45	36.82	高炉渣利用率	%	91.49	92.83	91.90
人造块矿使用率	%	93.73	86.71	87.03					

2019~2021年炼钢工序物料消耗和能源消耗强度等指标如表 2-7 所示。2019年每生产 1t 钢，需要消耗粗钢金属料 1093.04kg，其中包括钢铁料 1060.54kg，其他原料含铁消耗 8.88kg 以及合金料消耗 25.91kg；钢铁料中生铁和废钢铁的消耗量分别为 915.13kg 和 150.03kg。而 2021 年需要消耗粗钢金属料 1088.94kg，其中包括钢铁料 1060.32kg，其他原料含铁消耗 7.28kg 以及合金料消耗 25.74kg；钢铁料中生铁和废钢铁的消耗量分别为 879.39kg 和 193.61kg。与 2019 年相比，粗钢金属料消耗总体基本持平，但是废钢铁的含量显著增加，节能减排效果有所提高。在能耗方面，2019 年炼钢工序单位能耗为 -7.35kg/t，其中电力消耗为 77.59kW·h。水消耗总量为 9.74m^3，其中新水消耗量为 0.77m^3。而 2021 年炼钢工序单位能耗为 -7.22kg/t，其中电力消耗为 82.99kW·h。水消耗总量为 9.88m^3，其中新水消耗量为 0.56m^3。与 2019 年相比，2021 年炼钢工序的整体能源消耗略有增加。

表 2-7   中国 2019~2021 年钢铁工业协会会员企业炼钢工序主要技术经济指标统计表

指标名称	计量单位	2019年	2020年	2021年	指标名称	计量单位	2019年	2020年	2021年
粗钢综合合格率	%	99.75	99.80	99.78	水消耗	m³/t	9.74	10.72	9.88
炼钢金属收得率	%	92.11	91.91	93.44	新水消耗	m³/t	0.77	0.54	0.56
粗钢金属料消耗	kg/t	1093.04	1089.83	1088.94	炼钢从业人员实物劳动生产率	吨/人	4654.79	4760.56	5124.64
钢铁料消耗	kg/t	1064.54	1060.83	1060.32	粗钢精炼钢比	%	79.06	80.30	84.72

续表 2-7

指标名称	计量单位	2019 年	2020 年	2021 年	指标名称	计量单位	2019 年	2020 年	2021 年
生铁消耗	kg/t	915.13	906.49	879.39	粗钢生产能力利用率	%	96.05	99.56	94.92
废钢铁消耗	kg/t	150.03	157.51	193.61	水重复利用率	%	98.49	98.21	97.66
其他原料含铁消耗	kg/t	8.88	7.82	7.28	废水处理率	%	99.75	99.01	98.90
合金料消耗	kg/t	25.91	26.22	25.74	处理废水达标率	%	100.00	100.00	100.00
炼钢工序单位能耗	kg/t	-7.35	-8.24	-7.22	外排水达标率	%	100.00	100.00	100.00
电力消耗	kW·h/t	77.59	76.99	82.99	废气处理率	%	100.00	100.00	100.00
氧气消耗	m³/t	52.96	52.57	55.47	废气排放达标率	%	100.00	100.00	100.00

2019~2021 年转炉炼钢工序物料消耗和能源消耗强度等指标如表 2-8 所示。在物料消耗方面，2019 年，每生产 1t 钢，需要消耗转炉钢金属料 1086.27kg，其中包括钢铁料 1064.57kg，其他原料含铁消耗 6.47kg，合金料消耗 17.66kg；钢铁料中生铁和废钢铁的消耗量分别为 934.37kg 和 133.93kg。而 2021 年需要消耗转炉钢金属料 1083.75kg，其中包括钢铁料 1062.26kg，其他原料含铁消耗 5.45kg，合金料消耗 17.68kg；钢铁料中生铁和废钢铁的消耗量分别为 901.98kg 和 161.54kg。与 2019 年相比，2021 年的转炉钢金属料消耗量基本持平，其中生铁与其他含铁原料消耗下降，而废钢铁的消耗量显著增加，节能减排效果有所提高。在能源消耗方面，2019 年与 2021 年转炉钢工序单位能耗分别为 -15.04kgce/t 与 -17.67kgce/t，整体能源消耗减少。

表 2-8　中国 2019~2021 年钢铁工业协会会员企业转炉炼钢主要技术经济指标统计表

指标名称	计量单位	2019 年	2020 年	2021 年	指标名称	计量单位	2019 年	2020 年	2021 年
转炉锭坯合格率	%	99.78	99.83	99.83	废钢铁消耗	kg/t	133.93	139.71	161.54
转炉钢金属料消耗	kg/t	1086.27	1084.51	1083.75	其他原料含铁消耗	kg/t	6.47	6.01	5.45
钢铁料消耗	kg/t	1064.57	1062.45	1062.26	合金料消耗	kg/t	17.66	17.92	17.68
生铁消耗	kg/t	934.37	922.82	901.98	转炉钢工序单位能耗	kgce/t	-15.04	-15.72	-17.67

2.2 "一带一路"典型国家（包括潜在可能加入）钢铁行业发展现状

经过前期调研，"一带一路"典型国家（包括潜在可能加入）主要选取了越南、菲律宾、巴西、南非和印度 5 个国家，选择依据是上述 5 国的钢铁产业在"一带一路"国家（包括潜在可能加入）中相对较发达。以粗钢产量为例，在世界钢铁协会公布的最新数据中，2022 年这些国家对应的粗钢产量分别排世界第13、第48、第9、第34 和第 2[2]。

2.2.1 越南

总的来说，越南的钢铁工业发展迅速，生产以进口加工为主，且半成品和成品钢高度依赖进口。对于越南而言，最大的钢铁进口国是中国，东盟则是越南最主要的钢铁出口市场。和发集团、华森集团以及台塑集团越南河静钢铁厂是越南最主要且最具发展潜力的钢铁生产企业，企业的钢铁生产量和财政收入也在逐年增加。

受经济发展带动，越南钢铁工业持续快速发展，自 2000 年以来一直以 10%以上的年复合增长率（Compound Annual Growth Rate，CAGR）迅速扩张。为了弥补上游设施的不足，越南钢铁工业采用电弧炉扩大生产，为实现钢铁技术转让争取时间。由于越南的钢材需求主要受增长强劲的建筑业支撑，因此长材市场发展势头迅猛，长材占据粗钢的 50%以上，而扁平材、板材、热轧材等非常依赖进口。自 2017 年台塑下鼎钢铁进入热轧市场后，越南热轧产品产量大幅度增加。在和发集团的领导下，越南北部长材市场蓬勃发展，而越南南部的扁平材（主要是涂层卷、预涂镀钢材以及建筑用钢材）市场也在发展。2011~2018 年越南钢材产量增长了 180%，2021 年越南钢材产量为 23.0Mt（是 2017 年的两倍有余），总体发展十分迅速[11]。

据世界钢铁协会公布的数据[2, 12-14]，总体上越南粗钢产量呈上升趋势，其2022 年粗钢产量为 20Mt，而 2018~2021 年粗钢产量则分别为 15.5Mt、17.46Mt、19.9Mt 和 23Mt；在钢铁贸易方面，越南属于净进口国家，依赖于进口：2021 年越南钢铁半成品和成品出口量为 11.3Mt，钢铁半成品和成品进口量为 13.0Mt，而 2018~2020 年对应数据则分别为 5.4Mt 和 14.2Mt、5.2Mt 和 15.4Mt 以及7.9Mt 和 13.9Mt；在钢铁消费方面，2018~2021 年越南钢铁表观消费分别为22.3Mt、24.3Mt、23.3Mt 和 22.1Mt。

中国是越南最大的钢铁进口国。2018 年，越南从中国进口的成品钢约6.27Mt，数量下降 10%，但比 2017 年增长 9.8%；从中国进口钢材的比例约占总进口钢材的 46.3%。其后的国家和地区是日本（16.5%）、韩国（12.6%）、中国台湾（10.6%）、印度（4.5%）和俄罗斯（4.06%）。2018 年全年，半成品和成品钢出口量超过 780 万吨，同比增长 40%，出口额达到 57 亿美元以上[11]。此外，东盟则仍然是其主要出口市场，成品钢出口超过 3.5Mt，占越南成品钢出口总额的 56% 以上[11]。

台塑（Formosa）集团越南河静钢铁厂[15, 16]是中国台湾在海外的首个钢铁厂投资项目，投资总额达 100 亿美元，以东南亚为目标市场。其中，台塑集团下属各子公司占股 70%，中国台湾最大的钢厂——"中钢公司"（ChinSteel）和日本 JFE 占比分别为 20% 和 5%。2017 年该项目设有一座 4350m^3 的高炉正式投产，生产方坯和热轧卷板等产品，2018 年二号高炉顺利点火。该项目有助于越南国内需要方坯的企业降低生产成本，提高企业竞争力。目前员工总数约 7500 人，其中越籍员工已占约 90%；2018 年两座高炉铁水总产量可达 5Mt，销售钢材 4.7Mt。截至 2022 年 6 月 21 日炼钢部产量已经超过 28Mt 钢坯；其中扁坯量 22.3Mt，大钢坯量 1.6Mt，小钢坯量 4.1Mt。

和发集团（Hoa Phat Group）[15, 17]是越南顶尖的钢铁生产企业，也是越南国内最具发展潜力和竞争力的民营企业之一。以钢铁生产为核心，占集团收入和利润的 80% 以上。和发钢铁生产链的主要产品包括建筑用钢、热轧卷板、预应力混凝土钢、拉丝、钢管和彩涂波纹钢。和发集团拥有超过 8Mt 的钢铁总产能，是越南最大的建筑用钢和钢管制造商，市场占有率分别为 32.5% 和 31.7%，近来已经开始设立涂镀钢板厂。2016 年，该集团销售总额约 15 亿美元，其中钢铁业务占到了 85%；同期钢材（钢管除外）产量为 1.8Mt，同比增加 30% 左右；出口 0.05Mt，同比增加约 50%。2016 年第二季度，其位于海阳省的新厂投产。为了生产钢筋和热轧卷板，2017 年其在广义省投资建厂。2018 年，其位于兴安省的新厂将开始生产，年产能 40 万吨，主要生产冷轧板、镀锌板和彩涂板。2020 年前 10 个月，和发集团粗钢产量约达 4.6Mt，比上年同期增长一倍。粗钢销售量达 4.1Mt，其中成品建筑钢材超过 2.7Mt，同比增长 28.6%；成品钢材出口量达 0.4Mt，同比增长一倍；方坯销售量达 1.4Mt。截至 2022 年 9 月，和发集团生产了 5.5Mt 粗钢，比 2021 年同期增长 2%。钢坯、低碳钢和热轧卷材销量达到 5.1Mt，首期增长 5%。建筑钢材贡献了 27%，即 3.1Mt，其中 32% 出口量约为 1Mt，较 2021 年的 8 个月增长 82%[1]。

华森集团（Hoa Sen Group）[15, 18]有 15 家子公司，9 个制造工厂，在全国 536 个零售网点，员工近 10000 人，主要生产冷轧板、镀锌板、铝-锌涂层钢板、镀锌钢管等产品。2021 年，越南钢铁行业首次成功出口 14Mt 钢材，收入 127 亿美元。华森带来了超过 12 亿美元的收入，占钢铁行业出口总营业额的 10%。在 2020-21 财年，该集团实现了超过 2.2Mt 的产量，净收入达到 48.7 万亿越南盾。

目前，华森集团在越南镀锌钢板市场占据着第一的位置，控制着国内总消费和出口的 36%，占整个出口量的 40% 以上。

2.2.2　菲律宾

总体来说，菲律宾的钢铁工业起步较晚，发展较为缓慢，生产极度依赖进口，而半成品和成品钢基本可以自给自足。主要的进口贸易市场是中国、日本、越南和中国台湾等地区。菲律宾国内大型综合钢铁企业稀少，SteelAsia 公司和 TKCMetals 公司是菲律宾最主要的钢铁生产企业。

根据世界钢铁协会公布的最新数据[12, 13]可得，2021 年菲律宾钢铁半成品和成品出口量为 0.04Mt，进口量为 7.2Mt；而 2020 年对应量分别为 0.02Mt 和 6.7Mt；2019 年分别为 0.04Mt 和 7.2Mt；2018 年分别为 0.03Mt 和 9.1Mt。《2021 世界钢铁年鉴》[19]显示，2017~2020 年菲律宾成品钢材消费量为分别为 8.6Mt、11.2Mt、10.9Mt 和 12.5Mt，而钢铁半成品和成品净进口量分别为 1.5Mt 和 1.11.8Mt，说明菲律宾半成品和成品钢基本能自给自足。2018~2022 年菲律宾粗钢生产量分别为 1.5Mt、1.9Mt、0.9Mt、1.6Mt 和 1.6Mt[2]，而 2017~2021 年表观钢铁使用量为 9.8Mt、10.8Mt、10.1Mt、8.7Mt 和 9.6Mt，使用量均远大于生产量，说明粗钢极度依赖于进口。目前菲律宾炼钢以电炉为主，由于电费很高，约合人民币 1.1 元/度，因此电炉的开工率很低。由于国产钢材供应不足，菲律宾需要从国外进口，包括中国大陆、日本、越南和中国台湾等地区。

从进口规模看，2021 年，菲律宾是世界第 20 大钢铁进口国[2]。2018~2021 年，菲律宾钢材进口量分别为 9.1Mt、7.2Mt、6.7Mt 和 7.2Mt，2019 年后总体稳定，2021 年同 2018 年相比降低 20.8%[13]。

从进口种类看，2018 年半成品占菲律宾钢铁进口总量比例最大，达到 37%，约为 3.4Mt，其次为扁材（占比为 33%）、棒材（占比为 24%）、管材（占比为 5%），最后是不锈钢，仅占比例 1%[20]。

从进口来源看，菲律宾钢铁进口来源集中度较高，前十大来源国家或地区占钢材总进口量的 95%。其中，2018 年从中国大陆进口了 3.9Mt 钢材，占据接近一半的份额，然后依次是俄罗斯、日本、越南、中国台湾、韩国、泰国、印度、沙特阿拉伯和土耳其，进口量分别为 1.7Mt、0.7Mt、0.39Mt、0.38Mt、0.37Mt、0.24Mt、0.23Mt、0.22Mt 和 0.11Mt[20]。

菲律宾国内大型综合钢铁企业稀少，目前，较为有实力的钢铁制造企业有两家，分别为 SteelAsia 公司和 TKCMetals 公司。

SteelAsia[20, 21]是菲律宾实力最为雄厚的钢铁制造公司，在全国拥有 6 家螺纹钢轧机，其中 3 家位于吕宋岛，1 家位于米沙鄢群岛，2 家位于棉兰老岛，年产量超过 2Mt 螺纹钢，在菲律宾市场份额占比约为 60%。在菲律宾，建筑中安装的钢筋中几乎每两根钢筋中就有一根是由 SteelAsia 制造的。据估计，陆、空、海、电和通信基础设施的钢筋需求有 80% 由 SteelAsia 提供。它是菲律宾最大的承包商和房地产开发商的首选供应商。SteelAsia 通过在群岛各地寻找新的钢筋厂，靠近区域发展和物流中心，解决了菲律宾的地理供需不协调的问题，降低了消费者的钢筋成本。

TKCMetals 公司[20, 22] 在菲律宾证券交易所上市，是一家从事制造和分销各种钢铁和金属产品的经营和控股公司。其中主营业务方坯生产及销售由旗下子公司 TreasureSteelworks 公司（TSC）具体负责。TSC 公司在菲律宾南部北拉瑙省建设运营一个占地 20 公顷的钢铁基地，主要包括一个方坯制造厂和一个高炉设施。该基地年生产能力为 30 万吨方坯。

2.2.3 巴西

总体来说，巴西的钢铁工业发展迅速，主要集中在南部和东南部，地域分布明显。巴西的钢铁企业众多，但产能高度集中，其中 Gerdau 是巴西最大的钢铁公司，产能丰富、运营竞争力大。

由世界钢协统计数据[1, 19] 可知，2021 年巴西废钢进、出口量分别为 0.2Mt 和 0.5Mt，钢铁半成品和成品进、出口量分别为 4.9Mt 和 11.5Mt；2020 年废钢进、出口量分别为 0.1Mt 和 0.7Mt，钢铁半成品和成品进、出口量分别 2.0Mt 和 10.7Mt；2019 年废钢进、出口量分别为 0.2Mt 和 0.7Mt，钢铁半成品和成品进、出口量分别 2.3Mt 和 12.7Mt；2018 年废钢进、出口量分别为 0.3Mt 和 0.4Mt，钢铁半成品和成品进、出口量分别为 2.4Mt 和 13.9Mt。2018~2021 年巴西成品钢材表观消费量分别为 21.2Mt、21Mt、21.4Mt 和 26.3Mt，而钢铁半成品和成品钢材出口和进口量的差逐渐减小[14]。2018~2021 年巴西粗钢生产量分别为 35.4Mt、32.6Mt、31.4Mt、36.1Mt 和 34Mt[2]。巴西钢铁出口到 100 多个国家和地区[23]。

巴西钢铁产量 90% 集中于巴西东南部和南部地区，西北地区的钢铁生产比较少，东南部各州的粗钢产量约占全国总产量的 94%，南部约占 3.3%，北部约占 0.9%，东北部约占 1.8%[23]。值得注意的是，虽然巴西北部地区钢厂比较少，但该地区被认为是巴西最具发展前景的地区之一，既能适应不同市场发展的需要，又有丰富的石油和天然气资源[23]。巴西以转炉生产为主，转炉产量与电炉产量比例一直保持平稳，连铸水平也非常高，2021 年转炉粗钢占比 75.2%[1]。目前，巴西主要的钢铁企业包括盖尔道公司 Gerdau（长材、扁平材）、安赛乐米塔尔巴西公司（长材和扁平材）、乌斯米纳斯集团 Usiminas（主要生产扁平材）、巴西国家黑色冶金公司 CSN（主要生产扁平材）、蒂森克虏伯 CSA 板坯厂和 Votorantim 钢铁公司[23]。

Gerdau[24] 是巴西最大的钢铁生产公司，也是美洲和世界特殊钢砂的主要供应商之一，有 30 万员工。在巴西，它还生产扁钢和铁矿石，扩大提供给市场的产品组合和运营竞争力的活动。Gerdau 生产长钢、特种、平板和铁矿石，服务于建筑、工业、农业、汽车、风电、石油和天然气、糖酒、公路和海军等行业。此外，它是拉丁美洲最大的回收商，每年将数百万吨废料转化为钢铁，加强了它对其所在地区可持续发展的承诺。

2.2.4　南非

总体来说，南非的钢铁工业发展迅速，半成品和成品钢逐渐可以自给自足，而粗钢产量丰富，部分用于出口。南非的钢铁行业企业众多，其中最大的钢铁公司是安赛乐米塔尔南非（ArcelorMittal South Africa，AMSA）公司，供应了南非大部分钢材。

由世界钢协统计数据[1, 19]可知，2021 年南非废钢进、出口量分别为 0.1Mt 和 0.2Mt，钢铁半成品和成品进、出口量分别 1.7Mt 和 1.5Mt；2020 年废钢进、出口量分别为 0.1Mt 和 0.3Mt，钢铁半成品和成品进、出口量分别 1.1Mt 和 1.5Mt；2019 年南非废钢进、出口量分别为 0.1Mt 和 0.5Mt，钢铁半成品和成品进、出口量分别 1.1Mt 和 4.3Mt；2018 年南非废钢进、出口量分别为 0.1Mt 和 0.5Mt，钢铁半成品和成品进、出口量分别 1.0Mt 和 2.9Mt。2018～2021 年南非成品钢材表观消费量分别为 5.1Mt、4.8 Mt、3.8Mt 和 5.1Mt[14]。2018～2021 年南非粗钢生产量分别为 6.3Mt、6.2Mt、3.9Mt、5. Mt 和 4.4Mt[2]。南非钢铁行业的主要参与者包括安赛乐米塔尔南非、Scaw 金属集团、Cape Gate（私人）有限公司、哥伦布不锈钢（私人）公司、南非钢铁厂和 Unica 钢铁（私人）有限公司。

安赛乐米塔尔南非公司[25]总部位于豪登省范德拜比尔帕克，是非洲最大的钢铁生产商，其工厂位于瓦尔三角、夸祖鲁-纳塔尔北部和西海岸的当地经济中心，供应南非大约 70%以上的钢材，同时向撒哈拉以南非洲和其他地方出口其余的钢材。粗钢年产能为 7.6Mt，占非洲总产能的 35%，主要产品有冷热轧板卷、涂镀板、螺纹钢、线材以及各类型材，在 2022 年生产了 7.1Mt 粗钢。其钢材是由下游制造商进一步加工的扁钢和长钢产品制成的，而焦炭和化学品业务则生产铁合金行业使用的商业级焦炭，并加工炼钢副产品。其扁钢产品在范德比尔特公园和萨尔达尼亚工厂生产。产品包括板坯和厚板以及热轧卷、冷轧和涂层产品，主要消费者是建筑、管道、包装和汽车行业。米塔尔在南非销售额的 70%以上流向 4 个关键工业部门，这 4 个部门约占南非国内生产总值的 20%，提供近 200 万个工作岗位。

2.2.5　印度

总体来说，印度的钢铁工业体量极大，排名世界第二，钢铁出口量丰富，是世界第八位钢铁出口国。印度最主要的钢铁企业主要有塔塔钢铁公司、印度钢铁管理局和京德勒西南钢铁公司，其中塔塔钢铁公司的生产规模最大，发展速度较快。

据世界钢铁协会统计，2022年印度粗钢产量约为124.7Mt，仅次于中国，位居世界第二[2]。印度2017年国家钢铁政策（The National Steel Policy 2017）期望2030~2031年实现粗钢产能300Mt，人均钢铁消费量将达到160kg。印度钢铁部递交的国家自主贡献（The Intended Nationally Determined Contribution，INDC）表示到2030年，CO_2排放强度将从2005年的3.1t/tCS（吨/吨粗钢，钢铁行业整体）下降到2.2~2.4t/tCS in BF-BOF route（高炉—氧气顶吹转炉法）和2.6~2.7t/tCS in DRI-EAF route（直接还原铁-电弧炉法）[26]。

印度钢铁行业目前是能源和碳密集型行业，钢铁行业约占印度工业能源消耗的五分之一，煤炭占印度总能源投入约70Mt，油当量的85%。钢铁行业的二氧化碳排放量约占直接工业的三分之一。在直接排放中，大部分来自煤炭（占总排放量的90%），主要用于焦炉、高炉和煤基直接还原炉。剩余的直接排放物大部分是由于使用石灰焊剂和铁合金生产而产生的工艺排放物，其中只有少量来自天然气和石油消耗。电力是钢铁行业消耗仅次于煤炭的第二大能源商品（10%或约80TW·h）。由于许多小型生产设施的存在、直接还原铁熔炉对煤炭的严重依赖以及废钢在金属总投入中的比例较低，印度的钢铁行业比许多其他国家的能源和排放更为密集。

印度目前是世界上仅次于中国的第二大钢铁生产国，印度前三大钢铁企业分别是塔塔钢铁公司、印度钢铁管理局和京德勒西南钢铁公司，占据印度接近一半的钢铁产能[26]。2020年上半年，新冠疫情全球大爆发严重影响了印度钢铁行业，导致需求急剧下降，产量也随之下降。同时带来的经济负面影响的恢复速度也具有很大的不确定性。从长远来看，印度对钢铁的需求增长以及政府大力支持发展国家钢铁行业，会给部署最佳可用技术（Best Available Technique，BAT）和新的清洁炼钢技术提供重要机会。

塔塔钢铁公司是仅次于安赛乐米塔尔的全球第二大地域多元化的钢铁企业，业务主要分布在印度、欧洲和东南亚[27]。2021年塔塔钢铁公司的粗钢产量为30.59Mt，排名印度第1位、全球第10位[1]。印度钢铁管理局是印度国营企业，印度政府拥有该公司约75%的股权。2021年印度钢铁管理局的粗钢产量为17.33Mt，排名印度第3位、全球第20位[1]。京德勒西南钢铁公司隶属京德勒集团，是印度生产规模最大且发展速度最快的私营钢铁企业之一，主要从事矿山开采、钢铁生产及钢材加工配送服务。2021年京德勒西南钢铁公司的粗钢产量为18.59Mt，排名印度第2、全球第19[1]。

2.3　典型发达国家（地区）钢铁行业发展现状

典型发达国家（地区）主要选取了美国、加拿大、澳大利亚、韩国、日本和欧盟。选择上述 6 个国家（地区）的原因是其钢铁产业发展成熟，国际竞争力高。粗钢和炼铸钢产量及消费量都在世界前列[1]。虽然澳大利亚的钢铁产量及消费量相对其他 5 个国家和地区较低（2020～2022 年粗钢产量均位列世界第29）[1, 2, 19]，但是其铁矿石资源丰富，处于钢铁产业链的上游，故也将其选为典型国家之一。

2.3.1　美国

总体而言，美国的钢铁工业有较好的技术创新能力和灵活性，钢铁工业的发展历史悠久，完善程度高。美国的钢铁产量巨大，但同时消费量也处世界前列，钢铁产品的进口量较大。美国的主要钢铁企业是纽柯钢铁公司、美国钢铁公司和钢动力公司，均具有较大发展潜力[28]。

美国钢铁行业在 2022 年和 2021 年分别生产了 80.7Mt 和 85.8Mt 粗钢，世界排名第 4，其中约 33% 由 BF-BOF 工艺路线生产，约 67% 由 EAF 生产路线生产[1, 2]。总体而言，美国钢铁产量在过去 20 年总体呈波动下降趋势。2021 年，美国钢铁产品进口量 29.7Mt，出口量 8.2Mt；钢铁行业和黑色金属铸造厂生产的产品价值约为 1370 亿美元[1]。生产生铁和粗钢的 BF-BOF 工厂有 3 家，EAF 钢铁厂有 51 家。

美国钢铁工业优势在于其电弧炉流程的炼钢工艺具有灵活性，能很好应对市场需求变化，同时其产品集中度的提升增强了美国国际市场的竞争地位；此外，美国钢铁工业在技术创新方面仍具有较大的优势。由于较低的工艺排放、较高的产业集中度以及可再生能源和技术进步等原因，美国每生产 1t 钢铁所产生的二氧化碳排放量和能源强度都很低[28]。

美国的钢铁生产商已经宣布了使用可再生能源来满足全部或大部分设施能源需求的项目，同时也将进行更多的研究，以评估在炼钢过程中使用碳捕获技术的情况。由于这些技术的进步和其他钢铁和能源效率的发展，美国钢铁行业已经减少了 35% 的能源强度和 37% 的二氧化碳排放强度。美国环保署（Environmental Protection Agency，EPA）数据表明，美国钢铁和冶金焦的二氧化碳排放量不到全国的 1%，而全球钢铁的二氧化碳排放量占比将近 7%。此外，工业创新也将继续降低美国生产钢铁的二氧化碳排放强度。

美国的钢铁和铸造工业主要采用回收废钢进行生产，因此高度依赖废钢。近年来，美国的废钢回收率平均在 80%～90%，而汽车是废钢的主要来源。美国每年汽车废钢的回收率几乎为100%，美国的废钢回收对环境有着重要意义。在美国，每年通常就有60~80Mt废钢被回收用于生产新的钢铁产品。过去的30余年里，有超过10亿吨的废钢被美国钢铁工业回收利用。直观来看，每天回收的废钢足够建造25座埃菲尔铁塔，每年回收的废钢足够建造650座金门大桥。在北美，每年从汽车（大约相当于1200万辆汽车）中回收超过1500万吨的废钢。从汽车中回收废钢每年可节省相当于为1800万户家庭供电所需要的能源。据估计，美国建筑用结构钢的回收率为98%，家用电器的回收率为88%，钢筋和带肋钢筋的回收率为71%，包装用钢的回收率为70%。在美国和新兴工业国家，家电、易拉罐和建筑用钢的回收率预计将以更快的速度增长。美国回收的废钢包括约58%的消费后（旧的、报废的）废钢，24%的即时废钢（钢厂生产的）和18%的家庭废钢（从当前的使用中再循环的废钢）[28]。

据世界钢协统计数据，2021年世界粗钢排名前50的企业中，美国占3家，分别是纽柯钢铁公司、美国钢铁公司和钢动力公司[1]。纽柯公司[29]总部位于北卡罗来纳州夏洛特市，是美国最大的钢铁生产商，也是最大的"小型轧机"钢铁企业（使用电弧炉来熔炼废钢，而不是高炉来熔炼铁）。2021年纽柯钢铁公司粗钢产量为25.65Mt，位列世界第15[1]。美国钢铁公司[30]是美国最大的钢铁垄断跨国公司，成立于1901年，由卡内基钢铁公司和联合钢铁公司等十几家企业合并而成，曾控制美国钢产量的65%。它先后吞并了50多家企业，依靠其雄厚的经济实力垄断了美国的钢铁市场和原料来源。总部设在匹兹堡。2021年美国钢铁公司粗钢产量为16.3Mt，位列世界第24[1]。钢铁动力公司[31]成立于1993年，总部位于印第安纳州，主要业务包括生产加工钢铁产品、金属回收等，为纳斯达克上市公司。2021年钢动力公司粗钢产量为9.84Mt，位列世界第46[1]。

2.3.2 加拿大

总体而言，钢铁是加拿大经济的重要基石，也是制造业、基础设施、运输业和能源业等其他关键行业的重要供应者。2022年加拿大粗钢生产量为12Mt，世界排名17，较2021年13Mt的排名前进2位[1, 2]。此外，根据美国地质调查局《Minerals Commodity Summaries 2022》发布的全球主要铁矿石拥有国铁矿石资源状况（表2-9[32]），2020年加拿大的铁矿石产量为60Mt，位列世界第3[32]。

加拿大钢铁生产商在钢铁和其他金属的回收利用中发挥着举足轻重的作用，是全球循环经济不可分割的一部分。加拿大生产商继续通过采用创新技术和确保其运营中的最佳实践来改善其环境管理。为汽车、建筑和铁路、公路和桥梁等基础设施提供钢材，从钻探和开采到加工和分销，到可再生能源生产，加拿大钢铁在石油和天然气行业中也至关重要。

加拿大钢铁生产商采用如热回收和热电联产、提高整个运营的能源效率、优化原材料选择和使用等方式以期到 2050 年实现二氧化碳净零排放。在能源效率与节约上，能源效率是加拿大所有钢铁生产商的首要任务，因此，钢铁行业将持续提高能源效率，以此增强其国际竞争力，并且有力改善其温室气体绩效。

表 2-9　世界主要铁矿石拥有国铁矿石资源状况　　　　（亿吨）

国　家	铁矿石产量		储量基础	
	2020 年	2021 年	原矿	铁含量
澳大利亚	9.12	9.00	510	250
巴西	3.88	3.8	310	160
加拿大	0.60	0.68	63	23
智利	0.15	0.19	无	无
中国	3.60	3.60	200	69
印度	2.04	2.40	55	34
伊朗	0.49	0.50	27	15
哈萨克斯坦	0.63	0.64	25	9
墨西哥	0.15	0.17	无	无
秘鲁	0.13	0.16	26	15
俄罗斯	1.00	1.00	250	140
南非	0.56	0.61	10	6.7
瑞典	0.36	0.40	13	6
美国	0.38	0.46	30	10
土耳其	0.15	0.16	1.3	0.38
乌克兰	0.79	0.81	65	23
其他国家	0.69	0.9	180	95
世界总计	24.7	26.00	1800	850

2.3.3　澳大利亚

总体而言，澳大利亚具有丰富的铁矿资源，处于钢铁产业链的上游，以出口矿石资源为主，该国钢铁制造业体量较小。2021 年和 2022 年粗钢产量约 7.9Mt 和 5.7Mt，世界排名均为第 29[1, 2]。

澳大利亚的铁矿石资源、储量、海运贸易量和影响力均居世界首位。政府在政策、法律体系、技术以及大型装备等方面给予了澳大利亚铁矿业较高的关注度与支持。

全球铁矿石储量约 1900 亿吨，澳大利亚约 530 亿吨的可采储量已超过世界总量的 1/4，其中约 70% 为可直接装船的高品位矿石（DSO）。目前，在澳大利亚发现的资源中，约 40% 为磁铁矿，约 60% 为赤铁矿，约 2/3 的赤铁矿为高磷矿，其优质、高品位、低杂质资源越来越少。

根据美国地质调查局《Minerals Commodity Summaries 2022》数据，全球主要铁矿石拥有国铁矿石资源状况如表 2-9 所示，2020 年澳大利亚的铁矿石产量为 9.12 亿吨，位列世界第 1[32]。

截至 2020 年底，澳大利亚已发现铁矿石资源 1207 亿吨，探明经济可采资源量（EDR）达 517 亿吨，比 2019 年增长 2%。其中，磁铁矿达 227 亿吨，约占总数的 44%。已探明的准边际和次边际经济资源量分别为 16 亿吨和 17 亿吨。铁矿资源可分为 3 种类型：层状铁矿床（BID）、河道型铁矿床（CID）和碎屑型铁矿床（DID），前 2 种类型是主要类型。

澳大利亚各州的铁矿石资源分布较为不均。西澳约占 1207 亿吨的 93%，其中 80% 位于皮尔巴拉地区；约 86% 的已探明经济资源位于西澳，其中 81% 位于北皮尔巴拉哈默斯利盆地，少量分布在南澳。西澳有四个铁矿地质区，从南到北分别是 Yilgarn 矿区、Ham-ersley 矿区、North Pilbara 矿区和 Kimbenley 矿区。

2.3.4 韩国

总体来说，韩国钢铁工业虽然发展稍晚，但在韩国政府的介入和有针对性的支持下发展迅速，在满足国内需求的情况下还有部分的钢铁出口产业。浦项制铁是韩国最大的钢铁公司，其产品供应国内市场，同时也是全球十大钢铁公司之一。

与其他工业强国相比，韩国钢铁工业发展相对较晚，始于 1860 年。1870 年，韩国政府将钢铁和有色金属产业列为战略产业。由于国内原材料匮乏，韩国政府决定大力扶持浦项制铁，使其成为国内唯一一家可以利用转炉炼钢的大型企业，来迅速提高国内生产的集中度。在钢铁工业发展初期，韩国利用"后发优势"，积极引进日本等钢铁工业发达国家的技术，并将国内技术人员派往海外进行培训和教育。通过上述措施，韩国钢铁工业得以快速发展[33]。

1980 年，韩国钢铁产量突破 20Mt，成为钢铁大国。在此期间，外国开始对韩国钢铁行业实施技术封锁。韩国之后积极寻求突破、转型和现代化。一方面，政府建立上下游产业集群，建立完善的汽车企业、造船企业和钢铁行业委员会，推动研发精准满足需求的优质钢铁产品。同时，企业纷纷加大技术研发投入，攻克技术壁垒。另一方面向全球化发展，大量钢材出口到东南亚、中国、印度等国家和地区，并积极寻求在海外建立合资钢厂。目前，浦项制铁已经在泰国、越南、缅甸等"一带一路"沿线国家设有钢厂、原材料加工厂和销售公司。2021 年和 2022 年韩国国内粗钢产量分别达到 70.4Mt 和 65.9Mt，均位列世界第 6[1, 2]。

韩国实施了以重化工业为中心的产业战略。重化工业的发展增加了钢铁需求，推动了钢铁工业的发展，从而有效地创造了良性循环，而钢铁工业的崛起为钢铁消费行业提供了具有成本竞争力的产品的规模经济保障。最终，钢铁消费行业得以进一步发展[33]。

浦项制铁[33,34]于1968年4月1日成立，是全球最大的钢铁制造厂商之一，每年为全球超过六十个国家的用户提供2600多万吨钢铁产品。主要钢铁产品包括热轧钢卷、钢板、钢条、冷轧钢板、电导钢片和不锈钢产品等，作为韩国第一家综合钢铁厂运营商，浦项制铁于1988年6月10日在韩国证券交易所上市，并已发展成为一家年钢铁产能超过43Mt的全球钢铁公司。2007年，浦项制铁建立了世界上第一个商用FINEX工厂，取代了以高炉为基础的炼钢工艺。如今，浦项制铁还向海外出售POIST（浦项制铁创新炼钢技术）、FINEX、CEM（紧箍式连铸轧机）等独特技术。2021年浦项制铁粗钢产量为42.96Mt，位列全球第6[1]。

2.3.5　日本

总体而言，日本钢铁工业发展历史悠久，钢铁产量丰富且国内需求量大，做到自给自足的同时也有一部分出口贸易[35]。新日本制铁公司[36]是该国最大的钢铁公司，历史悠久底蕴丰富，其产品不仅供应国内也向全世界出口，而且是世界上最大的钢铁公司之一。日本钢铁工程控股公司（JFE Shoji Trade Corporation，后简称JFE）[37]则是世界大型钢铁企业集团之一，多项技术代表世界钢铁行业最高水平。神户钢铁公司[38]是日本的第三大钢铁公司，其年产值和财政收入也在迅速提升。

2021~2022年日本粗钢产量为96.3Mt和89.2Mt，排名世界均为第3[1,2]。按炉型划分，2021年日本转炉钢产量占比为74.7%，电炉钢产量占比达25.3%，连铸钢产量为98.4Mt，钢铁表观消费量为52.6Mt，人均钢材表观消费量为415.7kg，生铁产量为61.6Mt，生铁出口量为0.5Mt，生铁表观消费量为61.1Mt，废钢进口量为9.4Mt，出口量为0，钢铁出口量为29.8Mt，钢铁进口量为0.5Mt，净出口为24.8Mt[1]。

新日本制铁公司[35,36]是一家日本最大的钢铁公司，也是世界上最大的钢铁公司之一，总部位于东京。2021年新日本制铁公司粗钢产量为49.46Mt，位列全球第4[1]。

新日铁的前身是建于1897年的国营八幡制铁所。1934年2月，国营八幡制铁所与民营企业轮赛制钢所、釜石矿山、富士制钢所、东洋制铁所、三菱制铁所6家钢铁公司合并，成立九州钢铁株式会社。1950年分为八幡制钢所和富士制铁所两家钢铁公司、新日铁轮船公司和播磨耐火砖公司。1970年3月，八幡和富士两家公司合并成立新日铁株式会社，简称新日铁，至今已发展成为世界上最大的钢铁公司之一。

新日铁产品包括钢轨、工字钢、圆钢、冷轧钢板、热轧钢板、镀锡板、镀锌板、各种钢管、合金钢、不锈钢、铣铁、各种钢坯、化工产品、炼铁成套设备及各种工业机械。此外，还有工程部专门为国外钢铁企业提供技术资料，帮助钢铁企业进行设计、施工和改造。产品不仅供应国内，还远销世界100多个国家。除炼钢外，新日铁还发展其他业务领域，如工程、城市规划、有色金属、化学工业、电子和信息系统等领域。

JFE公司[37]是日本大型钢铁公司，由日本钢管（NKK）和川崎制铁合并成立。JFE从事以钢铁生产为中心的全球业务，同时，它还参与了用钢铁建设更安全、更方便的世界工程活动，以及以多种方式创造价值的全球贸易活动。JFE的企业理念是"JFE集团将以最具创新性的技术服务社会"。

日本神户制钢所（KOBELCO）[35, 38]是日本第三大钢铁公司。成立于1905年，以钢铁制造和锻造起家。其前身是成立于1905年9月的神户制钢所。神户制钢的业务领域主要包括钢铁材料、焊接材料、铝铜、钛产品、资本设备制造、机械工业、工程机械、电子信息产业、房地产开发和一般贸易与服务。

神户制钢所是世界500强公司之一，也是日本第三大钢铁企业。该公司成立于1905年，最初是一家钢铁制造和锻造行业。1960年，公司迎来了全球化发展的新纪元，时至今日已发展成为涵盖钢铁、机械、工程、房地产等领域的公司。公司在电子和信息系统方面拥有高科技业务。公司是一家专注于钢铁行业的综合性跨国公司，在日本及世界各地拥有多家子公司，并在海外设立了多家分公司，在日本、美国、亚洲和欧洲拥有众多稳定且具有影响力的企业。

神户制钢的业务领域主要包括钢铁材料、焊接材料、铝铜、钛产品、资本设备制造、机械工业、工程机械、电子信息产业、房地产开发和一般贸易与服务。神户制钢拥有先进的工程机械制造技术、先进的管理经验和雄厚的资金实力。100年的全球先进开发经验和100年工程机械研发技术的积累，积累了日本"神户制钢"独特的竞争优势和品牌优势。

2.3.6 欧盟

总体而言，欧盟的钢铁产量丰富，但与之前相比，粗钢产量的全球占比下降，钢铁的需求和消费量也位于世界前列，钢铁进口量大。欧盟最具有代表性的钢铁公司是安赛乐米塔尔公司，由多家企业组建，生产范围遍布全球，也有较为成熟的体系和市场[39]。

2021年欧盟粗钢产量为152.6Mt，占世界7.8%，和2011年（10.9%）相比有明显下降[1]。其中，德国、意大利、法国和西班牙的粗钢产量分别为35.7Mt、

20.4Mt、11.6Mt 和 11.0Mt，同 2020 年相比分别下降 11%、16.4%、16.5% 和 22.5%；按炉型划分，转炉钢产量占比为 56.1%，电炉钢产量占电炉钢产量占比达 43.9%。连铸钢产量为 147.6Mt，钢铁表观消费量为 152.8Mt，人均钢材表观消费量为 344.2kg，生铁产量为 83.0Mt，生铁出口量为 1.0Mt，生铁进口量为 3.1Mt，生铁表观消费量为 85.1Mt，废钢进口量为 36.2Mt 出口量为 47.9Mt，钢铁出口量为 26Mt，钢铁进口量为 48.1Mt，净出口为 -22.1Mt[1]。

从钢材品种大类看，欧盟粗钢产量中碳钢、合金钢和不锈钢的占比较稳定。其中碳钢占比最高，过去十年略有下降；合金钢占比稳中有升，这与其在合金钢需求较大的高端装备和关键机械部件方面具有优势相关；不锈钢占比则一直稳定。除此之外，2019 ~ 2021 年连铸钢产量一直稳定在粗钢产量的 96.5% ~ 96.7%[39]。

从用钢行业的表现来看，2021 年欧盟主要用钢行业中建筑业在 2020 年疫情期间下降后持续缓慢反弹，增速为 4.3%，制造业表现疲软，其中汽车业在 2020 年降幅为 19.5%，随后在 2021 年反弹 15.9%，2022 年温和增长 4.8%。此外，机械业、钢管业和家电业等的生产也都有不同程度的下降[39]。

安赛乐米塔尔公司[39, 40]是全球最优秀的钢铁制造商之一，总部位于卢森堡，2021 年钢铁产量达到 79.26Mt，位居全球第 2，仅次于中国宝武，同时也是欧洲最大的钢铁集团[1]。安赛乐米塔尔集团是由欧洲多家钢铁公司组建而来，生产工厂遍及欧洲及全球。安赛乐米塔尔在汽车、建筑、家用电器、包装等领域占据全球领先地位，集团在欧洲、亚洲、非洲和美洲的 27 个国家（包括中国）拥有分支机构，业务范围覆盖新兴市场与成熟市场。

2.4　小　　结

在本章中，主要就中国、"一带一路"国家（包括潜在可能加入）和发达国家（地区）三个尺度展开分析；对应国家的钢铁企业主要选择了产量占该国钢铁市场 70% 以上的钢铁企业进行分析。

中国钢铁行业总体发展局势明朗，钢材、燃料、排放、经济效益等方面已得到不断改善。整体上，钢铁行业在稳步发展中持续前进；中国重点钢铁企业以首钢、宝武钢、河钢、沙钢、鞍钢等为代表，其企业综合竞争力目前处于稳步上升阶段；主要钢铁生产工艺以高炉—氧气顶吹转炉、电弧炉炼钢为主，其对于物料和能源的消耗不容小觑，与工艺相关的产、排污问题仍需采用改进加以解决。

对于"一带一路"国家（包括潜在可能加入）的钢铁行业发展现状，主要从越南、菲律宾、巴西、南非、印度进行了分析。受经济发展带动，越南钢铁工业持续快速发展；菲律宾由于经济起步相对较晚，经济基础薄弱，钢铁产业发展较为滞后；巴西由于对钢铁企业进行了私有化改革，其钢铁行业产能集中度高，前景可观；南非的钢铁产品仍处于发展中，目前已形成自给自足局面；印度钢铁产能丰富，目前其粗钢产量仅次于中国，已位居世界第2。

对于发达国家（地区）的钢铁行业发展现状，主要从美国、加拿大、澳大利亚、韩国、日本、欧盟进行了分析。美国钢铁产量处于下降阶段，但其产、排污状况优于各国；加拿大以钢铁产业为其经济基石，从技术创新、能源生产等方面继续加强对其钢铁产业的重视；澳大利亚拥有世界首位的铁矿资源，在政策、法律体系、技术以及大型装备等方面给予了钢铁产业高度关注与支持；韩国钢铁工业发展相对其他工业大国较晚，目前正朝钢铁工业强国进军；日本和欧盟钢铁行业的国际竞争力强，近年其产能略有减少。

对于发达国家（地区）钢铁行业的技术、制度等的创新点应选择性借鉴参考，对于"一带一路"国家（包括潜在可能加入）应制定有利于双方的合理贸易政策。新冠疫情后世界钢铁行业息息相关，以单边主义为核心的贸易战必不可取。唯有采纳各国钢铁行业之长，互相友好交易，才能在共同学习中双赢。

参 考 文 献

[1] 世界钢铁协会. 2022年世界钢铁统计数据［R］. 世界钢铁协会，2022.

[2] 世界钢铁协会. 世界粗钢产量［EB/OL］. https://worldsteel.org/steel-topics/statistics/annual-production-steel-data/? ind=P1_crude_steel_total_pub/CHN/IND.

[3] 2021年11月钢铁产品进出口月报［N］. 中国钢铁工业协会，2021.

[4] 中国钢铁工业协会. 中国2022钢铁工业年鉴［R］. 中国钢铁工业协会，2022.

[5] 中国钢铁工业协会. 环保统计［EB/OL］. http://www.chinaisa.org.cn/gxportal/xfgl/portal/list.html? columnId=619ce7b53a4291d47c19d0ee0765098ca435e252576fbe921280a63fba4bc712.

[6] 首钢集团. 公司简介［EB/OL］. https://www.shougang.com.cn/sgweb/html/gywm/.

[7] 中国宝武集团. 公司简介［EB/OL］. http://www.baowugroup.com/about/company_profile.

[8] 河钢集团. 公司简介［EB/OL］. https://www.hbisco.com/site/group/groupintro/index.html.

[9] 沙钢集团. 公司简介［EB/OL］. www.sha-steel.com/jtgk_1/jtjj/index.shtml.

[10] 鞍钢集团. 公司简介［EB/OL］. www.ansteelgroup.com/gywm/qyjj.

[11] 张海广. 越南钢铁工业发展概览［N］. 宝钢科技图书馆，2019.

[12] 世界钢铁协会. 世界成品钢和半成品钢出口量［EB/OL］. https://worldsteel.org/steel-topics/statistics/annual-production-steel-data/? ind=T_exports_sf_f_total_pub/CHN/JPN.

[13] 世界钢铁协会. 世界成品钢和半成品钢进口量［EB/OL］. https://worldsteel.org/steel-topics/statistics/annual-production-steel-data/? ind=T_imports_sf_f_total_pub/USA/CHN.

[14] 越南钢协会. 越南钢协会2021报告［R］. 越南钢协会，2022.

[15] 世界钢铁协会. 世界表观钢铁使用量［EB/OL］. https://worldsteel.org/steel-topics/

statistics/annual-production-steel-data/? ind＝C_asu_fsp_pub/CHN/IND．

［16］台塑集团．官网［EB/OL］. https：//www. fpg. com. tw/tw.

［17］和发集团．官网［EB/OL］. https：//zh. vietnamplus. vn/tags/%E8%B6%8A%E5%8D% 97%E5%92%8C%E5%8F%91%E9%9B%86%E5%9B%A2. vnp．

［18］华森集团．官网［EB/OL］. https：//www. talkvietnam. com/tag/hoa-sen-group/．

［19］世界钢铁协会．钢铁统计年鉴 2021［R］.世界钢铁协会，2021.

［20］宝武钢铁．菲律宾钢铁项目预可研阶段考察［R］.宝钢情报服务平台，2019.

［21］SteelAsia．官网［EB/OL］.

［22］TKCMetals 公司．官网［EB/OL］. https：//tkcmetalrecycling. com/.

［23］代铭玉．巴西钢铁行业现状分析［J］.冶金经济与管理，2015（2）：9-14.

［24］巴西盖尔道集团．集团介绍［EB/OL］. https：//www2. gerdau. com/.

［25］安塞乐米塔尔．安塞乐米塔尔可持续发展报告［R］.安塞乐米塔尔钢铁集团，2021.

［26］张海广．印度钢铁工业动态［N］.宝钢科技图书馆，2020.

［27］张海广．印度钢铁工业竞争力分析［N］.宝钢科技图书馆，2020.

［28］张海广．美国钢铁工业动态［N］.宝钢科技图书馆，2020.

［29］纽柯钢铁公司．官网［EB/OL］. https：//nucor. com/.

［30］美国钢铁公司．官网［EB/OL］. www. ussteel. com.

［31］钢铁动力公司．官网［EB/OL］. https：//stld. steeldynamics. com/.

［32］美国地质调查局．Minerals Commodity Summaries 2022［R］.美国地质调查局，2022.

［33］张海广．韩国钢铁工业竞争力分析［N］.宝钢科技图书馆，2020.

［34］浦 项 制 铁 ．官 网［EB/OL］. https：//www. posco. co. kr/homepage/docs/eng6/jsp/ s91a0000001i. jsp.

［35］张海广．日本钢铁工业竞争力分析［N］.宝钢科技图书馆，2020.

［36］新日本制铁公司．官网［EB/OL］. www. nssmc. com．

［37］JFE 钢铁集团.关于 JFT 集团［EB/OL］. http：//www. jfe-holdings. co. jp/en/company/g-abont/index. html.

［38］日本神户制钢所．官网［EB/OL］. www. kobelco. co. jp.

［39］张海广．欧盟和第三国钢铁业生产成本对比研究［N］.宝钢科技图书馆，2020.

［40］安赛乐米塔尔公司．官网［EB/OL］. https：//corporate. arcelormittal. com/.

3 全球与"一带一路"沿线钢铁行业生产、消费现状与贸易时空格局

钢铁是生活中必不可少的材料，具有永久性这一特性，能够反复循环而不丧失其属性。然而其产能及供需关系存在空间异质性，为了更好地梳理全球与"一带一路"沿线钢铁行业经济方面的现状，本章分别从生产、消费和贸易三个维度描述全球与"一带一路"沿线钢铁行业的时空格局，并根据上述现状，进行简单总结与未来展望，以期可以更加优化全球与"一带一路"沿线钢铁行业产能与供需关系。钢铁行业生产、消费与贸易的相关数据主要来自世界钢铁协会统计数据[1, 2]和中国钢铁工业年鉴2022[3]。

3.1 全球钢铁行业生产、消费现状与贸易时空格局

（1）在全球钢铁生产的时空格局方面，全球钢铁产量呈现上升态势，从1950~2022年增长了约9倍。中国是当今世界最主要的钢铁生产国，约占全球钢铁总产能的50%。欧盟（27）和北美自贸区以及其他亚洲国家也是主要钢铁生产区域，与之相对的是其他欧洲国家，钢铁产能相对最低。

（2）在冶炼工艺方面，转炉和电炉工艺是当今世界主要的钢铁生产工艺。亚洲地区的连铸钢和生铁产量最高，连铸钢产量最小的是非洲地区；生铁产量最小的是非洲和中东地区；澳大利亚地区的铁矿石产量最高，而欧盟和欧洲的铁矿石产量相对最低。

（3）在全球钢铁消费的时空格局方面，中国的粗钢消费量最高，其次是欧盟（27）、亚洲其他国家和其他国家地区和三个区域，而其他欧洲国家消费量相对最低。

（4）在人均钢铁表观消费量方面，排名前三高的地区分别是其他欧洲国家、欧盟（27）和亚洲，而非洲的消费量相对最低，且与其他地区的差距较大；韩国是人均钢铁表观消费量最高的国家，而印度则最低。

（5）在人均实际钢铁消费量方面，墨西哥、土耳其、西班牙、意大利、德国、日本、中国和韩国的人均钢铁表观消费量高于人均实际钢铁消费量，而巴西、英国、法国、俄罗斯、美国和加拿大的人均钢铁表观消费量低于人均实际钢铁消费量。

（6）在全球钢铁贸易时空格局方面，欧盟（27）是最主要的钢铁进口地区和出口地区；独联体、中国和日本的钢铁出口总量远高于其对应的进口总量，属于净钢铁出口地区；而北美自贸区、其他美洲和大西洋地区的钢铁出口总量远低于进口总量，属于净钢铁进口地区。

（7）2000~2021年，全球钢铁间接出口量总体呈增长态势，除了2013和2015年略低于上一个年份。中国的间接出口钢铁总量最高（95.8Mt），土耳其最低（8.6Mt）；而美国间接进口钢铁总量最高（49.0Mt），意大利则最低（8.5Mt）。

（8）对于不同地区来说，统计年份的废钢进出口量差别较大。出口量排名前三的地区为欧盟（27）、北美自贸区和亚洲，而进口量排名前三的地区则是欧盟（27）、亚洲和其他欧洲国家。

3.1.1　生产时空格局分析

图3-1展示了1950~2022年全球粗钢产量和年增长率的变化。总体而言，全球钢铁生产量呈逐年上升的趋势。从1950年（189Mt）到2022年（1879Mt），全球钢铁产量增长了约9倍。由产量的巨大增长可以间接证明全球对钢铁需求量的剧增。在年增长变化方面，除了1990~1995年和2021~2022年增长率为负值，其余年增长率都为正值。全球粗钢产量最高峰值出现在2021年（1951Mt）。在年增长率方面，1950~1955年增长率达到最高值（7.4%），而受到新冠疫情和俄乌战争等因素影响，2021~2022年增长率最低，为-3.7%。2010~2015年增长率为2.5%，2015~2020年增长率为3.0%。

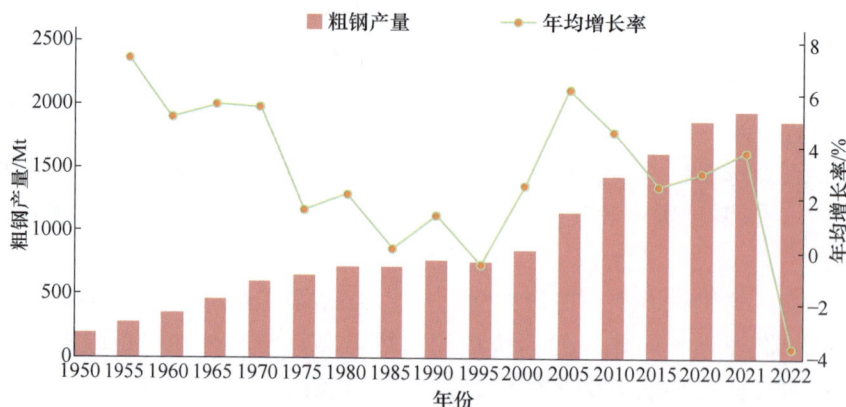

图3-1　1950~2022年全球粗钢产量和年增长率图

图3-2展示了2011年和2021年全球粗钢产量分地区构成。其中，将全球钢铁产地分为欧盟（27）、其他欧洲国家、独联体、北美自贸区、中国、印度、日

本、其他亚洲国家和其他地区（非洲、中东、中南美洲、澳大利亚和新西兰）。由图 3-2 可知，不同地区粗钢产量占比的趋势类似。中国粗钢产量占比在 2011年和 2021 年都是最高的，在 2011 年占比为 45.6%，而在 2021 年占比为 52.9%。2011 年产量占比位列第 2 和第 3 的分别是欧盟（27）和北美自贸区；而 2021 年对应的地区则是其他亚洲国家和欧盟（27）。此外，在上述 9 个地区中，产量占比最低的则是其他欧洲国家，2011 年和 2021 年占比分别为 3.2%和 2.7%，其他四个地区的产量占比没有显著的差异。将其他地区进行更加细致的划分，可以发现，中南美洲的粗钢产量在其他地区中的比重最高，2011 年和 2021 年占比分别为 3.2%和 2.4%；而澳大利亚和新西兰的产量占比最低，2011 年和 2021 年占比分别为 0.5%和 0.3%。

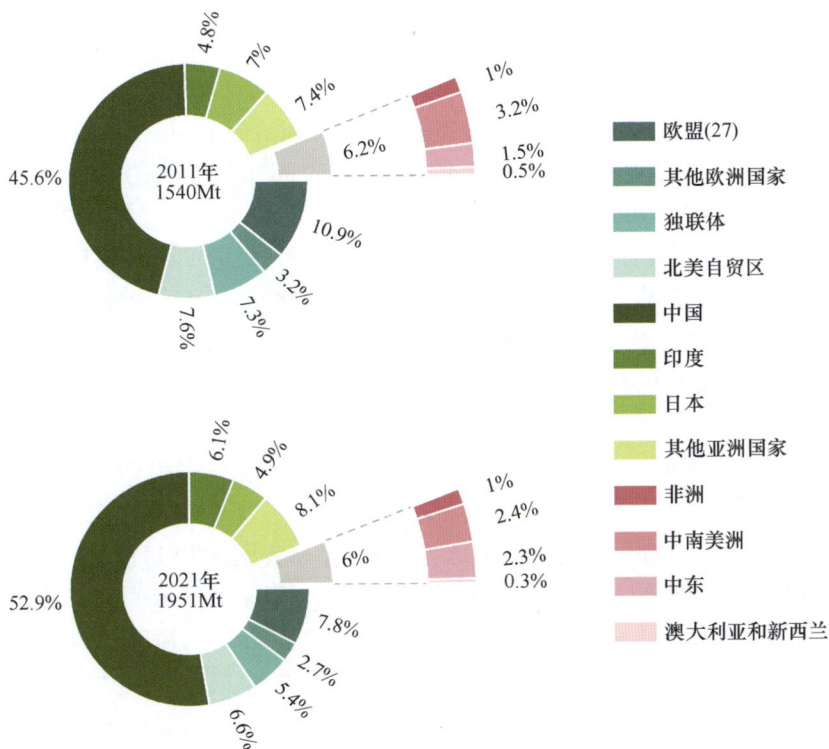

图 3-2 2011 年和 2021 年全球粗钢产量分地区构成图

图 3-3 展示了按冶炼工艺统计的 2021 年全球粗钢产量。从图 3-3 中可以看出，对于全球和 8 个具体地区，转炉和电炉工艺是主要的生产工艺。具体来说，其他欧洲国家、北美自贸区、非洲和中东地区的电炉工艺占比最大，为地区主流工艺（占比高于 50%），而欧盟（27）、独联体、中南美洲和亚洲的主流冶炼工艺为转炉工艺（占比高于 50%）。此外，独联体的粗钢生产工艺中平炉工艺占有

5.1%, 中南美洲 1.0%的粗钢产量以其他工艺进行冶炼。

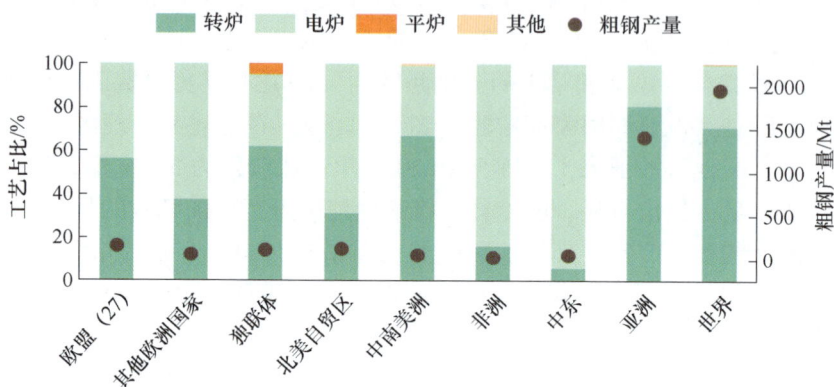

图 3-3 按生产工艺统计的 2021 年全球粗钢产量图

　　图 3-4 展示了 2019~2021 年全球连铸钢产量以及占粗钢产量的比例。从中可知, 2019~2021 年, 亚洲地区的连铸钢产量最高, 对应年份的产量分别为 1316.1Mt、1360.5Mt 和 1371.0Mt, 分别占粗钢产量的 97.6%、97.8%和 97.7%。排名第 2 和第 3 的分别是欧盟(27) 和北美自贸区, 对应的 3 年连铸钢产量分别为 144.9Mt 和 116.0 Mt、127.9Mt 和 97.9Mt、147.6Mt 和 114.2Mt, 分别占粗钢产量的 96.5%和 97.4%、96.7%和 97.4%、96.7%和 97.4%。此外, 在研究年份内, 连铸钢产量最小的是非洲地区, 其 2019~2021 年连铸钢产量分别为 17.3Mt、17.4Mt 和 21.1Mt, 对应年份占粗钢产量的比例分别为 99.5%、106.1% 和 103.4%。对于全球而言, 2019~2021 年连铸钢产量分别占粗钢产量的 96.6%、97.0%和 96.9%。

　　图 3-5 展示了 2020~2021 年全球生铁产量。从图中可以发现, 2020 年和 2021 年的全球整体生铁产量无显著差异。对于 8 个不同的区域而言, 总体趋势和连铸钢产量的空间异质性有所差别, 亚洲是生铁产量最高的地区, 对应年份的生铁产量分别达到 1115.8Mt 和 1101.3Mt。排名第 2 和第 3 的地区分别为欧盟(27) 和独联体, 2020 年的对应的生铁产量分别为 70.9Mt 和 75.1Mt, 2021 年对应的生铁产量分别为 83.0Mt 和 77.9Mt。而生铁产量最低的两个区域分别为非洲和中东, 2020 年对应区域的生铁产量均为 2.5Mt, 2021 年对应区域的产量分别为 3.2Mt 和 2.7Mt。

　　图 3-6 展示了 2017~2021 年全球直接还原铁产量的变化趋势。从图 3-6 中可知, 2017~2019 年的全球直接还原铁产量总体呈现上升趋势, 除了 2019~2020 年略有下降, 2020~2021 年再次出现产量的提升, 产量的峰值出现在 2021 年, 全球的整体产量为 113.85Mt。从不同地区来看, 中东地区的直接还原铁产量最高,

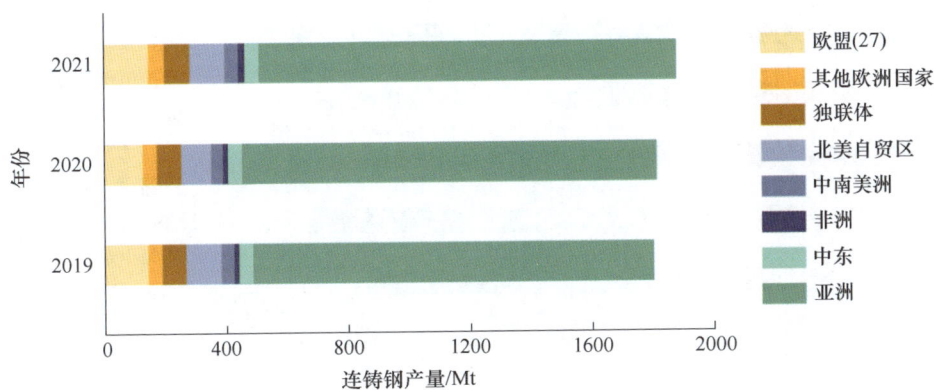

(a)

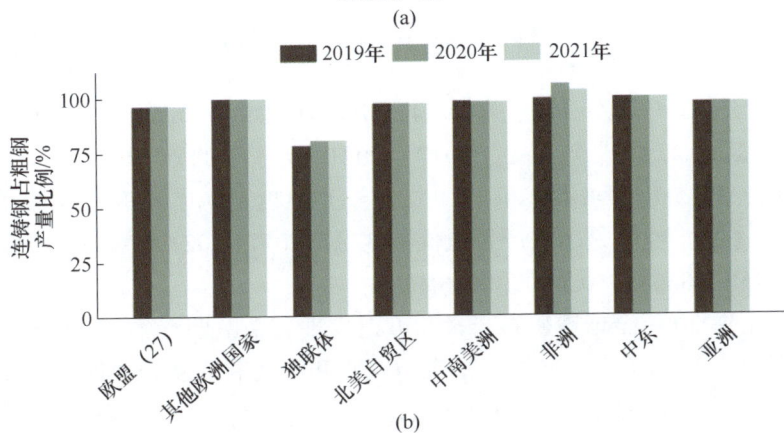

(b)

图 3-4 2019~2021 年全球连铸钢产量（a）以及占粗钢产量比例（b）

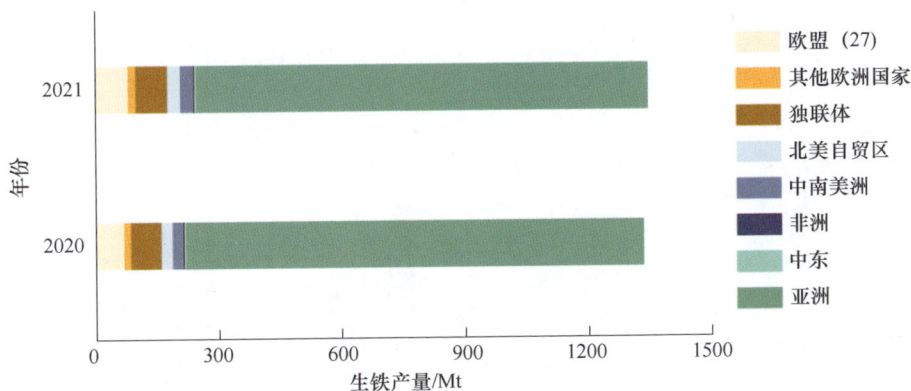

图 3-5 2020~2021 年全球生铁产量图

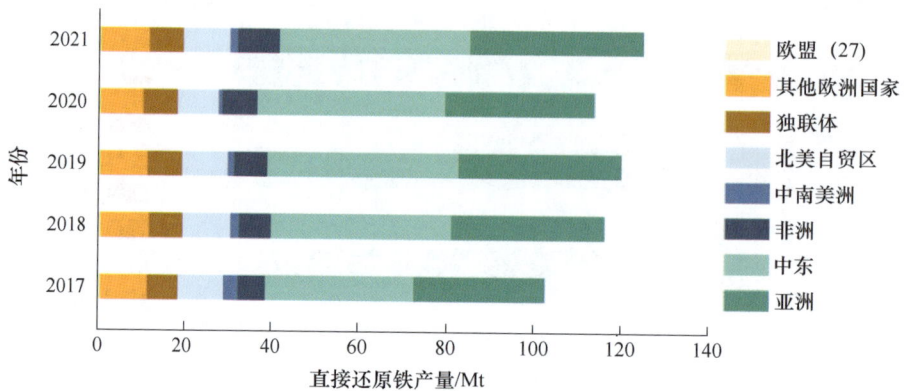

图 3-6　2017~2021 年全球直接还原铁产量图

2017~2021 年对应的产量分别达到了 34.1Mt、41.2Mt、43.6Mt、42.9Mt 和 43.5Mt，亚洲地区的产量排名第 2，2017~2021 年对应的产量分别达到了 30.1Mt、35.2Mt、37.5Mt、34.4Mt 和 39.8Mt。与上述粗钢、连铸钢和生铁产量趋势不同，欧盟（27）地区是生铁产量最低的地区，2017~2021 年对应的产量分别为 0.7Mt、0.7Mt、0.6Mt、0.6Mt 和 0.6Mt。

图 3-7 展示了 2020 年全球铁矿石产量。可以发现，在欧盟（27）、欧洲、独联体、北美自贸区、中南美洲、非洲、中东、亚洲和澳大利亚 9 个地区中，澳大利亚地区的铁矿石产量最高，为 922.5Mt$_{AW}$（注：下标 AW 代表实际质量（Actual Weight，AW））。而 2020 年的全球铁矿石产量为 2338.4Mt$_{AW}$。排名第 2 和第 3 的地区分别为亚洲和中南美洲，产量分别为 492.6Mt$_{AW}$ 和 416.6Mt$_{AW}$。欧盟和欧洲的铁矿石产量相对最低，分别为 33.4Mt$_{AW}$ 和 44.2Mt$_{AW}$。

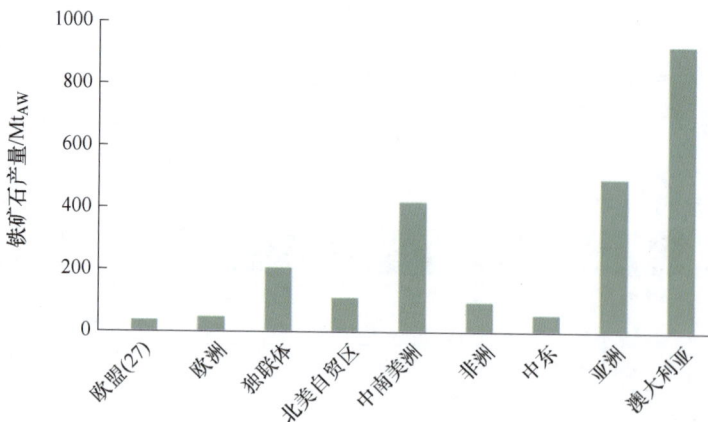

图 3-7　2020 年全球铁矿石产量图

3.1.2　消费时空格局分析

图 3-8 展示了 2011 年和 2021 年全球成品钢铁表观消费量的分地区构成。其中，将全球成品钢铁的消费地区分为欧盟（27），其他欧洲国家、独联体、北美自贸区、中国、其他地区（包括非洲、中东、中南美洲、澳大利亚和新西兰）、日本、其他亚洲国家和印度。从图中可以看出，不同地区成品钢消费量占比的趋势类似。中国是 2011 年和 2021 年粗钢消费量最高的国家，对应年份的粗钢消费量占比分别为 45.2% 和 51.9%。除了中国以外，欧盟（27）、亚洲其他国家和其他国家地区也是成品钢消费量较高的地区，对应地区的 2011 年成品钢消费量占比分别为 10.4%、9.8% 和 9.5%，2021 年消费量占比分别为 8.3%、9.5% 和 7.8%。而其他欧洲国家的粗钢消费量占比在九个区域中最小，2011 年和 2021 年分别为 3.0% 和 2.8%。

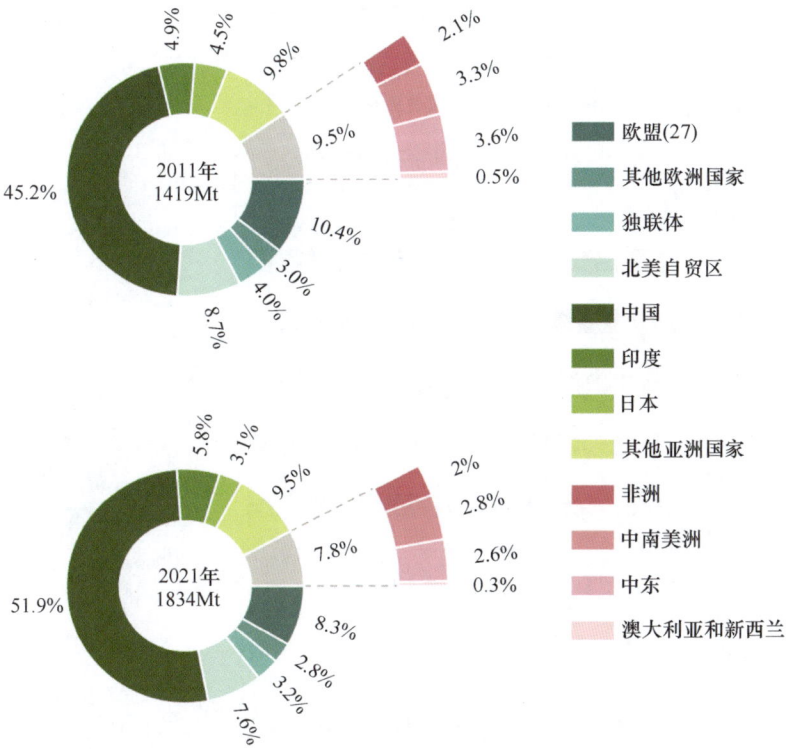

图 3-8　2011 年和 2021 年全球成品钢铁表观消费量的分地区构成图

图 3-9 和图 3-10 分别展示了 2017~2021 年全球成品钢铁表观消费量和 2017~2021 年全球人均成品钢铁表观消费量。从图中信息可知，全球成品钢铁表观消

费量与人均成品钢铁表观消费量存在异质性。对于成品钢铁表观消费量而言，排名前 3 高的地区分别为亚洲、欧盟（27）和北美自贸区，并且亚洲的消费量远高于其他两个地区，2017~2021 年对应的亚洲钢铁表观消费量分别为 1101.2Mt、1173.5Mt、1254.6Mt、1310.7Mt 和 1290Mt，其他五个地区的消费量都相对较低；而对于人均成品钢铁表观消费量而言，排名前 3 高的地区分别是其他欧洲国家、欧盟（27）和亚洲，而非洲的消费量相对最低，且与其他地区的差距较大。

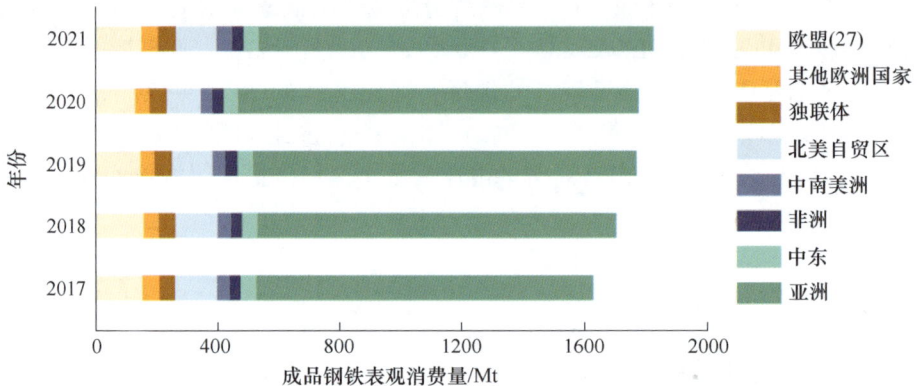

图 3-9   2017~2021 年全球成品钢铁表观消费量图

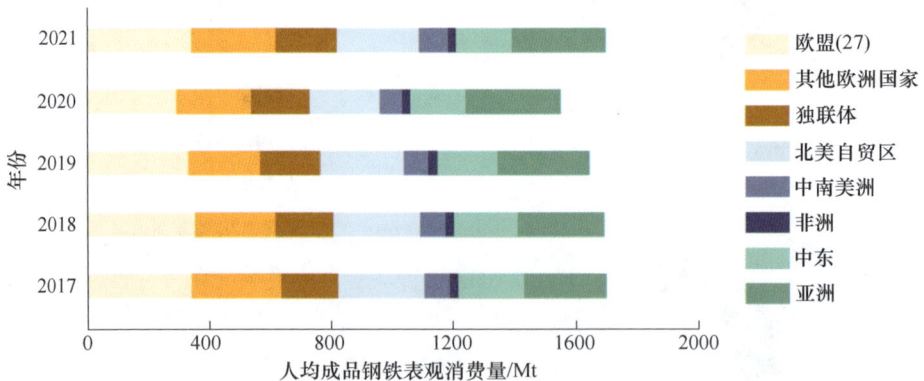

图 3-10   2017~2021 年全球人均成品钢铁表观消费量图

注：钢铁实际消费量是从钢铁表观消费量减去净间接钢材出口量。钢铁实际消费量不等于钢铁表观总消费是因为各国的间接贸易覆盖范围和计算方法存在差异。

除了对上述全球人均成品钢铁表观消费量的比较，本章还分析了 2017~2021 年主要国家人均成品钢铁表观消费量（图 3-11）。根据文献资料和上述数据，选择加拿大、美国、中国、印度、日本和韩国作为 6 个主要国家。从图中可知，在

2017~2021 年，韩国人均钢铁表观消费量在 6 个国家中排名都为第 1，消费量均高于 955.0kg，排名第 2 和第 3 的地区是中国和日本，中国的人均消费量在 544.6~699.2kg，而日本的人均消费量则在 416.1~514.2kg。排名第 4 和第 5 的地区分别是加拿大（323.1~384.5kg）和美国（241.8~305.0kg），排名第 6 的地区是印度，与其他 5 个国家相比差距较大，其人均消费量均低于 76.0kg。

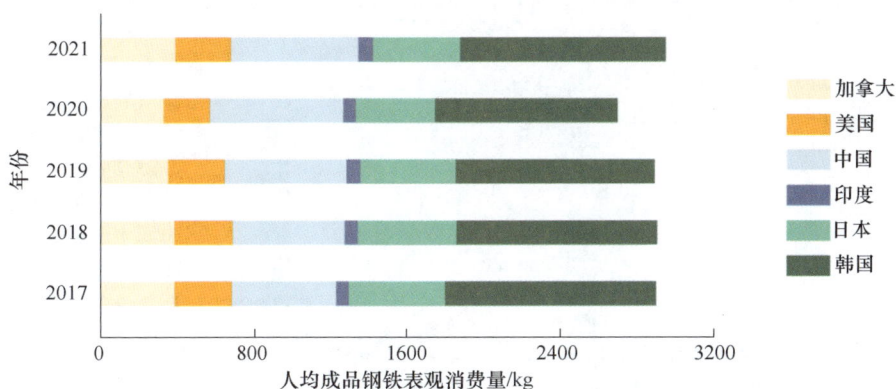

图 3-11　2017~2021 年主要国家人均成品钢铁表观消费量图

　　图 3-12 比较了 2019 年主要国家人均钢铁表观和实际消费量差异。从图中可以看出，不同国家的人均钢铁表观和实际消费量存在空间异质性。在统计的 14 个国家中，墨西哥、土耳其、西班牙、意大利、德国、日本、中国和韩国的人均钢铁表观消费量高于人均实际消费量，而巴西、英国、法国、俄罗斯、美国和加拿大的人均钢铁表观消费量低于人均实际消费量。

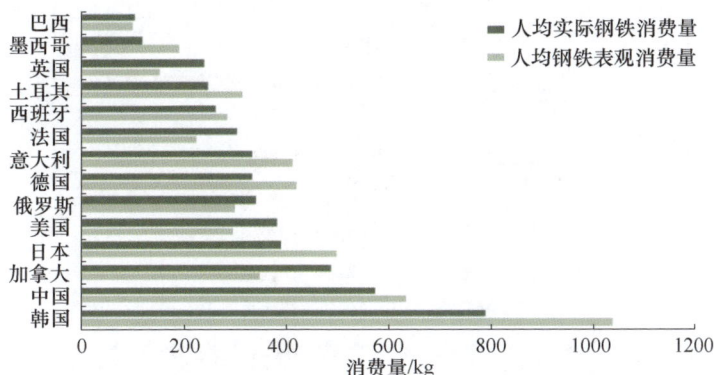

图 3-12　2019 年主要国家人均钢铁表观消费量和实际钢铁消费量图[1]

　　图 3-13 展示了 2021 年的全球生铁表观消费量和 2020 年的全球铁矿石表观消费量。对于全球的 8 个不同地区，二者的表观消费量特征总体相似。亚洲地区的

生铁和铁矿石表观消费量均排名第 1。例如，亚洲 2021 年的生铁表观消费量为 1103.0Mt，2020 年的铁矿石表观消费量为 1803.6Mt$_{AW}$，皆远高于其他地区的表观消费量。欧盟（27）和独联体也是生铁和铁矿石表观消费量较高的地区，2021 年的生铁表观消费量分别为 85.1Mt 和 70.8Mt，2020 年的铁矿石表观消费量分别为 89.6Mt 和 125.2Mt$_{AW}$。此外，其他欧洲国家的生铁表观消费量较低，但铁矿石的表观消费量较高。

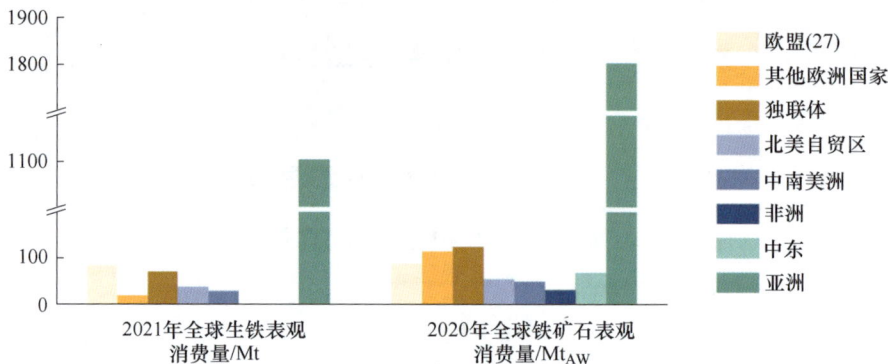

图 3-13 全球 2021 年生铁表观消费量和 2020 年铁矿石表观消费量图

3.1.3 贸易时空格局分析

2021 年全球各地区钢铁贸易量的信息可以从图 3-14 获得。欧盟（27）是最主要的钢铁进口地区和出口地区，其 2021 年钢铁进口总量为 156.0Mt，出口总量

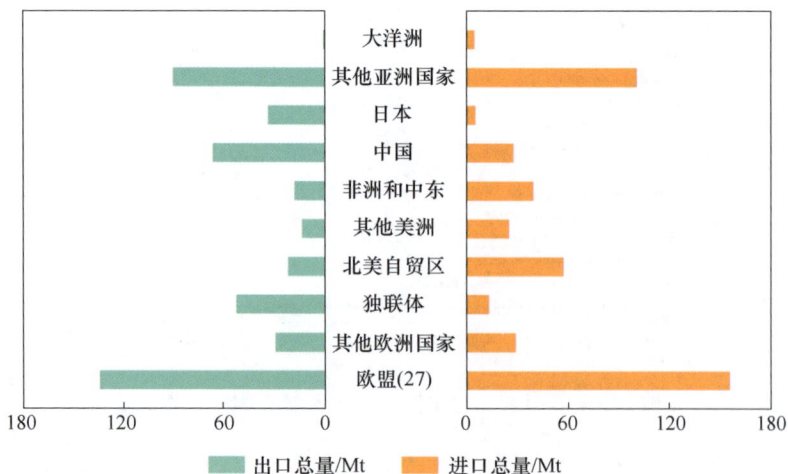

图 3-14 2021 年全球各地区钢铁贸易量图

为 134.0Mt，远高于其他 10 个地区对应的进出口总量。排名第 2 的主要进出口地区为其他亚洲国家，其 2021 年钢铁进口总量为 100.9Mt，出口总量为 90.4Mt，在统计地区的贸易量中处于较高水平。独联体、中国和日本的钢铁出口总量远高于其对应的进口总量，属于净钢铁出口地区，而北美自贸区、其他美洲和大西洋地区的钢铁出口总量远低于进口总量，属于净钢铁进口地区。

图 3-15 为 2021 年全球主要钢铁进出口国。从图中信息可知，2021 年排名前 10 的主要钢铁出口国包括中国（66.2Mt）、日本（33.8Mt）、俄罗斯（32.6Mt）、韩国（26.8Mt）、欧盟（27）（26.0Mt）、德国（23.9Mt）、土耳其（22.1Mt）、印度（20.4Mt）、意大利（17.2Mt）以及乌克兰（15.7Mt）；排名前 10 的主要钢铁进口国包括欧盟（27Mt）（48.1Mt）、美国（29.7Mt）、中国（27.8Mt）、德国（23.3Mt）、意大利（20.8 Mt）、土耳其（16.2Mt）、泰国（15.7 Mt）、墨西哥（15.1Mt）、韩国（14.1Mt）和波兰（13.7Mt）。

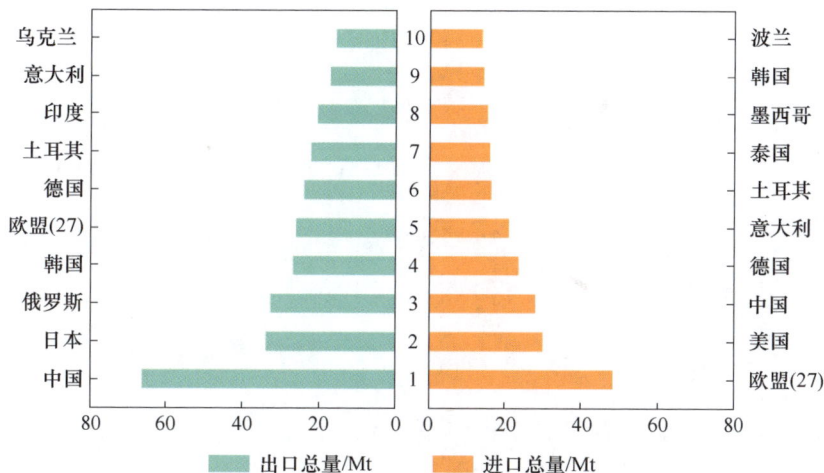

图 3-15 2021 年全球主要钢铁进出口国图

图 3-16 引自 2022 年世界钢铁统计数据[1]，显示了 2021 年全球各地区铁矿石贸易量。在铁矿石出口贸易方面，大洋洲是铁矿石出口总量排名第 1 的地区，其 2021 年铁矿石出口总量为 879.3Mt，远高于其他地区；铁矿石出口总量第 2 和第 3 高的地区则是美洲国家、非洲和中东，对应的铁矿石出口总量分别为 387.2Mt 和 101.7Mt，远高于其他 5 个地区。在铁矿石进口贸易方面，地区间的空间异质性较出口贸易低。中国、亚洲其他国家和欧盟（27）是排名前 3 的铁矿石进口地区，其对应的铁矿石进口总量分别为 1125.6Mt、190.2Mt 和 131.6Mt，而与之相反，独联体和大洋洲的铁矿石进口总量很低，分别不足 2.0Mt 和 0.9Mt。

(Mt)

进口地区	出口地区								进口总量	其中：区域内进口
	欧盟(27)	欧洲其他国家	独联体	USMCA	美洲国家	非洲和中东	亚洲	大洋洲		
欧盟(27)	32.2	2.2	30.0	22.8	23.3	20.4	0.4	0.2	131.6	99.4
欧洲其他国家	3.8	0.7	4.4	2.6	6.8	2.1	—	0.0	20.5	19.7
独联体	0.0	0.0	2.0	—	—	0.0	0.0		2.0	0.0
USMCA	0.9	0.1	0.4	10.9	4.7	0.4	0.2	0.0	17.7	6.7
美洲国家	0.0	—	0.0	1.1	5.8	0.1	0.4	—	7.5	1.7
非洲和中东	7.1	0.5	1.3	2.3	26.1	16.0	1.0	0.0	54.3	38.3
中国	1.5	1.6	30.6	19.2	271.1	54.6	50.5	696.6	1125.6	1075.1
日本	—		1.4	8.5	31.0	4.6	1.0	66.6	113.1	112.1
亚洲其他国家	0.4	0.4	5.4	3.7	18.2	2.5	43.7	116.0	190.2	146.5
大洋洲	0.0	0.0	—	0.0	0.0	0.9	0.0	—	0.9	0.9
出口总量	45.9	5.5	75.5	71.2	387.2	101.7	97.1	879.3	1663.4	1500.5
其中：区域外出口*	13.6	4.7	73.5	60.3	381.3	85.7	2.0	879.3	1500.5	
净出口(出口-进口)	-85.8	-15.0	73.5	53.5	379.7	47.4	-1331.8	878.5		

* 不包括标记区域内贸易 ▇

图 3-16　2021 年全球铁矿石贸易量图[1]

除了分析钢铁的直接贸易情况，本章节还分析了钢铁的间接贸易情况。间接贸易通过钢铁产品的进出口实现，其贸易量以产品所含的成品钢材质量进行衡量。图 3-17 展示了 2000～2019 年全球钢铁间接出口量。从图中信息可得，2000～2019 年，全球钢铁间接出口量总体呈增长态势，除了 2013 和 2015 年略低于上一个年份。从 2000～2019 年，全球钢铁间接出口量从 172.1Mt 增长至 358.9Mt，增长率达到了约 109%。

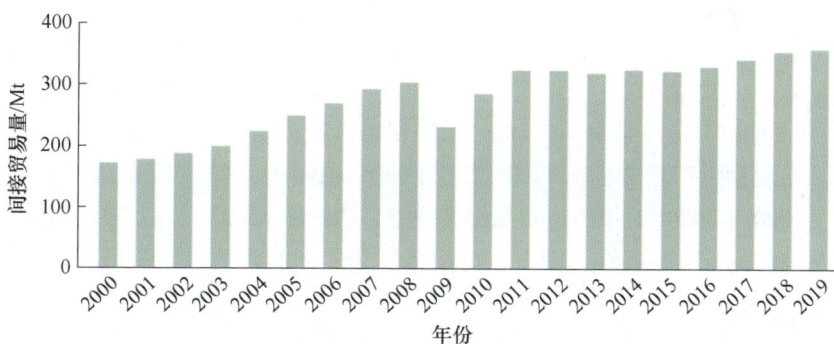

图 3-17　2000~2019 年全球钢铁间接贸易量图

对于钢铁间接贸易的情况，除了全球总体出口量的数据，本章还分析了 2019 年全球主要的间接钢铁进出口国的相关信息（图 3-18）。在钢铁间接出口量方面，排名前十的国家依次为中国、德国、日本、美国、韩国、墨西哥、意大利、波兰、西班牙和土耳其。其中，中国的间接出口钢铁总量最高（95.8Mt），土耳其最低（8.6Mt），间接出口钢铁总量最大差异为 11.1 倍。在钢铁间接进口量方面，排名前 10 的国家依次为美国、德国、法国、英国、加拿大、中国、比利时-卢森堡、俄罗斯、西班牙和意大利。其中，美国间接进口钢铁总量最高（49.0Mt），意大利最低（8.5Mt），间接进口钢铁总量最大差异为 5.8 倍。

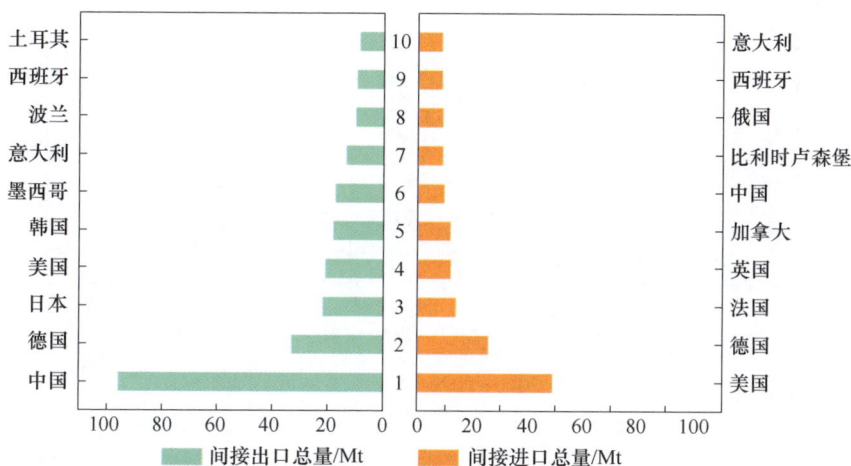

图 3-18　2019 年全球主要间接钢铁进出口国图

钢铁是可以循环使用的永久性材料，本章进一步分析了全球废钢的贸易情况。图 3-19 展示了 2020~2021 年全球废钢贸易量。从图中信息可知，2020 年和 2021 年的世界废钢出口量分别为 100.3Mt 和 100.7Mt，2020 年和 2021 年的进口量分别为 98.8Mt 和 109.5Mt。对于不同地区来说，统计年份的废钢进出口量差别较大。在废钢出口量方面，欧盟（27）、北美自贸区和亚洲是出口量排名前 3 的地区，2020 年和 2021 年的出口量分别为 42.1Mt 和 47.9Mt、22.1Mt 和 23.4Mt 以及 12.3Mt 和 10.5Mt。在废钢进口量方面，欧盟（27）、亚洲和其他欧洲国家是进口量排名前 3 的地区，2020 年和 2021 年的进口量分别为 31.1Mt 和 36.2Mt、31.7Mt 和 31.3Mt 以及 24.0Mt 和 26.6Mt。此外，中东、中南美洲和非洲的废钢进出口量都相对较低。

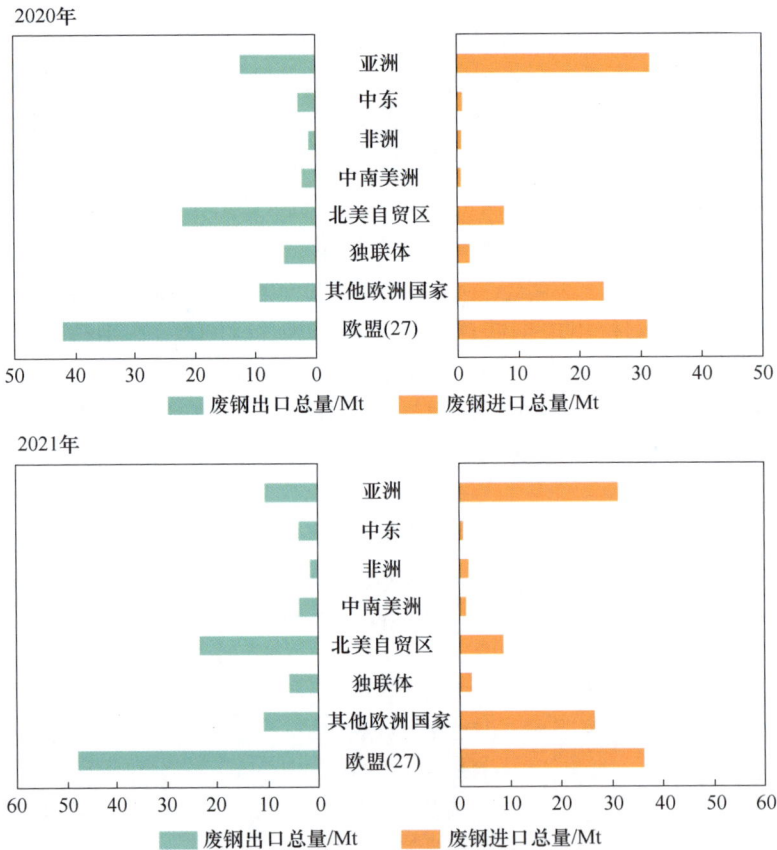

图 3-19 2020~2021 年全球废钢贸易量图

3.2 "一带一路"沿线钢铁行业生产、消费现状与贸易时空格局

（1）2021 年中国粗钢产量 1032.8Mt，较 2020 年同比增加 3.0%，位列世界

第1。其中转炉钢占89.4%，电炉钢占10.6%，与其他钢铁产业相对发达的国家和地区相比，中国钢铁生产的电炉工艺占比低很多。

（2）在典型8个"一带一路"沿线国家中，俄罗斯是2021年粗钢产量最高的国家，而南非则是粗钢产量最低的国家。对于典型的"一带一路"沿线国家而言，转炉和电炉工艺是主要的粗钢生产工艺。

（3）2017~2021年，典型的"一带一路"沿线国家钢铁表观消费量和人均成品钢铁表观消费量总体呈现倒"V"趋势；从国别尺度上而言，俄罗斯和土耳其是排名前二的钢铁消费国，伊朗的表观消费量与人均表观消费量均较高，而乌克兰和南非的表观消费总量与人均消费量均较低，且与其他4个国家的差别较为显著而巴西的表观消费总量较高（排第三位），但其人均表观消费量较低（仅为倒数第四位）。

（4）在生铁消费方面，俄罗斯是六个国家中生铁消费量最高的国家，而南非和伊朗的生铁消费量较低；在铁矿石消费方面，巴西的铁矿石表观消费量最高，而捷克、波兰和南非的铁矿石表观消费量接近且都相对较低。

（5）1980~2021年，中国钢材进口量变化幅度不大，总体呈现较为平稳的周期性变化。

（6）在生铁贸易方面，俄罗斯、乌克兰、巴西、南非和伊朗是主要的生铁出口国而非进口国，而土耳其是生铁进口国；在铁矿石贸易方面，巴西和南非在2020年的出口量极高，但（几乎）无铁矿石进口。

（7）在废钢贸易中，土耳其是净废钢进口国，出口量较少；而捷克、俄罗斯、巴西和南非属于净废钢出口国，进口量都较少。

3.2.1 "一带一路"沿线生产时空格局分析

图3-20展示了2021年中国钢铁产品的产量和增长率。从图中可以看出，2021年中国生铁产量为86857万吨，较上年下降2.3%；粗钢产量为103524万吨，同比下降2.8%；钢材（含重复材）产量为133667万吨，同比增长0.9%；焦炭产量为46446万吨，同比下降1.4%；铁矿石原矿产量为98053万吨，同比增长9.4%；铁合金产量为3476万吨，同比下降4.4%。

图3-21为2021年中国与部分发达国家（地区）钢铁生产电炉工艺使用情况。2021年中国粗钢产量1032.8 Mt，较2020年同比增加3.0%，位列世界第1。其中转炉工艺占89.4%，电炉工艺占10.6%，和其他钢铁产业相对发达的国家和地区相比，中国钢铁生产的电炉工艺占比要低很多，例如欧盟（27）转炉工艺占56.1%，电炉工艺占43.9%；美国转炉工艺占30.8%，电炉工艺占69.2%；日本转炉工艺占74.7%，电炉工艺占25.3%；韩国转炉工艺占68.2%，电炉工艺占31.8%。

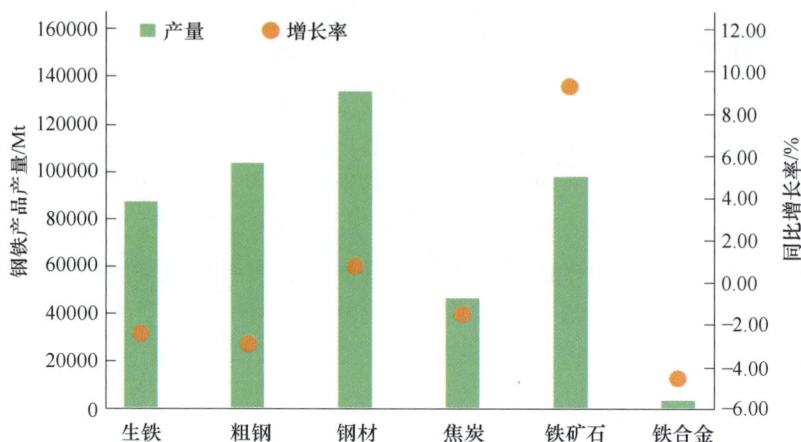

图 3-20 2021 年中国钢铁产品产量和增长率

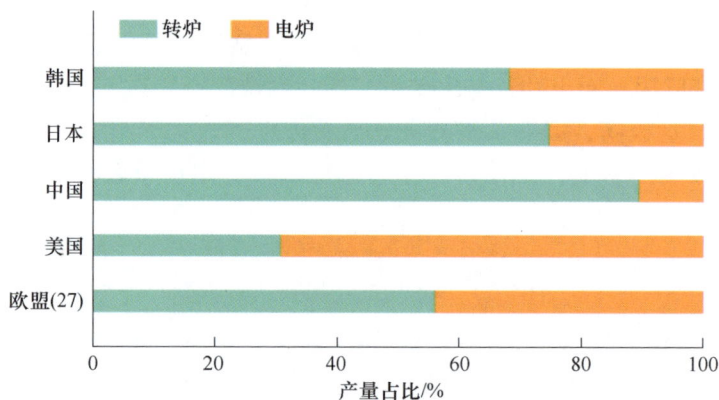

图 3-21 2021 年中国与部分发达国家（地区）的钢铁生产工艺情况图

表 3-1 展示了 2021 年中国大陆各地区铁钢材产量现状。2021 年河北、江苏、山东、辽宁和山西是中国 2021 年铁钢材产量排名前 5 的省份。以粗钢产量为例，对应的产量分别为：河北（22496 万吨）、江苏（11925 万吨）、山东（7649 万吨）、辽宁（7502 万吨）和山西（6741 万吨），合计产量为 56313 万吨，占全国粗钢产量比重为 54.4%。类似地，上述 5 个省的生铁总量和钢材总量分别为 53919 万吨和 71353 万吨，分别占全国生铁产量和钢材产量的 59.6% 和 52.3%。

表 3-1　中国大陆 2021 年各地区铁钢材产量统计表　　　（万吨）

地区	生铁	粗钢	钢材
合计	86857	103524	133667
河北	20203	22496	29559
江苏	10024	11925	15702
山东	7524	7649	10668
辽宁	7025	7502	7759
山西	6988	6741	6174
广西	3015	3661	5282
湖北	2624	3656	3852
安徽	2912	3892	3820
河南	2747	3361	4336
广东	2054	3178	5111
内蒙古	2347	3118	2958
四川	2092	2788	3496
江西	2316	2711	3481
湖南	2177	2613	2980
福建	1145	2536	3981
云南	1712	2361	2646
天津	1818	1825	5992
上海	1391	1577	1941
吉林	1366	1539	1791
陕西	1136	1521	2097
浙江	795	1456	3452
新疆	1148	1300	1468
甘肃	789	1059	1081
黑龙江	847	961	951
重庆	674	899	1310
宁夏	458	596	582
贵州	375	462	811
青海	154	187	182
北京	—	—	203

图 3-22 显示了典型的"一带一路"沿线国家在 2020～2021 年的粗钢产量。从图中信息可知，俄罗斯、土耳其、伊朗、乌克兰、巴西和南非这 6 个国家和地

区在 2020 年和 2021 年粗钢产量特征类似。其中，俄罗斯是上述 8 个国家和地区中 2021 年粗钢产量最高的国家，其 2020 年和 2021 年粗钢产量分别为 59.1Mt 和 62.4Mt，远高于其他 5 个国家。产量排名第 2 到第 4 的国家分别为土耳其、巴西、伊朗和乌克兰。而南非相比其他国家，粗钢产量最低，2020 年和 2021 年对应的粗钢产量都为 3.9Mt 和 5.0Mt，远低于其他国家的产量。

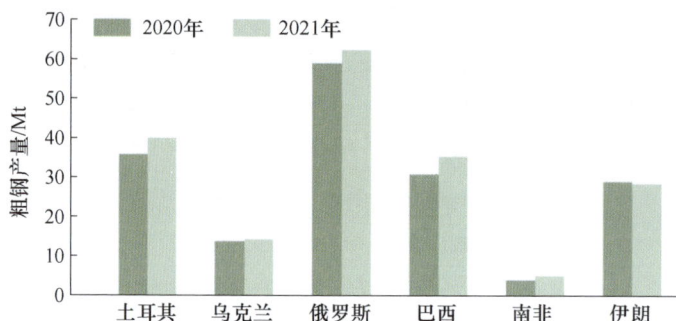

图 3-22 典型"一带一路"沿线国家的 2020 年和 2021 年粗钢产量图

图 3-23 显示了典型的"一带一路"沿线国家 2021 年粗钢产量情况（按工艺统计）。由于统计数据的可得性，这里列出了 6 个典型的"一带一路"沿线国家，分别是：俄罗斯、土耳其、乌克兰、巴西、南非和伊朗。与前述中的全球粗钢工艺占比类似，对于典型的"一带一路"沿线国家而言，转炉和电炉工艺是主要的粗钢生产工艺。对于俄罗斯、乌克兰、巴西和南非而言，转炉工艺的粗钢产量占比都高于 50%，是这 4 个国家的主流粗钢生产工艺。而对于土耳其和伊朗

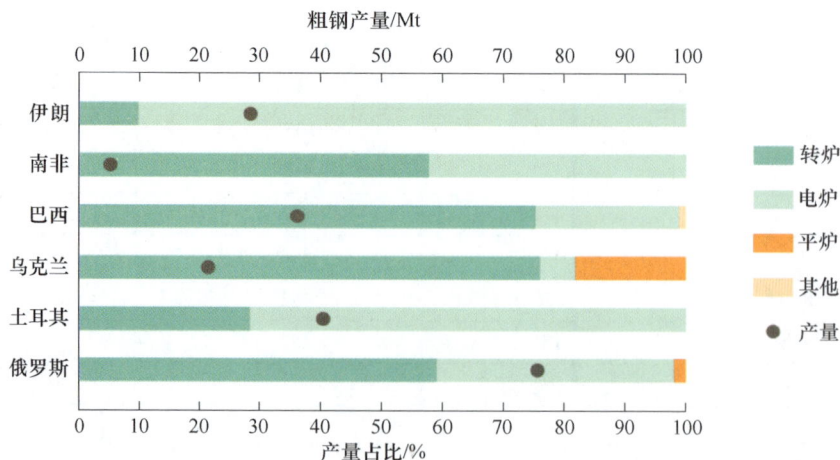

图 3-23 典型的"一带一路"沿线国家的 2021 年粗钢产量图（按生产工艺统计）

而言,电炉工艺是这两个国家的主流粗钢生产工艺,占比都高于 50%。需要特别注意的是,平炉工艺在俄罗斯和乌克兰也得到了应用,工艺占比分别为 39.0%和5.8%。此外,巴西 1.2%的粗钢是通过其他工艺进行生产的。

3.2.2 "一带一路"沿线消费时空格局分析

在"一带一路"沿线钢铁消费时空格局分析部分中,由于中国的消费现状在全球钢铁消费时空格局中已经涉及,所以在这一部分,仅对"一带一路"沿线典型国家的钢铁产品消费量进行分析。

图 3-24 和图 3-25 分别是典型的"一带一路"沿线国家 2017~2021 年成品钢铁表观消费量和人均表观消费量。从图中信息可知,2017~2021 年,6 个典型的"一带一路"沿线国家的钢铁表观消费量与人均表观消费量呈现出相似的趋势。从时间尺度上分析,总体呈现倒"V"趋势,6 个国家的钢铁表观消费总量与人均表观消费量总量的峰值分别出现在 2021 年和 2017 年。从国别尺度上看,俄罗斯和土耳其是排名前 2 的钢铁消费国,两国的表观消费量与人均表观消费量之和超过了 6 个国家消费量总值的一半以上。伊朗的表观消费量与人均表观消费量均较高,而乌克兰和南非的表观消费总量与人均消费量均较小,且与其他 4 个国家的差别较为显著。特别的是,巴西的表观消费总量较高(排第 3 位),但其人均表观消费量较低(仅为倒数第 4 位)。

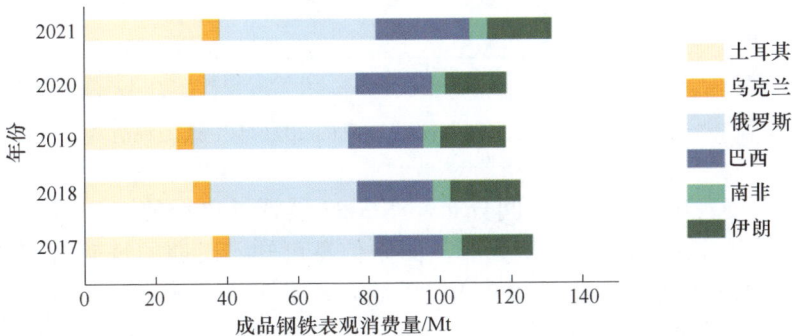

图 3-24 典型的"一带一路"沿线国家的 2017~2021 年成品钢铁表观消费量图

图 3-26 展示了典型的"一带一路"沿线国家的 2021 年生铁表观消费量。可以发现,不同国家生铁表观消费量差别较大。俄罗斯是 6 个国家中生铁消费量最高的国家,2021 年消费了 49.6Mt 生铁。巴西、乌克兰和土耳其的生铁消费量排在第 2 至第 4 位,2021 年分别消费了 25.3Mt、17.9Mt 和 11.6Mt 生铁。相对而言,南非和伊朗的生铁消费量较低,2021 年分别消费了 2.4Mt 和 2.6Mt 生铁。

除了对典型的"一带一路"沿线国家的钢铁消费量进行分析,本章进一步

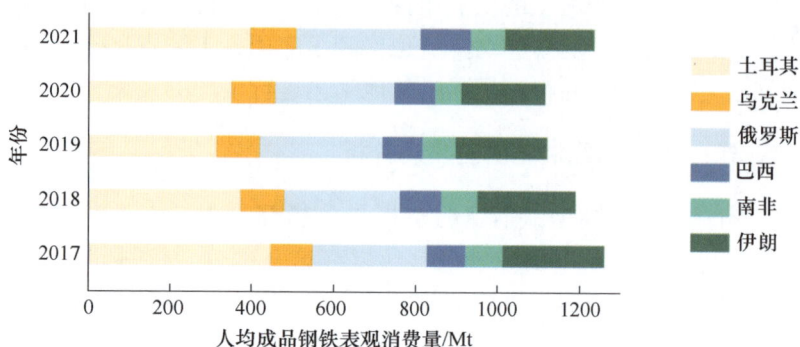

图 3-25   典型的"一带一路"沿线国家的 2017~2021 年人均成品钢铁表观消费量图

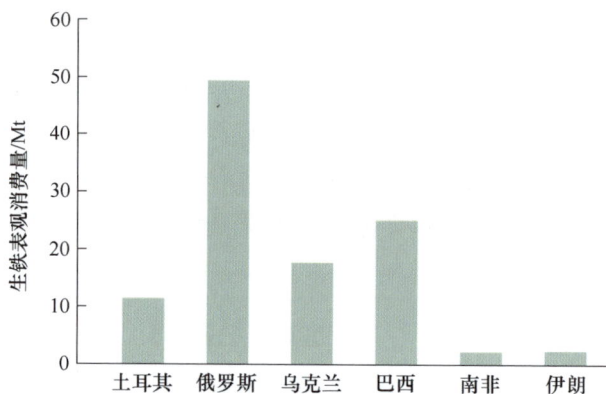

图 3-26   典型的"一带一路"沿线国家的 2021 年生铁表观消费量图

分析了铁矿石表观消费量的空间分布。图 3-27 展现了典型的"一带一路"沿线国家 2020 年的铁矿石表观消费量。从图中信息可知，巴西的铁矿石表观消费量最高，其 2020 年的消费为 48.6Mt_{AW}，远高于其他 4 个国家。土耳其的铁矿石表观消费量排名第 2（15.6 Mt_{AW}），而捷克、波兰和南非的铁矿石表观消费量接近且都相对较低。其对应的 2020 年的消费量分别为 6.4Mt_{AW}、5.3Mt_{AW}和 4.2Mt_{AW}。

3.2.3   "一带一路"沿线贸易时空格局分析

在这一节中，我们论述了我国主要年份（1980~2021 年）钢材贸易量、2021年中国废钢贸易量、2020 年典型的"一带一路"沿线国家生铁贸易量、2019 年典型的"一带一路"沿线国家铁矿石贸易量以及 2019~2020 年典型的"一带一路"沿线国家废钢贸易量。

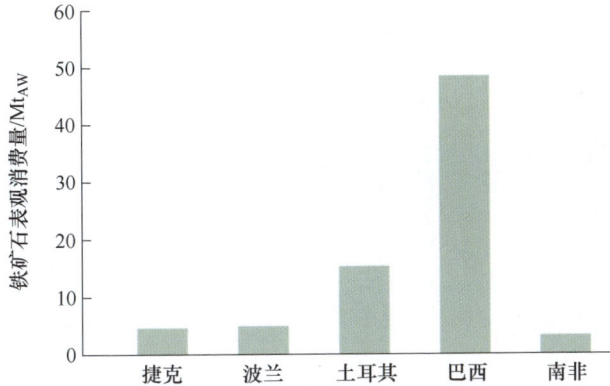

图 3-27 典型的"一带一路"沿线国家的 2020 年铁矿石表观消费量图

图 3-28 显示了中国主要年份钢材进出口贸易量。可以发现，1980~2021 年，中国钢材进口量变化幅度不大，总体呈现较为平稳的周期性变化。而中国钢材出口量在统计年份却有着显著的增加，从 1980 年的 0.47Mt 增长到 2021 年的 66.9Mt，增加了 141 倍以上。此外，还可以发现钢材出口量的峰值出现在 2015 年（112.4Mt），2016 年和 2014 年的数值（108.5Mt 和 93.78Mt）排第 2 至第 3 位次。2015 年峰值过后，2015~2020 年中国钢材出口量逐年下降，2021 年又有所上升。此外，在钢材进口量方面，峰值出现在 2003 年（37.17Mt），而 2020 年和 2021 年数值分别为 20.23Mt 和 14.3Mt。

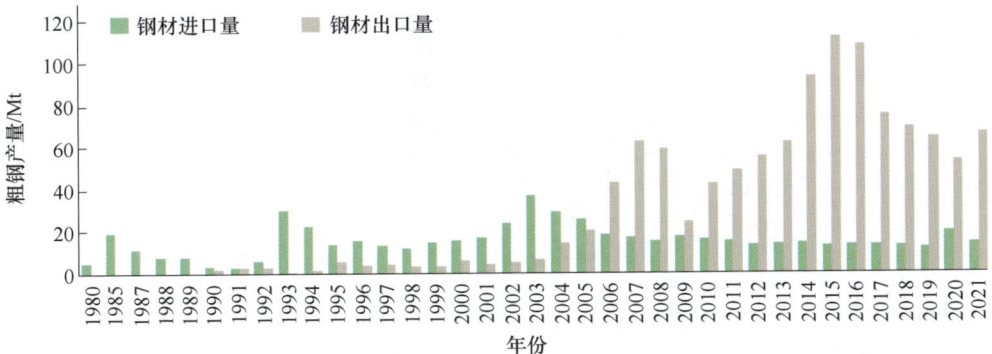

图 3-28 中国主要年份钢材进出口贸易量图

图 3-29 显示了 2021 年中国月度废钢进出口贸易。从图中可知，2021 年中国全年净进口废钢，只有少量废钢出口。2021 年 5 月是中国进口废钢最多的月份，进口废钢 114741t；2021 年 9 月是出口废钢最多的月份，出口废钢 2486t；1 月和

2 月是中国进口废钢最少的月份，仅进口废钢 4060t 和 5456t。

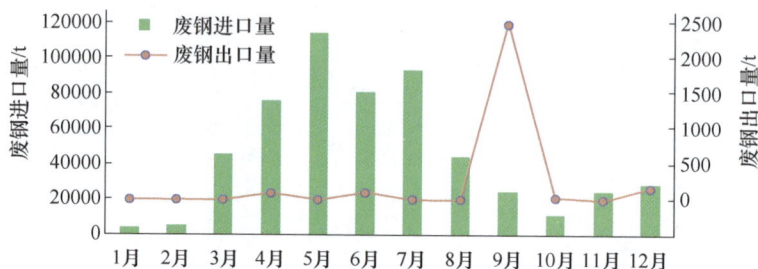

图 3-29   2021 年中国废钢进出口贸易量图（月度）

图 3-30 展示了 2020 年典型的"一带一路"沿线国家生铁贸易量。可以发现，俄罗斯、乌克兰、巴西、南非和伊朗是主要的生铁出口国而非进口国，在 2020 年均无生铁进口，其中南非和伊朗的生铁进口量相对较低，分别仅为 0.5Mt 和 0.1Mt。而土耳其是生铁进口国，其 2020 年的生铁进口量为 1.2Mt，但无出口生铁。

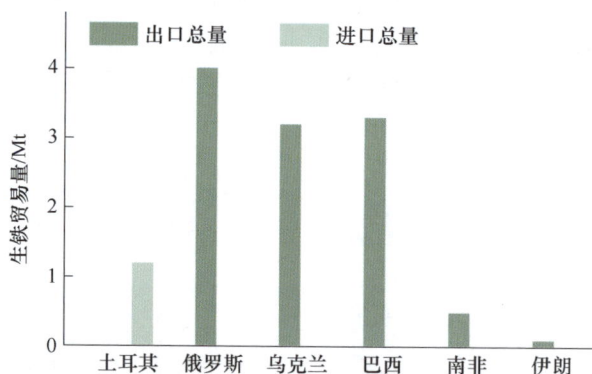

图 3-30   典型的"一带一路"沿线国家的 2020 年生铁贸易量图

图 3-31 展示了典型的"一带一路"沿线国家的 2020 年铁矿石贸易量。从图中信息可知，在 5 个典型的国家中，巴西在 2020 年的铁矿石出口量极高，为 342.6Mt_{AW}，而进口量仅为 0.2Mt_{AW}；南非在 2020 年的铁矿石出口量高达 65.5Mt_{AW}，但无铁矿石进口；捷克和波兰在 2020 年分别进口了 4.9Mt_{AW} 和 5.2Mt_{AW}铁矿石，但无铁矿石出口；土耳其 2020 年的铁矿石出口和进口量分别为 2.2Mt_{AW}和 9.9Mt_{AW}。

图 3-32 展示了典型的"一带一路"沿线国家 2020 年和 2021 年的废钢贸易

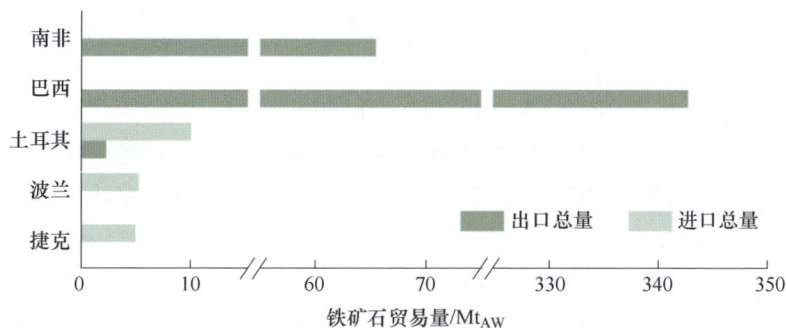

图 3-31　典型的"一带一路"沿线国家的 2020 年铁矿石贸易量图

量。从图中可知，除了土耳其，俄罗斯、捷克、乌克兰、巴西和南非的废钢进口量都较少。土耳其 2020 年和 2021 年分别进口了 22.5Mt 和 25.0Mt 废钢，远高于其他 5 个国家，但土耳其出口的废钢量相对较小，2020 年和 2021 年的出口量均仅有 0.2Mt。捷克、俄罗斯、巴西和南非属于净废钢出口国。以 2020 年为例，四国的废钢出口量分别为 2.2Mt、4.7Mt、0.7Mt 和 0.3Mt，但进口量仅为 0.4Mt、0.5Mt、0.1Mt 和 0.1Mt。乌克兰在 2020 年没有对外废钢贸易，而在 2021 年出口废钢 0.6Mt。

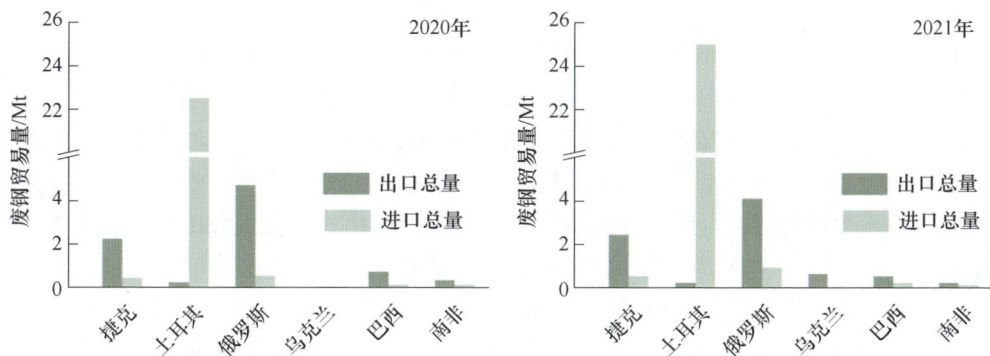

图 3-32　典型的"一带一路"沿线国家的 2020 年和 2021 年废钢贸易量图

3.3　小　　结

总体而言，全球钢铁产量呈现上升态势，从 1950~2022 年增长了约 9 倍。欧盟（27）和北美自贸区以及其他亚洲国家是主要钢铁生产区域，中国是目前世界最主要的钢铁生产国，约占全球钢铁总产量的 50%，远高于排在第 2 名的印度。其他产量较高的国家如日本、美国、俄罗斯和韩国等，2021 年和 2022 年粗钢产量仅分别为 96.3Mt 和 89.2Mt、85.8Mt 和 80.7Mt、75.6Mt 和 71.5Mt 以及 70.4Mt 和 65.9Mt[1, 2]。而欠发达地区，如中南美洲和非洲的粗钢产量分别仅占全球的 2.4% 和 1.0%。2020 年和 2021 年"一带一路"主要产钢国粗钢产量分别为 3.85 亿吨和 4.22 亿吨，分别占世界粗钢总产量的 20.5% 和 21.6%；2020 年粗钢表观消费量为 3.82 亿吨，占世界粗钢表观消费总量的 20.2%[1]。以上表明"一带一路"沿线地区已成为全球钢铁生产和消费重要地区以及中国钢材的重要输出地。

从冶炼工艺上而言，转炉和电炉工艺是当今世界主要的钢铁生产工艺。2021 年中国钢铁生产工艺中转炉工艺占 89.4%，电炉工艺占 10.6%，和其他钢铁产业相对发达的国家和地区相比，中国钢铁生产的电炉工艺占比低很多，中国未来需要大幅提高更清洁生产的电炉工艺占比。对于典型的"一带一路"沿线国家而言，转炉和电炉工艺是主要的粗钢生产工艺。俄罗斯、乌克兰、巴西和南非的主流的粗钢生产工艺是转炉工艺，占比都高于 50%；而土耳其和伊朗主流的粗钢生产工艺是电炉工艺，占比都高于 50%。需要特别注意的是，平炉工艺在俄罗斯和乌克兰也得到了应用，工艺占比分别为 39.0% 和 5.8%。

此外，中国钢铁企业在"一带一路"沿线国家和地区的影响力日益增强。中亚、东南亚等地区逐渐搭建起了来自中国钢铁企业的工厂。中国昆钢集团、越南钢铁总公司合资设立的越中钢铁厂于 2014 年正式投产；中国中冶、马钢集团与瑞士福莱姆公司于 2015 年共同签署了产量 100 万吨/年的综合钢厂项目；随后，甘肃酒钢集团也在哈萨克斯坦建设生产基地；中国冶金科工集团有限公司负责总体设计和多个单元设计建设的越南河静钢铁项目成功投产，中冶集团由此实现了国际千万吨级绿地钢铁系统设计和全产业链输出，这是近 20 年来在海外新建的唯一的一座千万吨级钢铁联合企业；河北钢铁集团在 2018 年签约"菲律宾铁矿及钢铁项目"，总投资约 44 亿美元，将建立菲律宾第一座一贯作业钢厂[4]；中国河北钢铁集团塞尔维亚公司（河钢塞钢）2019 年在塞尔维亚斯梅代雷沃市举行新建烧结厂开工仪式，并宣布展开一系列能源和环境保护综合改造工程；中钢承建玻利维亚穆通钢厂，助力玻利维亚钢铁产业发展，截至 2022 年钢厂正式进入了现场设备安装阶段；2022 年 3 月 3 日，中冶国际（印度尼西亚公司）中标印度尼西亚钢铁项目安装工程[5]。

在"一带一路"倡议下，钢铁产能的国际合作主要通过"产品出口""产能走出去"两种形式实现，随着"一带一路"倡议的逐步推进，钢铁产能的国际合作的主要形式将由产品出口过渡到产能转移方式。"一带一路"沿线国家钢铁工业基础薄弱且环境污染严重，如何兼顾所在国的实际发展阶段和清洁生产水平从而筛选出所在国适用的最优合作方式，建立更优的钢铁产能的国际合作，以"一带一路"沿线钢铁市场带动全球钢铁行业更加可持续地蓬勃发展，仍然是需要深思的问题。

参 考 文 献

［1］世界钢铁协会．2022 年世界钢铁统计数据［R］.世界钢铁协会，2022.

［2］世界钢铁协会．2022 世界粗钢产量［EB/OL］. https：//worldsteel. org/steel-topics/statistics/annual-production-steel-data/？ind＝P1_ crude_ steel_ total_ pub/CHN/IND .

［3］中国钢铁工业协会．中国钢铁工业年鉴 2022［R］.中国钢铁工业协会，2022.

［4］崛起中的东南亚钢铁行业［N］.轧制技术及连轧自动化国家重点实验室，2018.

［5］中企海外项目双周报（2022. 2. 28-2022. 3. 13）［N］.中国"一带一路"网，2022.

4 "一带一路"沿线钢铁行业现有清洁生产相关政策、技术规范和评价体系

钢铁行业作为典型重污染行业之一，也是典型的"两高一资"行业，具有高能耗、高污染和资源消耗大的显著特征。各国为了更好地实现低能源消耗、低环境污染与高经济效益的协同效应，在国家层面和企业层面陆续出台了一系列钢铁行业清洁生产相关政策、技术规范和评价体系。本章分别论述了中国和国际现行的政策、技术规范和评价体系，并分析其存在不足及可改进的方向。

4.1 钢铁行业现有清洁生产相关政策与技术规范

4.1.1 中国钢铁行业现有清洁生产相关政策与技术规范

4.1.1.1 发展概况

自 1992 年起，与钢铁行业清洁生产有关的许多政策、标准与技术规范等开始出现在国家、行业法规和指导性文件中。这些文件按时间先后顺序排列如表 4-1 所示。

表 4-1　涉及钢铁行业清洁生产的相关政策、法规和技术规范

年份	政　策	发布机构
1992	《环境与发展十大对策》	党中央和国务院
1994	《中国 21 世纪议程》	国务院
1997	《国务院关于环境保护若干问题的决定》	国务院
2000	《国家重点行业清洁生产技术导向目录》	国家发改委和原国家环保总局
2002	《中华人民共和国清洁生产促进法》	全国人大常委会
2002	《中华人民共和国环境影响评价法》	全国人大常委会
2003	《关于制止钢铁行业盲目投资的若干意见》	国务院
2004	《清洁生产审核暂行办法》	国家环境保护总局
2005	《重点企业清洁生产审核程序的规定》	国家环境保护总局
2005	《"十一五"规划》	中共中央政治局常委会
2005	《促进产业结构调整暂行规定》	国务院

年份	政　　策	发布机构
2006	《关于钢铁工业控制总量淘汰 落后加快结构调整的通知》	国务院
2006	《关于做好重点企业清洁生产 审核年度总结工作的通知》	国家环保总局
2007	《节能减排综合性工作方案》	国家发改委
2007	《关于请组织实施循环经济高 技术产业重大专项的通知》	国家发改委
2007	《钢铁产业调整振兴规划》	国务院
2008	《国家环境保护"十一五"规划的通知》	国家环境保护部
2008	《关于组织实施 2008 年度重大产业 技术开发专项的通知》	国家发改委
2008	《关于请组织申报 2008 年第一批 国家工程研究中心及国家 工程实验室项目的通知》	国家发改委
2008	《关于进一步加强重点企业清洁 生产审核工作的通知》	国家环境保护部
2010	《关于进一步加大节能减排力度加快 钢铁工业结构调整的若干意见》	国务院
2010	《关于进一步加强淘汰落后 产能工作的通知》	国务院
2010	《钢铁工业生产规范条件》	工信部
2010	《关于钢铁工业节能减排的指导意见》	工信部
2010	《钢铁行业清洁生产技术推行方案》	工信部
2011	《工业转型升级规划》	国务院
2011	《国家环境保护"十二五"规划》	国务院
2011	《钢铁行业"十二五"发展规划》	国务院
2011	《关于开展碳排放权交易试点工作的通知》	国家发改委
2012	《工业清洁生产"十二五"规划》	国务院
2012	《节能减排"十二五"规划》	国务院
2013	《关于化解产能严重过剩矛盾的指导意见》	国务院
2014	《关于做好钢铁产业产能置换工作通知》	工信部
2014	《燃煤锅炉环保节能提升工程实施方案》	工信部
2014	《钢铁行业产能置换的实施办法》	工信部
2015	《部分产能严重过剩行业产能置换实施办法》	工业和信息化部

年份	政　　策	发布机构
2015	《国家重点节能低碳技术推广目录（2015 年本）》	国家发改委
2016	《清洁生产审核办法》	国家发改委和环境保护部
2016	《"十三五"环境保护规划》	国务院
2016	《关于钢铁行业去除过剩产能 实现脱贫发展的意见》	国务院
2016	《关于切实做好全国碳排放权交易 市场启动重点工作的通知》	国家发改委
2017	《关于印发钢铁水泥玻璃行业 产置换实施办法的通知》	工信部
2017	《"十三五"控制温室气体排放 工作方案部门分工》	国家发改委
2018	《清洁生产审核评估与验收指南》	国家发改委生态环境部
2019	《关于做好 2019 年度重点领域 化解过剩产能工作的通知》	国家发改委生态环境部
2019	《关于推进实施钢铁行业 超低排放的意见》	五部委
2020	《2020 年钢铁化解过剩产能工作要点》	国务院
2020	《关于深入推进重点行业清洁 生产审核工作的通知》	国家发改委生态环境部
2020	《碳排放权交易管理办法（试行）》	生态环境部
2020	《钢铁企业超低排放改造技术指南》	中国环境保护产业协会
2021	《关于统筹和加强应对气候变化与 生态环境保护相关工作的指导意见》	生态环境部
2021	《钢铁担当，开启低碳新征程——推进钢铁 行业低碳行动倡议书》	中钢协
2021	《钢铁行业产能置换实施办法》	工信部
2021	《关于钢铁企业超低排放改造和 评估监测公示终止申报或撤销 公示的相关规定（试行）》	中钢协
2021	《"十四五"原材料工业发展规划》	工信部

　　目前，我国钢铁行业清洁生产的推行主要依靠法律、法规和各种生产标准、排放标准等，以达到减少污染、改善环境的目的。

　　自 1992 年联合国环境与发展大会正式提出清洁生产以来，我国政府做出了积极响应。1992 年党中央和国务院批准的《环境与发展十大对策》明确提出新建、扩建、改建项目，技术起点要高，尽量采用能耗物耗小、污染物排放量少的清洁工艺[1]。1993 年召开的第二次全国工业污染防治工作会议提出了工业污染防治必须从单纯的末端治理转向对生产全过程控制转变，实行清洁生产。1994年国务院通过的《中国 21 世纪议程》把推行清洁生产作为优先实施的重点领域[2]。1996 年召开的第四次全国环境保护会议提出了到 20 世纪末把主要污染物排放总量控制在 "八五" 末期水平的总量控制目标。1997 年颁发的《国务院关于环境保护若干问题的决定》再次强调了要推行清洁生产，提出以实施可持续发展战略为宗旨，制定促进清洁生产的激励政策，力争到 2000 年建成比较完善的清洁生产管理体制和运行机制[3]。

2002 年颁布实施的《中华人民共和国清洁生产促进法》（后文简称《促进法》)[4]，是为促进清洁生产、提高资源利用效率、减少和避免污染物的产生、保护和改善环境、保障人体健康、促进经济与社会可持续发展而制定的法律，也是我国关于清洁生产的专项法律。该法律的颁布实施标志着我国进入全面推行清洁生产的阶段，其要求在中国从事生产和服务活动的单位以及从事相关管理活动的部门依照本法规定，组织、实施清洁生产。《促进法》的第 28 条规定钢铁行业是应当实行清洁生产的行业。2010 年，全国人大常委会开展了《促进法》的执法检查，提出了《促进法》实施过程中出现的问题，指出了管理部门的认识和职责不到位、企业主体责任未落实和激励措施匮乏等问题，并给出了工作建议。在此背景下，2012 年对《促进法》进行了修改，制定了有利于实施清洁生产的国家标准、产业政策、技术开发和推广政策，明确了执法主体，强化清洁生产审核，避免了过度包装等内容。新法更加注重突出职能要求，明确了各部门在清洁生产的推行与实施中应承担的责任和发挥的作用[5]。为了贯彻实施《促进法》，我国陆续颁布了一系列相关法规、政策、意见、办法等文件。

以下将从清洁生产审核、产业结构调整、节能减排、清洁生产技术、碳排放权交易市场等方面总结有关钢铁行业的清洁生产法规政策和技术体系。

4.1.1.2 清洁生产审核

2004 年原国家环保总局通过了《清洁生产审核暂行办法》，该办法是第一部针对清洁生产审核的政策，它规定了什么是清洁生产审核、清洁生产审核的范围以及其实施和组织管理的方法[6]。根据其二十七条规定，钢铁企业需开展强制性清洁生产审核。为了有序开展审核工作，2005 年原国家环保总局制定了《重点企业清洁生产审核程序的规定》，规定了重点企业是指《清洁生产促进法》第二十八条第二、第三款规定应当实施清洁生产审核的企业，公布了需重点审核的有毒有害物质名录（第一批），更详细地规定了包括钢铁企业在内的重点企业的清洁生产审核程序[7]。

为了加强重点企业审核工作的管理，2006 年环保总局发布了《关于做好重点企业清洁生产审核年度总结工作的通知》，要求各地区总结本地重点企业清洁生产审核企业名单，及其重点企业已完成的审核开展、实施、评审验收情况[8]。由于当时全国污染减排任务十分艰巨，为进一步发挥清洁生产在污染减排工作中的重要作用，加强重点企业的清洁生产审核工作，2008 年环保部发布了《关于进一步加强重点企业清洁生产审核工作的通知》，明确了环保部门在重点企业清洁生产审核工作中的职责和作用，特别是地方环保部门要加快推进钢铁等重污染行业和"三河三湖"等重点流域的清洁生产审核工作，进一步制定了重点企业清洁生产审核评估和验收指南，也指出将审核与现有环境管理制度结合、规范管理清洁生产审核咨询机构以提高审核质量的方向[9]。

2010 年环保部发布《关于深入推进重点企业清洁生产的通知》，再次提出钢铁行业为实施清洁生产审核，加强评估验收工作与对企业的督察，新提出要积极开展清洁生产审核培训，加强技术指导与对审核机构的监督，要求钢铁七个产能过剩主要行业，每三年完成一轮清洁生产审核，2012 年底前全部完成第一轮清洁生产审核和评估验收工作[10]。同年发布《关于举办重点企业清洁生产培训班的通知》，全面部署下一阶段全国重点企业清洁生产工作，在 2010～2012 间陆续公布了五批实施清洁生产审核并通过评估验收的重点企业名单[11]。至此，我国清洁生产审核工作取得极大的成果。

随着清洁生产审核制度的深度推进及 2012 年《清洁生产促进法》的修订，清洁生产审核制度在诸多方面存在创新和调整的需求。2016 年国家发改委和环境保护部发布了《清洁生产审核办法》，更加明确了清洁生产审核的内涵，强调了清洁生产方案的内容，对清洁生产审核评估验收制度作出新的规定，理顺了清洁生产的审核管理机制，明确了清洁生产管理部门的主要职责，新将废弃物资源化利用的方案纳入清洁生产中，提高了清洁生产技术咨询服务能力的要求，完善了清洁生产管理的专业技术内容及要求，首次将受到清洁生产处罚的企业和机构信息纳入全国信用信息共享平台[12,13]。

为了使审核办法顺利实施，我国于 2018 年制定了《清洁生产审核评估与验收指南》，首次将评估与验收以国家文件的形式发布，也是这十年来全国开展清洁生产评估与验收工作的提炼和总结，新提出将评估结果分级管理，强化评估与验收内容的专业技术与可操作性，强化评估验收专家队伍能力建设[14]。我国于 2020 年发布了《关于深入推进重点行业清洁生产审核工作的通知》，其内容主要强调了清洁生产的重大意义，以进一步加强清洁生产审核在钢铁等重点行业节能减排和升级改造中的支撑作用，促进形成绿色发展方式，推动经济高质量发展。该通知提出加强审核工作与国家重大政策、规划的结合，鼓励各地区以钢铁等重点行业为审核重点制定符合本地的审核实施方案，探索灵活的差异化审核形式与体系，为清洁生产审核提供技术支撑。该通知更强调信息公开与信息系统的建设，强化资金保障与政策保障[15]。

4.1.1.3 产业结构调整

在 21 世纪初期，随着钢铁行业产能的急剧增加，国家于 2003 年开始发布了一系列控制钢铁行业过剩产能的政策。2003 年签发了《关于制止钢铁行业过热投资的若干意见》，明确提出遏制钢铁行业过度的产能扩张，要求控制银行信用贷款、强化环境监督机制、加强土地管理审批制等[16]。国务院于 2005 年发布了《促进产业结构调整暂行规定》，扶持和鼓励建议先进产能的发展，淘汰和限制落后的产能，真正实现和推进产业结构的优化和升级[17]。国务院于 2006 年发布了《关于钢铁工业控制总量淘汰落后加快结构调整的通知》，分析并提出了当时钢铁工业产能过剩的严峻形势，把调整结构、控制变量、淘汰落后作为当前和未来一段时期内钢铁工业的重要工作，把转变经济增长方式和单位国内生产总值能耗降低 20%的重大措施予以推动[18]。"十一五"时期，淘汰落后的炼钢产能约 1 亿吨，2010 年板带比例达 50%，兼并重组速度加快，行业集中度不断提升。2007 年，国务院签发了《钢铁产业调整振兴规划》，该规划提出，为解决钢铁工业结构矛盾日趋严重的问题，必须转变粗放型的发展模式[19]。

国务院于 2010 年 2 月发布了《关于进一步加强淘汰落后产能工作的通知》，明确提出"对产能过剩行业坚持新增产能与淘汰产能'等量置换'或'减量置换'的原则"[20,21]。2013 年为积极有效地化解钢铁、水泥等行业产能严重过剩矛盾，同时对其他产能过剩行业化解工作有指导作用，国务院发布了《关于化解产能严重过剩矛盾的指导意见》，提出当时我国部分产业供过于求的矛盾日益凸显，在钢铁、水泥等高消耗、高排放行业尤为突出[22]。2012 年底，我国的钢铁产能利用率仅为 72%，为化解过剩产能，《意见》制定了七条任务，并提出分业施策以开展有针对性、有选择性、有侧重性地化解工作。其中钢铁产业重点推进江苏、山西、辽宁、山东、江西、河北等地区结构调整，整合分散钢铁产能，优化产业布局，提高钢材产品标准，修订完善钢材使用设计规范，加快推动高强钢筋产品的分类认证和标识管理[4]。2014 年，工信部签发《钢铁行业产能置换的实施办法》和《关于做好钢铁产业产能置换工作通知》[23]，进一步提出了各级相关部门做好钢铁行业产能置换工作的要求。2015 年 4 月，工业和信息化部发布《部分产能严重过剩行业产能置换实施办法》，要求钢铁项目实施等量或减量置换，并配套了严格的考核措施[20,24]。

国务院于 2016 年签发了《关于钢铁行业去除过剩产能实现脱贫发展的意见》，提出了着眼于我国钢铁行业供给侧结构性改革，坚持市场倒逼，以市场为导向、地方组织、中央支持、市场机制、法治办法、经济手段等多种方式，标本兼治，以推动钢铁工业的结构调整和增效提质[25]。为了更好地规范产能置换，严格控制新增钢铁产能，工信部修改了《部分产能过剩行业产能置换实施办法》，并于 2017 年 12 月出台了《关于印发钢铁水泥玻璃行业产置换实施办法的通知》，提出了产能置换为钢铁项目备案的"前置条件"，明确了产能置换指标的范围——"1 个必须+6 个不得"。根据不完全的数据统计，在新的产能置换办法施行后，新增的粗钢产能约为 1.5 亿吨，退出粗钢产能较新建高出约 1500 万吨[26]。

中央政府严格禁止新建钢铁产能项目，允许低效设备通过产能置换进行淘汰，但新建项目运行效率更高，部分项目规模和布局并未统筹规划，严重制约了钢铁行业的健康发展。于是，2020 年，相关管理部门适时地叫停了"19 号文"的产能置换公示公告，并且制定了有关规定，与相关要求相悖的项目，必须立即停产，整顿后方可继续生产。该举措在一定程度上遏制了钢铁项目的投资冲动，有利于巩固供给侧结构改革的成效，减少新的产能过剩风险，从而促进了政府和企业的科学决策。

2020 年国务院发布《2020 年钢铁化解过剩产能工作要点》，要求统筹推进钢铁行业的兼并重组、结构调整和转型升级，进一步深化化解过剩产能。对未完成压低粗钢产能目标任务的地区，要坚持以市场化、法治化的方式，力争在 2020 年全面实现产能削减目标[27]。

4.1.1.4 节能减排

2000 年我国发布的"2001 年到 2005 年实行的第十个五年计划"（后简称"十五"计划）第一次提出了钢铁工业的节能与减排要求，环境监管与节能技术规范已成为国家对钢铁企业产能调控的政策手段。

2005 年我国发布"十一五"规划，提出建设资源节约型、环境友好型社会，通过优化产业结构、开发推广节能技术，加强制度建设和监管，抓好钢铁等行业的节能工作，完善钢铁等重点行业的各类标准和制度。同时，制定了主要污染物排放总量减少 10%且单位国内生产总值能耗降低 20%左右的约束性指标。为此，2006 年《关于钢铁工业淘汰落后产能，加快结构调整的通知》中明确提出了钢铁行业能耗和环保指标要求[28,29]。2007 年发改委发布《节能减排综合性工作方案》，说明了节能减排工作的重要性和紧迫性，提出要狠抓节能减排责任落实和执法监管，进一步明确实现节能减排的目标任务和总体要求——主要污染物排放总量减少 10%且单位国内生产总值能耗降低 20%左右的约束性指标[30]。2009 年国务院发布《钢铁产业调整和振兴规划》，指出钢铁行业必须改变传统的粗放生产模式，以达到节能减排的目的，实现能源的高效利用，同时也提出了钢铁工业吨钢能耗、CO_2 排放及二次能源回收的目标要求[28,31]。

为了实现国家确定的"十一五"节能减排目标和进一步落实钢铁产业振兴规划，2010 年国务院发布了《关于进一步加大节能减排力度加快钢铁工业结构调整的若干意见》，其中强化节能减排部分重点提出实现钢铁工业节能减排要将控制总量、淘汰落后、技术改造结合起来[32]。工信部于 2010 年颁布了《钢铁工业生产规范条件》，其对我国钢铁行业在环境保护和能源利用等方面提出了明确的规范要求[33]。同年，在《关于钢铁工业节能减排的指导意见》中，对钢铁行业的节能减排工作进行了进一步的阐述，要从炼钢废水、废渣、废钢的循环利用方面实现清洁生产并提高二次能源的回收效率[28]。

2011 年颁布的《钢铁行业"十二五"发展规划》提出了"十二五"时期钢铁行业淘汰落后产能、节能减排的总目标和具体任务，也是以节能减排、淘汰落后产能为主旋律的政策规划[34]。

2012 年国务院发布《节能减排"十二五"规划》，对于钢铁行业提出要控制发展规模，实行主要污染物排放总量控制，优化区域空间布局，淘汰落后产能，推动能效水平提高；要对高炉炼铁的炉料结构进行优化，减少铁钢比例；推动连铸坯热送热装与直接轧制工艺的发展；大力推进干熄焦、高炉煤气、转炉煤气、焦炉煤气等二次能源的高效利用，鼓励烧结机余热发电，重点的中大型企业的余热余压利用率在 2015 年需要达到 50% 以上；支持中大型钢铁企业建立能源管理中心，大力推行清洁生产[35]。

2019 年五部委联合印发《关于推进实施钢铁行业超低排放的意见》，明确提出了推动钢铁行业超低排放的总体思路、基本原则、主要目标、指标要求、政策措施、重点任务和实施保障措施。提出钢铁企业达标排放是法定责任，超低排放是鼓励导向，对于完成超低排放改造的钢铁企业应加大政策支持力度。这标志着中国钢铁行业开启了超低排放的推进，整个钢铁行业的环境保护技术门槛将会进一步提升。该意见明确了目标任务，即到 2020 年底，重点地区的钢铁企业超低排放改造取得显著成效，力争 60% 左右产能完成改造，有序推进其他地区钢企超低排放改造工作；在 2025 年年底前，重点地区钢铁企业实现超低排放改造的基本完成，全国力争 80% 以上的产能完成改造[36]。

4.1.1.5 清洁生产技术

2000~2006 年，国家发改委以及原国家环境保护总局共同颁布了 3 批《国家重点行业清洁生产技术导向目录》，其中包括 141 项清洁生产技术，其中许多涉及钢铁企业，为企业采取先进技术、设备和工艺，实现清洁生产技术的改造提供了指导[37]。

2007 年发改委发布《关于请组织实施循环经济高技术产业重大专项的通知》，决定在钢铁等 5 个行业组织实施循环经济高技术产业化专项。在钢铁行业进行转底炉直接还原成套技术的产业化示范，并建成年产 20 万吨以上的转底炉直接还原示范装置，实现了炼钢厂的尘泥（尤其是含锌尘泥）的资源化利用[38]。

2008 年，国家发改委印发了《关于组织实施 2008 年度重大产业技术开发专项的通知》，其中提出了大力发展钢铁冶金设备节能技术和发电设备节能技术，主要囊括发展大型钢铁厂冶金设备、大型发电厂设备的降低用电消耗、热耗、其他能耗以及能量综合回收利用等技术，同时也为降低吨钢消耗和供电能耗提供了技术保障[39]。2008年发改委发布《关于请组织申报2008年第一批国家工程研究中心及国家工程实验室项目的通知》，为推动产业升级，建设有色金属清洁生产国家工程实验室，主要开展清洁生产共性技术及相关反应、分离关键设备研制等，为冶金产业的节能减排和绿色化生产提供产业化技术支撑[40]。

2009年以来，工信部先后颁布了5批34个行业清洁生产技术推行方案，利用中央财政清洁生产专项资金，支持300余项清洁生产技术项目示范与推广，引导行业提高清洁生产水平[28]。其中于2010年颁布《钢铁行业清洁生产技术推行方案》，公布了13个应用示范技术[41]。

2010年国务院发布了《关于进一步加大节能减排力度加快钢铁工业结构调整的若干意见》，其中大力推广高温高压干熄焦、干法除尘、煤气余热余压回收利用、烧结烟气脱硫等循环经济和节能减排新技术新工艺，提高"三废"的综合治理和利用水平；加强和完善废钢铁综合利用，鼓励发展短流程炼钢；鼓励余热余压发电上网政策[42]。

2011年国务院发布《工业转型升级规划》，计划实施重点产业技术创新工程，加强重点用能领域的节能改造，推行重点节能技术、节能产品（设备）百项，使吨钢能耗从2010年的615kg标准煤下降到2015年的590kg标准煤；在重点行业开展共性、关键清洁生产技术的应用示范，进一步推进实施清洁生产技术改造项目；实施重点行业钢铁烧结机脱硫等工作方案；推广低碳技术，加快淘汰落后产能；钢铁重点淘汰90m^2以下烧结机，8m^2以下球团竖炉，400m^3及以下高炉，30t及以下电炉、转炉[43]。

2012年国务院发布《工业清洁生"十二五"规划》，明确了"十二五"期间工业清洁生产总体目标和主要任务，针对钢铁等重污染行业制定了实施7大工程，包括汞污染削减工程、二氧化硫削减工程、铅污染削减工程、氮氧化物削减工程、化学需氧量削减工程、氨氮削减工程、铬污染削减工程[44]。2012年工信部颁布的《钢铁行业节能减排先进适用技术指南（第一批）》[45]、2014年《燃煤锅炉环保节能提升工程实施方案》和2015年发改委颁布的《国家重点节能低碳技术推广目录（2015年本）》[46]要求钢铁企业进行技术升级改造，让钢铁行业在淘汰高耗能高污染时，为新建项目的技术选择和已建项目的技术改造提供技术支撑。国家重点节能推广技术目录中重点在钢铁行业推广了42项节能低碳生产技术。

2016年国务院制定"十三五"环境保护规划，针对钢铁企业，建议对其干熄焦技术进行改造，并对各种不同类型的污水分别进行预处理。未列入淘汰范围的烧结机、球团生产设备等，一律实行全烟气脱硫，严禁安装脱硫设施烟气旁路；对烧结机头、机尾、焦炉、高炉出铁场、转炉烟气除尘设备等设施进行了相应的升级和改造，对露天原料场实施封闭改造，原料转运设施设置封闭皮带通廊，转运站和落料点配套抽风收尘装置的要求[47]。

2020 年中国环境保护产业协会发布关于印发《钢铁企业超低排放改造技术指南》[48]，针对源头减排提供三项先进生产工序，针对有组织排放废气提供四项技术路线、七种主要技术参数参考值和四种监测监控方法，针对无组织排放废气提供源头治理、过程控制和系统管控的综合控制措施，针对清洁运输分三种情况提出建议。2021 年国家发展改革委等十部门印发《"十四五"全国清洁生产推行方案》，针对钢铁行业，决定大力推进非高炉炼铁技术示范，推进全废钢电炉工艺。同时，决定推广钢铁工业废水联合再生回用、焦化废水电磁强氧化深度处理工艺。此外，还预计完成 5.3 亿吨钢铁产能超低排放改造和 4.6 亿吨焦化产能清洁生产改造。

4.1.1.6 碳排放权交易市场

2011 年发改委发布了《关于开展碳排放权交易试点工作的通知》[49]，批准 7 个省市开展碳排放权交易试点工作。在两年左右的时间里，7 个试点陆续启动。2016 年中国在《巴黎协定》上签字，加入《巴黎气候变化协定》。同年，发改委发布了《关于切实做好全国碳排放权交易市场启动重点工作的通知》，明确了全国碳市场第一阶段的八大重点排放行业，包括钢铁等行业，并组织这些行业年综合能耗 1 万吨标准煤以上的企业报告 2013~2015 年的碳排放历史数据并进行第三方核查[50]。2017 年发布《"十三五"控制温室气体排放工作方案部门分工》明确启动全国碳排放交易市场[51]。同年，发电行业被首批纳入全国碳市场，发改委印发《全国碳排放权交易市场建设方案（发电行业）》，明确提出 2017~2020 年全国碳市场启动工作安排的路线图[52]，2020 年生态环境部出台了《碳排放权交易管理办法（试行）》[53]，印发了规范性文件《2019—2020 年全国碳排放权交易配额总量设定与分配实施方案（发电行业）》，公布了包括 2225 家发电企业和自备电厂在内的重点排放单位名单，正式启动全国碳市场第一个履约周期[54]。而钢铁行业作为高耗能行业有望在"十四五"期间被纳入碳排放交易市场。

4.1.2 国际钢铁行业现有清洁生产相关政策与技术规范

4.1.2.1 韩国

尽管韩国在钢铁工业发展上时间比较晚，但从发展初期韩国便从未忽视节能和环保的问题。在市场经济下，韩国通过政府的计划和干预制定了节能政策。韩国政府对钢铁行业的节能政策和措施主要体现在以下三个方面。

A 通过对产业结构的合理规划实现节能

为了发展钢铁工业，韩国于 1970 年颁布了《钢铁工业育成法》，规定了扶持钢铁工业发展的有关政策、法律。由于韩国的炼焦煤和铁矿石较少，考虑到高炉厂的规模效益，《钢铁工业育成法》规定浦项只能存在一家企业建高炉，其他企业都应使用电炉钢。由于电炉钢的废钢通过政府的引导被积极地回收，因此在《钢铁工业育成法》有效期之内，韩国钢铁工业得到了提升，其中浦项钢铁公司拥有了 2600 万吨年产能力，2006 年电炉钢产量比重高达 45.7% 等。通过这一举措可知，合理规划产业结构十分正确，一方面使得浦项钢铁公司良性发展，成为韩国所占比重达 50% 以上的核心企业；另一方面推动了电炉钢厂的进步，大幅提高了造价、能耗和成本低的电炉钢的比重。

B 通过对环保节能设备大力投资实现节能

进口是韩国的能源一大渠道，能源供给安全是韩国不容忽视的问题，曾经爆发的两次石油危机使得韩国经济遭遇不小的损失。1978 年，韩国能源与资源部成立，成为能源政策及能源资源相关计划的制定部门。1980 年，韩国能源管理公团成立，负责执行韩国的节能计划并意图提高韩国社会的能源利用效率。此外，韩国的"五年经济能源节约计划"将钢铁行业等 194 个高耗能行业设为节能重点，并规定每年 11 月为本国节能月。钢铁企业在政府引导下同样重视节能环保问题。2001 年，韩国钢铁产业投入 1400 亿韩元（1.21 亿美元）到环保节能设备中，2002~2004 年则分别为 2261 亿韩元、1465 亿韩元和 1952 亿韩元。韩国钢铁协会表示，"钢铁产业作为大型设备产业，随着国内外越来越重视环境问题，环保及节能的压力将日益增加"。

C 通过对节能技术的开发和应用实现节能

基础性研究、应用研究、产品和工艺技术开发是节能减排技术开发的三大过程，政府所支持的重点也各不相同。其中，基础性研究、应用研究的开发风险较大，企业的硬实力不够，考虑到政府职能和公共财政等因素，政府应重点支持这两个阶段的研究。韩国政府规定，政府会全数资助与国家利益有直接关系的项目，同时公立研究机构会承担相应研究；具有商业价值的项目除了企业提供部分资金，政府也会同企业开展合作研究；对于私营企业研究机构承担或参与核心技术开发、基础技术开发、产业技术开发、替代能源开发的项目，政府补贴开发经费的 50%；对于个人或小企业从事新技术商业化的项目，政府资助总经费的 80%~90%。

韩国浦项钢铁是成功的典型范例，其初期资金来自韩国政府和日本的政治谈判。同时，韩国政府通对浦项钢铁提供了低息贷款优惠，以政府名义为浦项向国外金融机构贷款的担保等。除此之外，韩国政府通过"钢铁工业振兴法"、税收豁免、出口保护等政策，在设备、政策、资金等方面充分支持了浦项产业科技研究所、制铁研修院和浦项 R&D 中心。

在韩国政府帮助下，韩国钢铁企业研究出众多节能技术，如浦项钢铁公司和奥钢联共同推出了 FINEX 流程，该流程一大特点是能够以铁粉矿为全部原料。事实上，世界上 60% 的铁矿资源是粉矿，且粉矿的价格比块矿的价格低，而 FINEX 工艺可直接使用粉铁矿这一优点省去了粉矿造球或烧结的造块工艺过程，降低了工艺成本，减少了环境排放。在节能技术运用，韩国同样具有较大优势。从钢铁生产主要节能技术在韩国钢铁领域使用的情况来看，在干法熄焦发电上当前应用水平为 50%，高炉炉顶压发电为 100%，高炉热气回收为 0，连轧为 99%，韩国已成为在节能技术的广泛应用上仅次于日本的国家之一[55]。

2019 年发布的《2030 年国家温室气体减排路线图》，规定韩国 2030 年二氧化碳排放量目标将从 1.357 亿吨降至 1.271 亿吨。

4.1.2.2　日本

由于日本能源相对匮乏，节能政策便至关重要，一方面有利于能源供应，另一方面开发节能设备还能提高产业竞争力。能源政策的制定在确保能源供应前提下，会优先考虑提高能源利用效率。1979 年 10 月，日本实施了节约能源法，1998 年、2003 年该能源法分别进行了修正，其中钢铁行业存在相应的节能政策。日本钢铁产量 1 亿吨左右，在巨大的能源供应面前，日本依靠节能环保政策和节能技术支撑起这一压力。

日本钢铁行业的节能政策和措施主要分为两个阶段。第一阶段从 1973 年第一次世界石油危机持续到了 20 世纪 90 年代初。这一阶段，日本主要利用节能求生存。第一次世界石油危机后，石油价格暴涨推动各项能源和矿产品的价格上涨，极大地冲击了主要靠进口能源和原料的日本钢铁工业，日本钢产量一度低于 1 亿吨以下。此时，日本钢铁业在技术节能方面简化了工艺，改善了能源结构并提高了能源转换效率；在淘汰落后产能方面以新日铁为例，从 1979～1993 年通过四次关停措施淘汰落后产能，实现集约化生产节能。

第二阶段主要为 20 世纪 90 年代的日本泡沫经济破灭后这一时期，到目前这一阶段，日本推进了可持续发展方针以提高节能环保技术。20 世纪 90 年代初，日本泡沫经济破灭使得公共工程和民间建设大幅压缩，从而导致钢材内需下降。日本各钢铁企业便在新体制下大力发展起高端产品的出口，同时，组织各行业还制定了以减排二氧化碳为中心的 2010 年企业节能环保志愿计划，双重举措之下钢铁行业的节能环保技术得以喘息和发展。此外，该行动计划提出了日本具体的节能目标。假如日本钢铁产量保持每年 1 亿吨，则要求到 2010 年，钢铁生产耗能要比 1990 年减少 10%。为此，日本一边推广已有的节能技术，一边开发新技术，争取扩大钢铁厂对废塑料的利用和低温余热供社会利用。同时，日本还对高强度钢材和低电阻电工钢板等节能钢材采取了大力开发，同时保证了节能环保的国际协作和技术转让。为取得ISO14000的认证，日本的企业环保管理体制常被加以修缮。以上两个阶段的节能政策和措施，对日本钢铁的国际竞争力帮助十分重大，日本钢铁行业的吨钢能耗得以大幅度降低。

4.1.2.3 菲律宾

主要法律法规包括菲律宾《宪法》《污染控制法》《洁净空气法》《洁净水法》和《森林法修订案》等。

（1）菲律宾宪法中与保护环境有关的条款。

（2）984号总统令《污染控制法》。

（3）1152号总统令《污染控制法》，主要内容包括自然资源管理及保护、空气质量管理、土地利用管理、废弃物管理、水质量管理等。

（4）8794号共和国法案《洁净空气法》。该法案颁布了空气污染物标准（初版），并规定处罚方式如下：固定源污染超目标，根据偿付能力、是否疏忽、污染历史处以污染持续日10万比索以下罚金（每三年增长10%，起自1999年），至污染消除为止，此外还可处以停止或中止施工、营业等处罚措施，如三次违反该法，将永久停业；机动车污染超标，将扣留机动车直至交清罚款（初犯2000比索以下，再犯2000比索以上4000比索以下，累犯4000比索以上6000比索以下并处吊销驾照一年）并修理车辆直至符合标准；其他污染源超标的，处每污染持续日1万比索以上10万比索以下罚金，或6个月以上6年以下监禁，或两者皆有。

（5）9275号共和国法案《洁净水法》。该法案界定构成水体污染行为的要件，并规定处罚方式如下：对每污染持续日处以1万比索以上20万比索以下的罚金（每两年增长10%，起自2004年），此外还可处停止或中止施工、营业、减少工程量、暂停水供给等处罚措施，直至污染方改进相应的排放保护机制和设备，直到排放达到该法标准为止。因重大疏忽或故意不采取清理措施的，处以2年以上4年以下监禁并处每污染持续日5万比索以上10万比索以下罚金；如造成人员因污染重大伤亡或死亡，则处以6年零1日以上12年以下监禁，并处每污染持续日50万比索罚金。严重违法行为可提起刑事诉讼，包括以下情形：一是故意排放6969号共和国法案规定标准以上的有毒污染物的；二是2年内发生5次或以上侵权行为的；三是无视相关部门处罚，拒交罚金或继续营业的。上述三种情形下，处以每污染日50万比索以上300万比索以下的罚金，或判处6年以上、10年以下监禁，或两者皆有。内湖区水体污染的参照4850号共和国法执行。

（6）705号总统令《森林法修订案》。该法案第四章规定了刑事案件及处罚的情形，如偷伐按盗窃罪判处等。此外，非法占有或毁坏林区的，在处以定额罚金并处6个月以上2年以下监禁的基础上，按合法占有林区价格（租金等）的

10 倍缴纳额外罚金；烧荒的，处 2 年以上 4 年以下监禁并处所毁木材价值 8 倍的罚金。

（7）环评法规。根据菲律宾 1586 号总统令要求，如果投资项目或其执行有可能影响到环境质量，项目计划内容中要包含"环境影响评估"，以确保项目可能带来的环境影响问题得以解决，使其与国家可持续发展目标协调一致。根据项目地点和性质的不同，项目执行单位要准备一份"环境影响声明"或"初始环境检测报告"。最终报告将递交至菲律宾环境与自然资源部，附带档还包括其他政府部门的批准文件和地方政府对项目的批准文件。复核后，菲律宾环境与自然资源部决定发放或拒发"环境合格证"。如无此证，项目就不能合法执行。1586 号总统令同时列出了项目可能对环境产生影响的领域：一是自然环境，包括土地、水、空气、地上生命、水中生命和生态平衡；二是社会经济，包括人口、生活方式、建筑、少数民族文化、名胜古迹、健康和当地经济。该总统令还举例说明有可能对环境造成的负面影响：1）水和空气污染；2）历史和考古遗迹的破坏；3）野生动物栖息地的破坏；4）城市拥挤程度上升；5）对健康的威胁；6）土地的不当使用。"环境合格证"包括了所有项目的实施应该遵守的环境法律、法规和规章，确保项目连续执行。如果被拒发"环境合格证"，项目方应该递交一份新的"环境影响声明"，选择另外的项目地点或变更设计及执行[56]。

总体上而言，"一带一路"钢铁行业清洁生产政策有着以下特点：

（1）鼓励从资金、税收、贷款和贸易措施等方面发展和保护本国钢铁产业；

（2）支持技术装备升级，从税收、财政上进行补贴；

（3）支持大小钢厂同步发展，有意侧重发展和保护小钢厂，并鼓励其从事特殊钢生产；

（4）政府减少直接强制干预钢企行为，增强政策优惠引导；

（5）政府控制钢铁原燃料减价出口，要求矿企优先满足国内钢企发展需要。

4.1.2.4 越南

越南政府主管环境保护的部门是资源环境部，其主要职责是管理全国土地、环境保护、地质矿产、地图测绘、水资源、水文气象等工作。

越南基础环保法规为《环境保护法》（1999 年 4 月颁布，2005 年 12 月修订）、《土地法》等。越南现行《环境保护法》规定，禁止开发和毁坏水源林；禁止采用毁灭性的工具和方式开发生物资源；禁止将有毒物质、放射性物质和废弃物品掩埋在不符合规定的地方；禁止排放未经处理并达标的废弃物品、有毒物质和放射性物质；禁止进口不符合环保标准的机械设备；禁止进口或过境运输废弃物品；禁止进口未经检疫的动植物。

目前，越南政府对环境保护日益重视，在其国内工程开工前，都必须经过严格的环保核查，环保部门定期对企业的环保情况进行检查，不达标的企业须马上进行停工整顿并接受处罚。所有生产企业须安装污染控制和处理设备，以确保符合相关的环境标准。此外，越南对部分行业征收环保税，如原油开采需缴纳环保费10万越南盾（约合40元人民币）/吨；天然气开采需缴纳20万越南盾（约合80元人民币）/吨，环保费上缴中央财政，用于环保工作支出。

越南国家环境标准体系主要包括废弃物质排放和周边环境质量环保标准。周边环境质量标准包括服务于水产养殖和娱乐项目的沿海水域环保标准、各种用途的土地环保标准、城市和农村居民区空气标准、各种用途的地表水和地下水环保标准、居民区噪声环保标准。废弃物质排放环保标准包括工农业生产废水排放、工业气体和固定排放及有毒物质排放环保标准。

对于国家级别或跨省级别的投资和工程项目等，负责环境评估的环境评估委员会成员包括项目审批部门、政府相关部委、有关省份人民委员会的代表以及相关行业的专家等人员；省级投资和工程项目的环境评估委员会成员则来自该项目所有省或直辖市人民委员会和环保部门代表及相关行业专家等地方的人员。最终，项目审批可参考环境评估的结果。

不同部门所负责的环境评估项目各不相同。其中，越南资源环境部、政府相关部委、省人民委员会分别负责环境评估组织对国会、政府和政府总理审批的项目、组织对本部门审批的项目、组织对本省审批的项目。

许多投资和工程项目都需要提供相应的环境报告。其中，国家级重点建设项目需要提供；此外，在环境上具有重要作用的项目，如使用了自然保护区、国家公园、历史文化遗迹和旅游胜地部分土地的项目、对内河流域、沿海地区和生态保护区存在产生不良影响可能的项目、对地下水和自然资源进行大规模开发和利用的项目、对环境存在较大的潜在不良影响的项目等，也需要提供相应报告；另外，具有一定经济和社会效益的项目，如工业区、经济区、高新技术区出口加工区建设项目、新都市和居民聚集区建设项目等项目，同样需要提供相应环境报告。

环境报告的主要内容包括：对项目的具体建设细节进行罗列和阐述、总体评价该项目所在地的环境状况、项目对环境可能存在的影响与解决方案、项目建设和运营中环保开发的承诺、收集项目建设所在地乡一级人民委员会和居民代表的意见等。在审批过程上，项目的主管部门对所提交的环境报告拥有15个工作日的审批日。

4.1.2.5   印度尼西亚

印度尼西亚（简称印尼）政府主管环境保护的部门是环境国务部，其主要职责是依据《环境保护法》履行政府环境保护的义务，制定环境保护政策，惩罚违反环境保护的行为。印尼基础环保法律法规是1997年的《环境保护法》。《环境保护法》主要规定了环境保护目标、公民权利与义务、环境保护机构、环境功能维持、环境管理、环境纠纷、调查及惩罚违反该法的行为。

1997 年的《环境保护法》是印尼环境保护的基本法，其对环境保护的重大问题作出原则规定，是制定和执行其他单项法律法规的依据，其他环境单项法律法规不得与该法相冲突和抵触。该法较注重对生态和环境的保护，明确规定："环境可持续发展是指在经济发展中充分考虑到环境的有限容量和资源，使发展既满足现代人又满足后代人生存需要的发展模式。"这表明，印尼在发展经济的同时，对自然资源的利用采取优化合理的方式，关注到环境的承载能力，力求使人民获得最大利益，形成人与环境之间的平衡和谐关系。

印尼《环境保护法》要求对投资或承包工程进行环境影响评估（AMDAL），规定企业必须获得由环境部颁发的环境许可证，并详细规定了对于那些造成环境破坏的行为的处罚，包括监禁和罚款[57]。

4.1.2.6 欧盟

2019 年 12 月 11 日，欧盟委员会推出了《欧洲绿色新政》，表明了 2050 年欧洲成为第一个"碳中和大陆"的决心。紧接着，欧盟委员会于 2020 年 3 月 5 日发布了《气候法草案》，以落实《欧洲绿色新政》。欧盟委员会于 7 月 8 日发布针对欧洲气候中性目标的《欧盟氢战略》，该战略提出了到 2050 年在欧洲建立一体化氢网络的计划。该氢战略涵盖了所有资源和参与者，定下了到 2024 年、2030 年分别至少安装 6GW、40GW 可再生氢电解槽的目标。在《欧洲绿色协议》政策中，新的氢战略的最终目标是 2050 年欧盟实现气候中性。

此外，欧盟委员会、欧盟理事会和欧洲议会于 2022 年 12 月 13 日决定，建立欧盟碳边境调节机制（CBAM，又称碳关税）。该机制将于 2023 年 10 月起试运行，2026 年全面实施。这是全球首个碳关税[58]。

4.2 钢铁行业现有清洁生产评价指标体系与技术规范

4.2.1 中国钢铁行业现有清洁生产评价指标体系与技术规范

2005 年，国家发改委首次颁布《钢铁行业清洁生产评价指标体系（试行）》。之后四年内，原国家环保总局与原国家环境保护部陆续发布了包括 HJ/T 189—2006《清洁生产标准钢铁行业》、HJ/T 426—2008《清洁生产标准 钢铁行业（烧结）》、HJ/T 427—2008《清洁生产标准 钢铁行业（高炉炼铁）》、HJ/T—428—2008（环境保护部公告 2008 年第 6 号）《清洁生产标准 钢铁行业（炼钢）》和 HJ 470—2009《清洁生产标准 钢铁行业（铁合金）》等在内的 6 项行业标准，通过标准化形式使得主要工序清洁生产评价指标体系明确下来[28]。2014 年，国家发改委、环境保护部、工业和信息化部联合颁布了《钢铁行业清洁生产评价指标体系》，初步统一了各工序标准并提高了要求，有利于相关组织参照执行[59]。

随着《中华人民共和国清洁生产促进法》（2012年）的颁布实施，清洁生产评价指标体系的建立及其规范性工作得到进一步加强，并借此带动了企业开展清洁生产的积极性。2018年，国家发改委、生态环境部、工业和信息化部统一发布了《钢铁行业（烧结、球团）清洁生产评价指标体系》《钢铁行业（高炉炼铁）清洁生产评价指标体系》《钢铁行业（炼钢）清洁生产评价指标体系》《钢铁行业（钢延压加工）清洁生产评价指标体系》《钢铁行业（铁合金）清洁生产评价指标体系》，这些体系很好地代替了2006~2009年发布的钢铁行业清洁生产标准，与之前相比，新体系的主要变化体现在补充了球团企业的清洁生产指标、丰富了钢压延加工类产品类别、结合最新技术及排放标准更新了相应指标等方面，并使得从整体上判定企业是否达到特定清洁生产水平成为现实[59]。

现行有效的体系是2014年及2018年发布的钢铁行业清洁生产评价指标体系，这部分体系文件指导着我国钢铁行业的清洁生产。与此同时，在2018年公布的钢铁行业清洁生产指标体系中，并未废止原有的《清洁生产标准钢铁行业（中厚板轧钢）》，但通过对照查阅《钢铁行业（钢延压加工）清洁生产评价指标体系》可知，该指标体系不仅使用范围包括中厚板产品，并已对中厚板的资源与能源消耗、产品特征等指标进行了更新，因此在实际应用时应以2018年新的指标体系为主要依据。关于钢铁行业清洁生产各指标体系实施及废止日期如表4-2所示。

表4-2 钢铁行业清洁生产评价指标体系实施及废止时间

文　件	实施日期	废止日期
《钢铁行业清洁生产评价指标体系（试行）》	2005年6月1日	2014年3月31日
《清洁生产标准钢铁行业》	2006年10月1日	2014年3月31日
《清洁生产标准钢铁行业（中厚板轧钢）》	2007年2月1日	至今
《清洁生产钢铁行业（烧结）》《清洁生产标准钢铁行业（炼钢）》《清洁生产标准钢铁行业（高炉炼铁）》	2008年8月1日	2018年12月28日
《清洁生产标准钢铁行业（铁合金）》	2009年8月1日	2018年12月28日
《钢铁行业清洁生产评价指标体系》	2014年4月1日	至今
《钢铁行业（烧结、球团）清洁生产评价指标体系》《钢铁行业（高炉炼铁）清洁生产评价指标体系》《钢铁行业（炼钢）清洁生产评价指标体系》《钢铁行业（钢延压加工）清洁生产评价指标体系》《钢铁行业（铁合金）清洁生产评价指标体系》	2018年12月29日	至今

根据《关于推进实施钢铁行业超低排放的意见》（环大气2019135号）[36]，钢铁行业超低排放主要目标为全国新建（含搬迁）钢铁项目原则上要达到超低排放水平，推动现有钢铁企业超低排放改造，到2020年年底前，重点区域钢铁

企业超低排放改造取得明显进展，力争60%左右产能完成改造，有序推进其他地区钢铁企业超低排放改造工作；到2025年年底前，重点区域钢铁企业超低排放改造基本完成，全国力争80%以上产能完成改造。具体的指标要求如下。

（1）有组织排放控制指标。烧结机机头、球团焙烧烟气颗粒物、二氧化硫、氮氧化物排放浓度小时均值分别不高于10mg/m³、35mg/m³和50mg/m³，其他主要污染源颗粒物、二氧化硫、氮氧化物排放浓度小时均值原则上分别不高于10mg/m³、50mg/m³和200mg/m³。具体指标限值如表4-3所示。达到超低排放的钢铁企业每月至少95%以上时段小时均值排放浓度满足上述要求。

表4-3 我国钢铁企业超低排放指标限值

生产工序	生产设施	基准氧含量/%	污染物超低排放指标限值（标准状态）/mg·m⁻³		
			颗粒物	SO₂	NOₓ
烧结（球团）	烧结机机头、球团竖炉	16	10	35	50
	链箅机—回转窑、带式球团焙烧机	18	10	35	50
	烧结机机尾、其他生产设备	—	10	—	—
炼焦	炼焦、焦炉烟囱	8	10	30	150
	装煤、推焦	—	10	—	—
	干法熄焦	—	10	50	—
炼铁	炼铁、热风炉	—	10	50	200
	高炉出铁场、高炉矿槽	—	10	—	—
炼钢	炼钢、铁水预处理、转炉（二次烟气）、电炉、石灰窑、白云石窑	—	10	—	—
轧钢	热处理炉	8	10	50	200
自备电厂	燃气锅炉	3	5	35	50
	燃煤锅炉	6	10	35	50
	燃气轮机组	15	5	35	50
	燃油锅炉	3	10	35	50

（2）无组织排放控制措施。全面加强物料储存、输送及生产工艺过程无组织排放控制，在保障生产安全的前提下，采取密闭、封闭等有效措施，有效提高废气收集率，产尘点及车间不得有可见烟粉尘外逸。

1）物料储存。石灰、除尘灰、脱硫灰、粉煤灰等粉状物料，应采用料仓、储罐等方式密闭储存。铁精矿、煤、焦炭、烧结矿、球团矿、石灰石、白云石、铁合金、钢渣、脱硫石膏等块状或黏湿物料，应采用密闭料仓或封闭料棚等方式储存。其他干渣堆存应采用喷淋（雾）等抑尘措施。

2）物料输送。石灰、除尘灰、脱硫灰、粉煤灰等粉状物料，应采用管状带式输送机、气力输送设备、罐车等方式密闭输送。铁精矿、煤、焦炭、烧结矿、球团矿、石灰石、白云石、铁合金、高炉渣、钢渣、脱硫石膏等块状或黏湿物料，应采用管状带式输送机等方式密闭输送，或采用皮带通廊等方式封闭输送，确需汽车运输的，应使用封闭车厢或苫盖严密，装卸车时应采取加湿等抑尘措施。物料输送落料点等应配备集气罩和除尘设施，或采取喷雾等抑尘措施。料场出口应设置车轮和车身清洗设施。厂区道路应硬化，并采取清扫、洒水等措施，保持清洁。

3）生产工艺过程。烧结、球团、炼铁、焦化等工序的物料破碎、筛分混合等设备应设置密闭罩，并配备除尘设施。烧结机、烧结矿环冷机、球团焙烧设备、高炉炉顶上料、矿槽、高炉出铁场，混铁炉、炼钢铁水预处理转炉、电炉、精炼炉，石灰窑、白云石窑等产尘点应全面加强集气能力建设确保无可见烟粉尘外逸。高炉出铁场平台应封闭或半封闭，铁沟、渣沟应加盖封闭；炼钢车间应封闭，设置屋顶罩并配备除尘设施。焦炉机侧炉口应设置集气罩，对废气进行收集处理。高炉炉顶料罐均压放散废气应采取回收或净化措施。废钢切割应在封闭空间内进行，设置集气罩，并配备除尘设施。轧钢涂层机组应封闭，并设置废气收集处理设施。

焦炉应采用干熄焦工艺。炼焦煤气净化系统冷鼓各类贮槽（罐）及其他区域焦油、苯等贮槽（罐）的有机废气应接入压力平衡系统或收集净化处理酚氰废水预处理设施（调节池、气浮池、隔油池）应加盖并配备废气收集处理设施，开展设备和管线泄漏检测与修复（LDAR）工作。

（3）大宗物料产品清洁运输要求。进出钢铁企业的铁精矿、煤炭、焦炭等大宗物料和产品采用铁路、水路、管道或管状带式输送机等清洁方式运输比例不低于80%；达不到的，汽车运输部分应全部采用新能源汽车或达到国六排放标准的汽车。

4.2.2 国际钢铁行业现有清洁生产评价指标体系与技术规范

4.2.2.1 废气排放和污水排放指南

表4-4和表4-5分别为钢铁行业中废气排放和污水排放的相关排放标准[60]。钢铁行业的废气排放和污水排放指导值，是各国的相关标准在公认的法规框架内所体现的国际行业惯例。

表 4-4　联合炼钢厂的废气排放标准表

污染物质	单位（标准状态）	指导值
颗粒物质	mg/m³	20~50[①]
油雾	mg/m³	15
NO$_x$	mg/m³	500 750（焦炉）
SO$_2$	mg/m³	500
VOC	mg/m³	20
PCDD/F 二噁英毒性当量	mg/m³	0.1
一氧化碳（CO）	mg/m³	100（EAF） 300（炼焦炉）
铬（Cr）	mg/m³	4
镉（Cd）	mg/m³	0.2
铅（Pb）	mg/m³	2
镍（Ni）	mg/m³	2
氯化氢（HCl）	mg/m³	10
氟化物	mg/m³	5
氟化氢（HF）	mg/m³	10
H$_2$S	mg/m³	5
氨	mg/m³	30
苯甲酸盐	mg/m³	0.1
焦油[②]	mg/m³	5

注：本表相关限定条件如下。对燃烧气体：干燥，温度 273K（0℃），压强 101.3kPa（1 个标准大气压），对于液体和气体燃料干燥气体的氧气含量为 3%，对于固体燃料氧气干燥含量为 6%。对非燃烧气体：无需调整水蒸气和氧气的含量，温度 273K（0℃），压强 101.3kPa（1 个标准大气压）。

①在有毒金属存在的地方该值偏低。

②焦油是经过滤膜收集的所有物质中能够被溶剂溶解提取的有机物。

表 4-5　联合炼钢厂的污水排放标准表

污染物质	单　位	指导值
pH	—	6~9
TSS	mg/L	35
油脂	mg/L	10
增温	℃	<3[①]
COD	mg/L	250

污染物质	单　位	指导值
苯酚	mg/L	0.5
镉	mg/L	0.01
铬（总）	mg/L	0.5
铬（六价）	mg/L	0.1
铜	mg/L	0.5
铅	mg/L	0.2
锡	mg/L	2
汞	mg/L	0.01
镍	mg/L	0.5
锌	mg/L	2
氰化物（游离）	mg/L	0.1
氰化物（总）	mg/L	0.5
总氮	mg/L	30
氨	mg/L（氮元素质量）	5
总磷量	mg/L	2
氟化物	mg/L（氟元素质量）	5
硫化物	mg/L	0.1
铁	mg/L	5
PAH	mg/L	0.05
有毒物	根据不同标准确定	

①在按科学的方法建立的混合区域的边缘，将周围环境的水质、受纳水的使用、潜在受体及同化能力纳入考虑范围。

废气排放指南适用于处理废气排放物。其中，热能消耗不高于50MW的热电生产相关的燃烧源排放物管理指南，参见世界银行颁布的《通用EHS指南》；能耗更高的燃烧源排放物管理指南，参见《火电行业EHS指南》。其中，《通用EHS指南》还包含了基于总排放量的环境研究指南。

废液处理指南适用于已处理废液直接排放到常规用途的地表水中。特定场地的排放水平可以按照公共经营的污水回收和处理系统的可行性及特定条件设定；或者，如果废液直接排放到地表水中，排放水平可依据《通用EHS指南》中规定的受水区的用途分类设定。这些废液必须在工厂设备或生产机器年运行时间至少95%的时间范围内，在不经稀释的情况下达到以上排放水平。在环境评估中，所产生的水平偏差应当根据当地特定的项目环境进行调整。

4.2.2.2 环境监测

钢铁行业的环境监测项目的执行应当面向在正常操作和异常条件下可能对环境产生重大潜在影响的所有生产活动。环境监测活动应当以适用于特定项目的废气、废水和资源利用的直接或间接指标为基础。

环境监测的频率应当足以为监测参数提供具有代表性的数据。环境监测应由受过系统训练的人员使用经正确校准的、维护良好的设备按照检测和记录程序进行。监测得出的数据应经定期分析和检查，并与操作标准相对比，以便采取合适的矫正行动。《通用EHS指南》中介绍了对废气废水监测的抽样和分析方法。

4.2.2.3 资源利用、废气排放和废弃物生成

表4-6和表4-7分别列举了钢铁行业能源和水资源消耗基准、废气排放和废弃物生成基准等。将行业基准值作为比较值，单个项目可不断改进。

表4-6 资源及能源消耗表

单位产品能源或资源消耗	质量负荷单位	工业标准					
		烧结	炼焦	BF	BOF	EAF	轧制
直接电能	MJ/t	90~120	20~170	270~370	40~120	1250~1800	70~140kW·h/t
燃料	MJ/t	60~200	3200~3900	1050~2700	20~55	—	1100~2200
水	m³/t	0.01~0.35	1~10	1~50	0.5~5	3	1~15

注：参考欧洲IPPC局发布的"钢铁生产的BREF文件"和"黑色金属加工工业BAT参考手册"2001年12月。

表4-7 废水/废气排放表

单位产品排放量	单位	工业标准					
		烧结	炼焦	BF	BOF	EAF	轧制
废水[①,②]	m³/t	0.06	0.3~0.4	0.1~3			0.8~15
颗粒物质	kg/t	0.04~0.4	0.05~3.5	0.005	0.2	0.02	0.002~0.04
CO	kg/t	12~40	0.4~4.5	0.8~1.75	1.5~8	0.75~4	0.005~0.85
NO_x	kg/t	0.4~0.65	0.45~0.7	0.01~0.6		0.12~0.25	0.08~0.35
VOC	kg/t	0.15	0.12~0.25	—		—	—
PCDD/F 二噁英毒性当量	μg·L/t	1~10				0.07~9	
废物[①]	—	烧结	炼焦	BF	BOF	EAF	轧制

单位产品排放量	单位	工业标准					
		烧结	炼焦	BF	BOF	EAF	轧制
固体废物	kg/t	0.9~15	—	200~300	85~110	110~180	70~150
泥渣	kg/t	0.3	—	3~5	—	—	—

①参考欧洲 IPPC 局 2001 年 12 月发布的"钢铁生产的 BREF 文件"和"黑色金属加工工业 BAT 文件中的相关文件"。

②参考英国环保署。2001，2002. 技术指南。IPPCS2.01，S2.04. 标准值。

4.3　小　　结

现行钢铁行业清洁生产评价指标体系于 2014 年和 2018 年发布，分别面向长流程和钢铁联合企业、短流程和非联合企业。基于《清洁生产评价指标体系编制通则（试行稿）》要求，将清洁生产指标体系设置为两级，并根据行业特点赋予了相应权重，二级指标又分为Ⅰ级、Ⅱ级、Ⅲ级共三个等级的基准值便于对照，采用指标分级加权评价与限定性指标相结合的评价方法，计算行业清洁生产综合评价指数，最终将清洁生产水平分为国际清洁生产领先水平、国内清洁生产先进水平和国内清洁生产一般水平三个等级[61]。具体地，现行清洁生产评价指标体系的一级指标通常为基础性和普适性指标。除了高炉炼铁生产工序，其他指标体系都将一级指标分为六类：生产工艺装备及技术指标、资源能源消耗指标、资源综合利用指标、污染物排放控制指标、产品特征指标、清洁生产管理指标；而高炉炼铁生产工序将一级指标划分为五类，即生产工艺及装备指标、资源能源消耗指标、资源综合利用指标、污染物排放控制指标和清洁生产管理指标，并无产品特征指标这一类别。而二级指标则考虑可操作性、贡献度、差异性等因素，设置不同流程面具有代表性的指标。但是，不能忽略的是现行国家钢铁行业清洁生产评价指标体系，还存在一些问题和优化空间。

（1）《钢铁行业清洁生产评价指标体系》（2014）距今（2023 年）已有较长时间，且其使用数据和建立指标体系的依据均为 2014 年之前的数据（多为 2010~2012 年数据），较目前生产工艺已有较大滞后，所以 2014 年发布的指标体系对目前生产工艺的标准引领作用有待提高。

（2）评价体系中大气污染排放物指标有提升空间，尤其在 2018 年指标体系中对温室气体排放要求有待提高，评价体系中的大气污染排放量指标存在提升的空间。2014 年清洁生产评价指标体系并没有设计温室气体排放一级及二级指标，2018 年各主要工序清洁生产指标体系中对温室气体的描述位于清洁生产管理（一级指标）下面的总量控制（二级指标），具体描述为污染物许可排放量、二氧化碳排放量及能源消耗量满足国家及地方政府相关规定要求，并未涉及全部温室气体而且并没有给出排放量具体范围。

（3）现行清洁生产指标体系尚未很好体现全生命周期思想。目前的指标体系主要针对钢铁生产过程，未涉及原材料生产阶段。另外，目前的指标体系主要针对各个主要生产阶段，还没有针对钢铁生产全过程层面的清洁生产评价指标体系。

国外钢铁行业虽然并未从国家层面发布、执行超低排放标准，但是部分国家其标准要求以及企业污染物控制水平较高，对我国更好地实施超低排放改造具有借鉴意义。颗粒物控制方面，以德国为代表的欧盟国家提出了较高的控制要求，要求治理设施均必须建立在最佳可行技术（Best Available Techniques，BAT）基础之上，通过采用 BAT 中覆膜滤袋及折叠式滤筒除尘等高效除尘器，满足颗粒物 $10mg/m^3$ 的要求。

日本对于二氧化硫以及氮氧化物控制取得了较高的水平，例如烧结机烟气循环治理在日本具有较高的比例，对降低污染物排放总量起到了重要的作用，其烧结机机头活性焦、加热炉低氮燃烧技术也处于先进水平。虽然日本国家层面排放标准未达到超低要求，但是各治理技术经实际检验具备了超低排放的达标能力，对我国重点治理技术的改造提供了借鉴、指导意义。

参 考 文 献

[1] 国务院．环境与发展十大对策［EB/OL］．1992. https：//max. book118. com/html/2019/0427/6142203223002024. shtm.

[2] 国务院．中国 21 世纪议程［EB/OL］．1994. https：//www. un. org/chinese/esa/progareas/sustdev/agenda. html.

[3] 国务院．国务院关于环境保护若干问题的决定［EB/OL］．1997. http：//www. mee. gov. cn/zcwj/gwywj/201811/t20181129 _ 676358. shtml.

[4] 中华人民共和国生态环境部．中华人民共和国清洁生产促进法［EB/OL］．2002. http：//www. gov. cn/flfg/2012-03/01/content _ 2079732. htm.

[5] 国务院．全国人民代表大会常务委员会关于修改《中华人民共和国清洁生产促进法》的决定［EB/OL］．2012. http：//www. gov. cn/flfg/2012-03/01/content _ 2079732. htm.

[6] 环保总局．清洁生产审核暂行办法［EB/OL］．http：//www. mee. gov. cn/gkml/hbb/gwy/201611/t20161123 _ 368114. htm.

[7] 环保总局．重点企业清洁生产审核程序的规定［EB/OL］．http：//www. mee. gov. cn/gkml/zj/wj/200910/t20091022 _ 172368. htm.

[8] 环保总局．关于做好重点企业清洁生产审核年度总结工作的通知［EB/OL］．2006. http：//www. mee. gov. cn/.

[9] 环保总局．关于进一步加强重点企业清洁生产审核工作的通知［EB/OL］．2008. http：//www. mee. gov. cn/gkml/hbb/bwj/200910/t20091022 _ 174602. htm.

[10] 环保总局．关于深入推进重点企业清洁生产的通知 [EB/OL]．2010．http：//www．mee．gov．cn/xxgk2018/xxgk/xxgk05/202010/t20201020＿803925．html．

[11] 生态环境部．关于举办重点企业清洁生产培训班的通知 [EB/OL]．2012．http：//www．mee．gov．cn/．

[12] 周奇，朱凯，宋丹娜．健全清洁生产法规助推绿色发展之路——《清洁生产审核办法》解读 [J]．环境保护，2016，44 (13)：5．

[13] 生态环境部．清洁生产审核办法 [EB/OL]．2016．http：//www．mee．gov．cn/gkml/hbb/gwy/201611/t20161123＿368114．htm．

[14] 生态环境部．清洁生产审核评估与验收指南 [EB/OL]．2018．http：//www．mee．gov．cn/gkml/sthjbgw/bgtwj/201804/t20180424＿435213．htm．

[15] 生态环境部．关于深入推进重点行业清洁生产审核工作的通知 [EB/OL]．2020．http：//www．mee．gov．cn/xxgk2018/xxgk/xxgk05/202010/t20201020＿803925．html．

[16] 国务院．关于制止钢铁行业过热投资的若干意见 [EB/OL]．2003．http：//www．gov．cn/xxgk/pub/govpublic/mrlm/200803/t20080328＿32263．html．

[17] 国务院．促进产业结构调整暂行规定 [EB/OL]．2005．http：//www．gov．cn/zwgk/2005-12/21/content＿133214．htm．

[18] 国务院．关于钢铁工业控制总量淘汰落后加快结构调整的通知 [EB/OL]．2006．http：//www．gov．cn/zwgk/2006-07/17/content＿337825．htm．

[19] 国务院．钢铁产业调整振兴规划 [EB/OL]．2007．http：//www．gov．cn/zwgk/2009-03/20/content＿1264318．htm．

[20] 李东．我国钢铁行业 "产能置换" 政策发展历程研究 [J]．四川冶金，2020，42 (2)：4．

[21] 国务院．关于进一步加强淘汰落后产能工作的通知 [EB/OL]．2010．http：//www．gov．cn/zwgk/2010-04/06/content＿1573880．htm．

[22] 国务院．关于化解产能严重过剩矛盾的指导意见 [EB/OL]．2013．http：//www．gov．cn/zwgk/2013-10/15/content＿2507143．html．

[23] 工业和信息化部．关于做好钢铁产业产能置换工作通知 [EB/OL]．2014．https：//www．ndrc．gov．cn/xxgk/zcfb/tz/202001/t20200123＿1219768．html．

[24] 工业和信息化部．部分产能严重过剩行业产能置换实施办法 [EB/OL]．2014．http：//www．gov．cn/xinwen/2014-08/02/content＿2728800．htm．

[25] 工业和信息化部．关于钢铁行业去除过剩产能实现脱贫发展的意见 [EB/OL]．2016．http：//www．gov．cn/gongbao/content/2016/content＿5045931．htm．

[26] 工业和信息化部．关于印发钢铁水泥玻璃行业产置换实施办法的通知 [EB/OL]．2018．https：//www．miit．gov．cn/zwgk/zcwj/wjfb/yclgy/art/2020/art＿d47c0caa853f4de5bba1313447cec413．html．

[27] 国务院．2020 年钢铁化解过剩产能工作要点 [EB/OL]．2020．https：//www．ndrc．gov．cn/xxgk/zcfb/tz/202006/t20200618＿1231503．html．

[28] 魏朋邦．中国钢铁行业节能减排政策研究 [D]．北京：华北电力大学，2017．

[29] 发改委. 关于钢铁工业淘汰落后产能, 加快结构调整的通知［EB/OL］. 2006. http：// www. gov. cn/zwgk/2006-07/17/content_337825. htm.

[30] 国务院. 节能减排综合性工作方案［EB/OL］. 2007. http：//www. gov. cn/zhengce/ content/2017-01/05/content_5156789. htm.

[31] 国务院. 钢铁产业调整和振兴规划［EB/OL］. 2009. http：//www. gov. cn/zwgk/2009-03/ 20/content_1264318. htm.

[32] 国务院. 关于进一步加大节能减排力度加快钢铁工业结构调整的若干意见[EB/OL]. 2010. http：//www. gov. cn/zwgk/2010-06/17/content_1629386. htm.

[33] 工业与信息化部. 钢铁工业生产规范条件［EB/OL］. 2010. http：//www. gov. cn/zwgk/ 2010-07/13/content_1652715. htm.

[34] 国务院. 钢铁行业"十二五"发展规划［EB/OL］. 2011. http：//www. gov. cn/zwgk/2011- 11/07/content_1987459. htm.

[35] 国务院. 节能减排"十二五"规划［EB/OL］. 2012. http：//www. gov. cn/zwgk/2012-08/ 21/content_2207867. htm.

[36] 五部委联合. 关于推进实施钢铁行业超低排放的意见［EB/OL］. 2019. http：// www. mee. gov. cn/xxgk2018/xxgk/xxgk03/201904/t20190429_701463. html.

[37] 生态环境部. 国家重点行业清洁生产技术导向目录［EB/OL］. 2000. http：// www. gov. cn/gongbao/content/2000/content_60255. htm.

[38] 发改委. 关于请组织实施循环经济高技术产业重大专项的通知［EB/OL］. 2007. http：// www. gov. cn/zhengce/content/2016-09/22/content_5110758. htm.

[39] 发改委. 关于组织实施2008年度重大产业技术开发专项的通知[EB/OL]. 2008. http：// www. sdpc. gov. cn/zcfb/zcfbtz/2008tongzhi/t20080219_192177. htm.

[40] 发改委. 关于请组织申报2008年第一批国家工程研究中心及国家工程实验室项目的通 知［EB/OL］. 2008. http：//www. gov. cn/gzdt/2008-03/20/content_925062. htm.

[41] 工业与信息化部. 钢铁行业清洁生产技术推行方案［EB/OL］. 2010. http：// www. gov. cn/gzdt/2010-02/23/content_1538893. htm.

[42] 国务院. 关于进一步加大节能减排力度加快钢铁工业结构调整的若干意见[EB/OL]. 2010. http：//www. gov. cn/zwgk/2010-06/17/content_1629386. htm.

[43] 国务院. 工业转型升级规划［EB/OL］. 2011. http：//www. gov. cn/zwgk/2012-01/18/ content_2047619. htm.

[44] 国务院. 工业清洁生产"十二五"规划［EB/OL］. 2012. http：//www. gov. cn/gzdt/2012- 03/02/content_2080939. htm.

[45] 工业和信息化部. 钢铁行业节能减排先进适用技术指南（第一批）［EB/OL］. 2012. https：//www. ndrc. gov. cn/xxgk/zcfb/gg/200806/W020190905487820898649. pdf.

[46] 发改委. 国家重点节能低碳技术推广目录［EB/OL］. 2015. http：//www. gov. cn/xinwen/ 2016-11/29/content_5139907. htm.

[47] 国务院. "十三五"环境保护规划［EB/OL］. 2016. http：//www. gov. cn/zhengce/ content/2016-12/05/content_5143290. htm.

[48] 中国环境保护产业协会. 钢铁企业超低排放改造技术指南 [EB/OL]. 2020. http://www.caepi.org.cn/epasp/website/webgl/webglController/view? xh=15898508224781060536 32.

[49] 发改委. 关于开展碳排放权交易试点工作的通知 [EB/OL]. 2011. https://zfxxgk.ndrc.gov.cn/web/iteminfo.jsp?id=1349.

[50] 发改委. 关于切实做好全国碳排放权交易市场启动重点工作的通知 [EB/OL]. 2016. https://www.ndrc.gov.cn/xxgk/zcfb/tz/201601/t20160122_963576.html.

[51] 发改委. "十三五"控制温室气体排放工作方案部门分工 [EB/OL]. 2017. http://www.gov.cn/zhengce/content/2016-11/04/content_5128619.htm.

[52] 发改委. 全国碳排放权交易市场建设方案(发电行业)[EB/OL]. 2017. https://zfxxgk.ndrc.gov.cn/web/iteminfo.jsp?id=2944.

[53] 生态环境部. 碳排放权交易管理办法(试行)[EB/OL]. 2020. http://www.gov.cn/zhengce/zhengceku/2021-01/06/content_5577360.htm.

[54] 生态环境部. 2019—2020年全国碳排放权交易配额总量设定与分配实施方案(发电行业)[EB/OL]. 2020. http://www.mee.gov.cn/xxgk2018/xxgk/xxgk03/202012/t20201230_815546.html.

[55] 窦彬. 日韩钢铁行业节能政策及启示 [J]. 当代经济, 2007 (8): 80-82.

[56] 宝武钢铁. 菲律宾钢铁项目预可研阶段考察 [R]. 宝钢情报服务平台, 2019.

[57] 创绿中心. 东南亚国家环境法律法规梳理 [R]. 2017.

[58] 王晶晶. 欧盟达成碳关税协议: 2026年起征, 8年后取消免费配额 [N]. 中国青年网, 2022-12-19.

[59] 钟少芬, 刘煜平, 李阳苹. 浅析中国清洁生产及其相关法律法规 [J]. 环境科学与管理, 2012, 37 (9): 4.

[60] 世界银行. 联合炼钢厂环境、健康与安全指南 [R]. 2017-03-21.

[61] 周扬, 李盈语, 严彬. 我国钢铁行业清洁生产评价体系发展历程探讨 [J]. 能源环境保护, 2021, 35 (1): 43-48.

5 "一带一路"沿线钢铁行业清洁生产实施概况

本章分别从国家和企业两个层面对"一带一路"沿线钢铁行业清洁生产实施现状进行了分析。其中，国家层面上梳理了中国与其他国家在钢铁清洁生产相关观念与技术的发展；在企业层面上梳理了十个国内外典型钢铁企业对于清洁生产，尤其是低碳与碳中和相关清洁生产技术实施现状和规划愿景。

5.1 国家层面钢铁行业清洁生产技术实施现状

5.1.1 中国钢铁行业清洁生产技术实施现状

中国钢铁行业生产过程中的清洁生产技术是随着国家对于环保观念的逐步深化、根据国家相关标准政策的不断提高而逐步完善和演化的[1]。一方面是对标准的被动适应，另一方面源于技术经济水平的提升。清洁生产技术可以分为工艺过程的清洁生产和末端治理的清洁治理技术。工艺过程的清洁生产是从钢铁生产工艺上进行的，属于源头减排，可以从生产工艺源头减少污染物的产生；末端治理是对工艺生产过程中产生的污染物进行高效捕集和净化，使排放的污染物中的有害物质满足国家的排放标准。

从 20 世纪 60 年代大规模发展之初中国就注意资源综合利用的研究，逐步制定和完善了各类污染物的排放标准。到 1990 年规模发展时期，中国钢铁工业逐渐明确了清洁生产的系统观念，重视从源头治理开始做起的思路，完善了各种环保标准。进入 21 世纪以后，我国已建成全球产业链最完整、规模最大的钢铁工业体系，也进一步明确了各种环保标准和清洁生产指标。从 2010 年以来，特别是"十三五"（2016~2020 年）期间，钢铁行业以全面提高钢铁工业综合竞争力为目标，以化解过剩产能为主攻方向，坚持绿色发展为目标。特别是自 2018 年《钢铁企业超低排放改造工作方案（征求意见稿）》[2]公布以来，全国钢铁企业陆续开始实施超低排放改造工作，重点地区如唐山、邯郸等地区钢铁企业随即开始了关键工艺的选取，确定了脱硫脱硝、除尘提标改造的技术路线。

随着《关于推进实施钢铁行业超低排放的意见》（环大气〔2019〕35 号）[3]的正式发布，全国钢铁企业超低排放改造正式启动，截至 2021 年年底，已有 34

家钢铁企业完成超低排放改造公示，涉及钢铁产能达 1.45 亿吨；有 11 家钢铁企业完成了部分工序的超低排放改造和评估监测进展情况公示，涉及钢铁产能约8400 万吨。过去几十年内，钢铁行业在节能减排方面取得了极大的成效，行业中的能源消耗、二氧化碳排放和粉尘排放降低均十分显著。在技术方面，已实施的节能减排技术包括能源优化调控技术、超高压煤气锅炉发电等。节能减排技术几乎贯穿于钢铁生产的各个环节，包括钢铁厂物流、能耗等。根据已有钢铁企业超低排放改造的有益经验，后续减排改造工作需要克服以下 5 个方面问题：（1）在有组织改造进展方面，末端治理环节改造进度较快，但源头治理方面进展较为缓慢；（2）在无组织改造进展方面，缺乏系统化整治成效；（3）在物流运输改造进展方面，企业普遍客观条件不足，缺乏清洁运输条件和运输能力；（4）在监测监控方面，企业重视程度不足，改造难度较大；（5）在第三方评估方面，部分企业未按照超低排放规定的程序开展评估监测，存在未开展基本条件评估、未进行无组织评估、未对监测监控设备进行评估、直接得出满足钢铁超低排放评定条件结论等问题，严重影响了其他企业改造的积极性，破坏行业公平[1]。

　　近年来，从生态文明建设和生态环境保护看，在习近平生态文明思想的科学指引下，我国生态文明建设从认识到实践都发生了历史性、转折性、全局性变化，为"十四五"时期生态文明建设实现新进步，2035 年生态环境根本好转、美丽中国建设目标基本实现奠定了坚实基础。清洁生产技术逐渐从重视末端环保处理技术转向从工艺全流程、全行业、全生命周期的角度来审视清洁生产的全过程，从多个方面提高了钢铁行业清洁生产水平。

5.1.1.1　清洁生产技术路径的演化

　　清洁生产技术路径的演化，首先是钢铁工艺技术的更新。氧气炼钢法在世界范围内的广泛应用，使转炉炼钢迅速取代平炉炼钢法，极大地提高了生产效率，引发了钢铁行业的飞速发展。氧气转炉不到 40min 可以出钢，而平炉炼钢一个炉次则长达 10~12h。

　　我国虽然非炼焦煤资源丰富，但炼焦煤资源稀缺，需要寻找依托炼焦煤资源的高炉炼铁新路子。焦化—烧结—高炉—转炉—铸轧的长期生产过程对环境产生了不可忽视的影响。废钢的稀缺性和外来成分的存在阻碍了优质钢种的冶炼，非高炉炼铁以非焦煤为能源，适合短期炼钢，可以消除资源短缺的困境和解决环境破坏问题。同时，海绵铁作为非高炉炼铁产品，硫、磷、有色金属等杂质含量较少，是电炉熔炼优质钢的原料。

　　目前，非高炉炼铁有两种方法：熔炼还原法和直接还原法。直接还原技术炼铁是钢铁短流程的基础，是指将铁矿石在软化温度以下还原得到固态金属铁的工艺，属于非高炉炼铁工艺。根据还原剂的不同，直接还原可分为以 CO、H_2 气体为还原剂的气基直接还原和以非炼焦煤为还原剂的煤基直接还原两种。不同的直接还原工艺有不同的反应主要设备。直接还原的主要设备有竖窑、回转窑、流化床、隧道窑等。因此，直接还原技术有气基竖窑法、气基流化床法、煤基回转窑法、煤基隧道窑法等。气基直接还原技术主要有 MIDREX、HYL、FIOR，煤基直接还原技术主要有 SLRN、DRC 法等，其生产效率高、能源利用率高、产品质量好，现已逐步发展成为国外领先的直接还原方法。其他钢铁工艺的典型清洁生产技术还包括复杂难选矿综合选用技术、低能耗高炉冶炼技术、高效绿色电炉冶炼技术、高效低成本洁净钢冶炼技术、铸坯直接轧制技术、超快速冷却技术、节能高效轧制及后续处理技术等。

表 5-1 和表 5-2 分别为中国钢铁行业面向末端烟尘污染治理的 10 项典型清洁生产技术和 8 项面向生产过程的典型清洁生产技术概况，可供参考。

另外，与长流程相比，电炉短流程 CO_2 排放量仅有约 25%，固废排放量仅为其 1/30，能耗约 50%，而电炉短流程还有即开即停、生产高效灵活、可消纳城市废弃物等优点[4]。但根据世界钢铁协会统计数据，2021 年中国电炉粗钢约 109Mt，占比仅为 10.6%[5]，尚有很大的提高空间。截至 2021 年年底，中国电炉钢装备总数为 423 座（包括现存、在建和待建），总产能约为 218Mt[6]。电弧炉技术的出现，使得全部利用废钢来进行钢铁生产成为可能。与此同时，随着中国废钢资源逐步释放，又使得电炉工艺具有极大的发展潜力。矿石原料的提炼和高炉冶炼均不再是钢铁生产必需的工艺，大大缩短了工艺流程，减少了从矿石转化为铁水过程中的能量损失和产生的污染。需要注意的是，虽然目前废钢量尚不能满足需求，但废钢供应量正在逐年增长。预计全球可利用的废钢量在 2030 年将升至约 10 亿吨。这一发展态势可能意味着电弧炉工艺路线（EAF）钢材产量的增加，以及高炉—碱性氧气转炉（BF-BOF）工艺路线废钢用量的增加，而这种工艺也会大力削减吨钢二氧化碳排放量。在技术发展的过程中，电炉经历了传统开盖式电炉、Fuchs 电炉（竖式预热废钢）、Consteel 电炉（水平连续加料）、Quantum 电炉（竖井预热废钢）、Ecoarc 电炉（环保生态电弧炉）、Sharc 电炉（竖井电弧炉）、CISDI-Green 电炉（赛迪绿色智能电炉）、CERI-s1-Arc 电炉（中冶京诚新型废钢预热电炉）等不同类型的发展[4]。在未来电炉短流程工艺的优化发展过程中，关键技术路线主要有电炉短流程的高效低耗节能低成本生产技术、绿色化关键工艺技术、新型生态电炉短流程智能化制造、高附加值特种钢冶金技术等。

5.1.1.2 各生产环节典型清洁生产技术

面向原料场、烧结、高炉等生产环节的清洁生产技术主要有铁区粉尘制粒系统返回烧结使用技术、烧结料层加厚至 1000mm 技术、转底炉处理含铁含锌粉尘、高炉喷吹废轮胎试验技术、高炉添加废钢技术、高炉均压煤气回收技术、高炉喷吹天然气试验气化熔融炉技术等。表 5-3 为原料场、烧结、高炉各项清洁生产技术解决问题，以及具体举措。

表 5-1 中国钢铁行业面向烟尘污染治理的典型清洁生产技术清单

技术名称	工艺路线	主要技术指标	技术特点	适用范围	技术类别
钢铁窑炉颗粒物预荷电袋式除尘技术	钢铁窑炉高温烟气先经冷却器降温至 60~200℃ 后，经粉尘预荷电装置荷电，再经气流分布装置进入袋滤器，细颗粒物被超细面层精细滤料截留去除	颗粒物排放浓度可小于 $10mg/m^3$；运行阻力 700~1000Pa	采用复合式预荷电+袋滤结构可显著降低设备运行阻力	钢铁及有色等行业窑炉除尘	推广技术
静电滤槽电除尘技术	在电除尘器收尘板末端设置采用冷拔锰合金丝织成的微孔网状结构静电滤槽收尘装置，可有效捕集振打清灰产生的二次扬尘	颗粒物排放浓度可小于 $5mg/m^3$	增加电除尘器有效收尘面积，有效控制振打清灰产生的二次扬尘	钢铁及有色等行业窑炉除尘	推广技术
转炉煤气干法电除尘及煤气回收成套技术	转炉出炉煤气经冷却器除尘。煤气符合回收条件时，经冷却器直接喷淋冷却至 70℃以下进入气柜；不符合回收条件时，通过烟囱点火放散。蒸发冷却器内约30%的粗粉尘沉降到底部，粗灰返回转炉循环利用	转炉炉口处烟气含尘量约 $200g/m^3$，经除尘后颗粒物排放浓度可小于 $10mg/m^3$，氧气 (O_2) 浓度小于 1% 时，煤气可全回收利用	实现了转炉煤气的干法深度净化、粉尘的回收利用、煤气的高效回收，实现了整个系统的自动化、智能化，保障了系统的安全运行	钢铁行业40~350t/h 转炉一次、除尘	推广技术
转炉煤气湿法洗涤与湿式电除尘复合除尘技术	转炉一次烟气经湿法涤尘器除尘，形成复合除尘后进入湿式电除尘与双电场湿式电除尘器串联形式的复合除尘系统。湿式电除尘板上收集的粉尘经水冲洗后送至集中处理厂处理	出口颗粒物浓度可小于 $20mg/m^3$	湿法洗涤结合湿式电除尘，大幅提高转炉烟气除尘效率	钢铁行业转炉一次烟气除尘	示范技术

续表 5-1

技术名称	工艺路线	主要技术指标	技术特点	适用范围	技术类别
碳基催化剂多污染物协同脱除及资源化利用技术	利用碳基催化剂的选择性催化还原性能，注入氨将氮氧化物（NO_x）还原为氮气（N_2），利用碳基催化剂的吸附性能吸附烟气中的二氧化硫（SO_2）催化剂，吸附饱和后可再生循环使用。解吸出富含SO_2的气体用于生产浓硫酸、硫酸铵、液体SO_2等产品	入口SO_2浓度500～3000mg/m³，NO_x浓度200～650mg/m³时，出口SO_2浓度小于等于10mg/m³，NO_x浓度小于等于50mg/m³；反应器入口温度120～150℃	采用两级移动床工艺，实现多污染物协同脱除	燃煤工业锅炉，钢铁行业烟气净化	推广技术
多孔碳低温催化氧化烟气脱硫技术	烟气通过预处理系统进行除尘，当温度、颗粒物浓度、湿度、氧气浓度等指标符合要求时，进入装有多孔碳催化剂的脱硫塔。烟气通过催化剂床层时，SO_2、O_2和水（H_2O）被催化剂捕获并催化氧化生成硫酸，脱硫塔出口烟气对饱和催化剂进行洗涤再生循环，再生淋洗液可用于生产硫酸铵	入口烟气中SO_2浓度小于等于8000mg/m³时，出口SO_2浓度小于等于50mg/m³，出口硫酸雾浓度小于等于5mg/m³；脱硫塔内反应温度50～200℃，空塔气速小于等于0.5m/s	脱硫效率高，可适应烟气量及SO_2浓度波动大的情况	硫酸、焦化、钢铁、有色等行业烟气脱硫	示范技术
电炉烟气多重捕集除尘与余热回收技术	电炉炉内排烟经余热锅炉回收余热降温后经袋式除尘器除尘达标排放；采用"半密闭导流烟罩+屋顶捕集罩"相结合的方式全过程捕集电炉在加料钢、兑铁水、熔炼、出钢等过程中产生的烟气，烟气在半密闭导流烟罩及屋顶捕集罩导流作用下流经屋顶捕集罩，再经袋式除尘器除尘达标排放；采用烟和炉外移动半密闭罩相结合的方式将钢集钢包电弧炉一次排烟和炉内二次排烟，经袋式除尘器除尘达标排放	电炉炉内排烟系统入口颗粒物平均浓度10～13g/m³，钢包电弧炉除尘系统入口颗粒物平均浓度16g/m³；除尘后出口颗粒物平均浓度可小于10mg/m³	余热锅炉过程烟余热；采用组合式集气装置有效捕集烟气，除尘效率高	电炉冶炼过程中产生的高温含尘烟气治理	推广技术

续表 5-1

技术名称	工艺路线	主要技术指标	技术特点	适用范围	技术类别
焦炉烟气中低温选择性催化还原(SCR)脱硝技术	脱硫后烟气与喷氨段入的氨初步混合后通过烟气均布段进行充分混合，然后经管道送入低温SCR脱硝催化剂段，将烟气中NO$_x$还原为N$_2$和H$_2$O	运行烟气温度200~280℃，入口NO$_x$浓度小于等于1200mg/m³，出口NO$_x$浓度小于等于130mg/m³；系统氨逃逸小于等于3×10^{-6}，阻力小于等于1500Pa	实现低温SCR脱硝，催化剂活性可原位恢复，反应器可模块化组装	焦炉烟气脱硝	推广技术
焦化烟气旋转喷雾法脱硫+SCR脱硝技术	采用高速转转雾化器将碱性浆液雾化成细小液滴，与烟气接触脱硫。液滴通过烟气的热量干燥成固体颗粒，然后通过袋式过滤器去除；脱硫除尘后烟气经热风炉升温后进入SCR脱硝系统与喷入的氨气混合，在导流板作用下均匀流向催化剂床层，将其中NO$_x$还原脱除后达标排放	出口烟气中颗粒物浓度可小于10mg/m³，SO$_2$浓度可小于30mg/m³，NO$_x$浓度可小于130mg/m³	排除了SO$_2$对脱硝的影响，有利于减少脱硝催化剂填装量，延长催化剂寿命	焦炉烟气净化	示范技术
高炉炉顶气循环技术	高炉炉顶煤气循环技术采用纯氧替代传统热风，炉顶生产的高炉煤气经脱除CO$_2$后，吹入高炉循环使用，进而替代部分焦炭	减少CO$_2$排放量30%			

表5-2 中国钢铁行业面向生产过程的典型清洁生产技术及推广潜力表

技术名称	技术简介	适用范围	目前推广比例/%	未来5年节能潜力	
				预计推广比例/%	节能能力/万吨·年⁻¹，（标准煤）
宽粒级磁铁矿湿式弱磁预选、分级磨矿技术	采用宽粒级磁铁矿湿式弱磁预选、分级磨矿新工艺，解决了磁铁矿石粒级范围较宽不能直接湿式预选的问题。通过选矿机预选抛出磁铁矿中的尾矿，减少入磨尾矿量，再利用绞笼式双层脱水分级筛对精矿和尾矿进行筛分，粗粒精矿进入球磨机，细粒精矿进入旋流器分级，粗粒尾矿作为建材综合利用，细粒尾矿改善总尾矿粒级分布，从源头上提高了充填强度和尾矿库安全性，节能效果明显	适用于冶金行业的磁铁矿磨矿工艺节能技术改造	<5	15	18
高能效长寿化双膛立式石灰装备及控制技术	采用石灰石双膛换向蓄热煅烧工艺，通过采取风料逆流和并流复合接触、窑内"V"形料面精准调节、周向各级燃料精准供给、基于物燃料煅烧特性的最优换向控制、柔性拼装与强固砌筑衬体等关键技术，可实现石灰窑的节能化、长寿化多重效益，能耗低至 96.07kgce/t，活性度 392mL/4N-HCl，使用寿命约 8 年	适用于冶金行业节能技术改造	5	35	178
焦炉加热优化控制及管理技术	采用炉顶立火道自动测温技术，对焦炉温度进行精细检测，采用自主研发的控制算法，对焦炉加热煤气流量及分烟道吸力进行精确调节，改善了焦炉温度的稳定性，可节省焦炉加热煤气量2%以上	适用于冶金行业焦炉节能技术改造	5	20	21

续表 5-2

技术名称	技术简介	适用范围	目前推广比例/%	未来 5 年节能潜力	
				预计推广比例/%	节能能力/万吨·年⁻¹，（标准煤）
钢渣立磨终粉磨技术	采用料层粉磨、高效选粉技术，集破碎、粉磨烘干、选粉为一体，集成了粉磨单元与选粉单元；通过磨内除铁排铁、外循环除铁、高压力少磨辊研磨等技术，使得钢渣中的金属铁有效去除，钢渣立磨粉磨系统能耗降低至 40kW·h/t 以下	适用于钢铁、建材等行业的钢渣微粉制备工艺节能改造	10	30	8.9
炉窑烟气节能降耗一体化技术	将尿素颗粒与催化剂充分混合后，喷入 750～960℃ 的锅炉炉膛，通过催化剂的作用，分别脱除掉 NO_x、SO_2。脱硫脱硝过程不需要空压机、循环泵、搅拌器、排出泵、氧化风机、声波清灰器、污水处理、废渣处理、危废处理等设备，节约电能、水资源	适用于锅炉烟气处理领域节能技术改造	15	15	36
汽轮驱动高炉鼓风机与电动/发电机同轴机组技术	采用高炉鼓风与发电同轴技术，设计汽轮机和电动机同轴驱动高炉鼓风机组（BCSM），实现了汽电双驱提高能源转换效率的功能，能源转换效率提高 8% 以上，缩短汽拖机组 80% 启动时间，保证复杂机组的轴系稳定性。设计高炉鼓风机与汽轮发电机同轴机组（BCSG），既实现了高炉备用鼓风机功能，又在备用鼓风机闲置期，转为汽轮发电机组用，同时解决了汽轮机驱动鼓风机启动时间长的问题，提高了高炉系统的能源利用效率	适用于冶金领域高炉节能技术改造	40	60	40

技术名称	技术简介	适用范围	目前推广比例/%	未来5年节能潜力	
				预计推广比例/%	节能能力/万吨·年$^{-1}$,（标准煤）
钢铁企业智慧能源管控系统	运用新一代数字技术、大数据能源预测和航运模型技术，为钢铁行业构建智能能源管控系统，动态预测企业能源平衡和负荷变化，实现一体化。钢铁企业高效、无水、电、风、气能耗，人性化管理，有效提高能源循环利用和自给率	适用于钢铁行业能源信息化管控节能技术改造	5	15	41
基于工业互联网钢铁企业智慧能源管控系统	利用大数据、云计算、人工智能等新一代信息技术，对发电全过程进行能耗和能效评价分析、资产负债表预测分析和耦合优化分析，准确预测发电量和、共同打造能量流、铁氧体流的动态平衡优化系统，建立价值流和器件状态，有效降低能源损失，提高能源转化效率，可降低综合能耗	适用于钢铁行业能源信息化节能技术改造	10	30	18

表 5-3　原料场、烧结、高炉清洁生产技术

清洁生产技术	问　题	目　的	举　措
铁区粉尘制粒系统返回烧结使用技术	铁区粉尘部分进入混匀矿、部分直接进入内部返矿、部分废弃	提升粉尘利用效率，改善烧结区域环境	将可回收部分的粉尘，通过混匀、润磨、造球，再加入烧结混合料进行回收利用
烧结料层加厚至1000mm 技术	目前料层厚度 850mm 左右	可以提高烧结成品率1%以上，降低固体燃耗3%	通过系列技术措施和设备功能完善，逐步提高料层到1000mm 以上
转底炉处理含铁含锌粉尘	目前含锌粉尘部分外卖、部分简单配入匀矿	可以产生 8.69 万吨 DRI 球团，3.73 万吨 DRI 球团筛下粉和 1.0 万吨氧化锌粉	先建设一座处理25 万吨含锌粉尘的转底炉系统

清洁生产技术	问 题	目 的	举 措
高炉喷吹废轮胎试验技术	目前仅喷吹煤粉，未进行复核喷吹	废轮胎每千克发热量（33494J/kg）比烟煤略高，与焦炭持平，可替代等热值燃料	新增废轮胎喷吹装置，进行喷吹试验
高炉添加废钢技术	未添加废钢	吨铁添加30~50kg进行试验，预计可增产铁2%~3%；可降焦比3%~5%	进行高炉添加废钢试验，在高炉主皮带金属检测装置后增加废钢配料仓
高炉均压煤气回收技术	炉顶料罐内的均压煤气通过旋风除尘器和消音器后直接排放	一座高炉每年可回收4000万立方米高炉煤气	设缓冲罐进行自然回收，后用氮气充压进行强制回收
高炉喷吹天然气试验	高炉喷吹天然气具有降低燃料比，提高产量等效果。首次应用于前苏联，后续多个国家的钢厂做过试验	每立方米天然气可置换1.5kg焦炭，综合富氧鼓风，提高利用系数	炉缸煤气量、理论燃烧温度、煤气分布及直接还原度变化，需相应调整操作制度
气化熔融炉技术	部分尘泥转底炉处理，部分返回烧结	实现多种固废协同处理，同时处理部分城市废物，与城市协同发展	建设气化熔融炉处理钢铁厂尘泥或其他固废

实施上述清洁生产技术将使得原料场、烧结、高炉工序变得更加环保高效。政府与企业将采用以上清洁生产技术，以期达到以下效果：

提升粉尘利用效率，改善烧结区域环境；提高烧结成品率1%以上，降低固体燃耗3%；一座处理25万吨含锌粉尘的转底炉系统可产生8.69万吨DRI球团，3.73万吨DRI球团筛下粉和1.0万吨氧化锌粉；废轮胎每千克发热量（33494J/kg）比烟煤略高，与焦炭持平，可替代等热值燃料；吨铁添加30~50kg进行试验，预计可增产铁2%~3%；可降焦比3%~5%；每立方天然气可置换1.5kg焦炭，综合富氧鼓风，提高利用系数；实现多种固废协同处理，同时处理部分城市废物，与城市协同发展。

焦炉系统清洁生产技术主要有焦炉炭化室压力单调技术、焦炉烟气净化技术、干熄焦外排烟气SO_2治理技术、焦炉自动测温技术、干熄焦外排烟气SO_2治理技术、焦炉自动测温技术、焦炉燃烧室单调技术、焦炉上升管荒煤气余热回收技术。表5-4为焦炉系统各项清洁生产技术解决问题，以及具体举措。

表 5-4 焦炉系统清洁生产技术

清洁生产技术	问 题	目 的	举 措
焦炉炭化室压力单调技术	焦炉炼焦过程中有大量的荒煤气产生,荒煤气由集气管收集,通过输气管网由鼓风机送往后续工段处理。由于产气量随结焦时间而变化,集气管中的压力不断改变,特别是在炭化室进行推焦、装煤时会造成集气管压力大幅波动	改善装煤过程可视化环境以及消除装煤过程产生的苯并芘和 SO_2 排放,同时可以降低炉门冒烟现象	应用焦炉炭化室压力单调技术,使集气管压力为负压控制,同时进行装煤车改造,实现密封装煤;此外,可利用原装煤地面集尘站和炉顶固定管道,通过改造捕集推焦作业时焦侧产生的烟尘
焦炉烟气净化技术	四期焦炉烟囱无专有脱硫脱硝装置	极大降低焦炉烟囱 SO_2 及 NO_x 排放值	采用活性炭脱硫+SCR 脱硝工艺,同时兼顾国家特别限值和许可排放限值双重要求
干熄焦外排烟气 SO_2 治理技术	干熄焦外排烟气未实施 SO_2 治理	可降低干熄焦外排烟气 SO_2 排放值	根据烟气各捕集部位 SO_2 含量的差异特点,设计合理工艺路线,使干熄焦外排烟气中 SO_2 浓度小于 $50mg/m^3$(标准状态)
焦炉自动测温技术	目前焦炉测温工作由人工完成,需每间隔一段时间测一次标准立火道温度	降低劳动强度,减少人工,为精准调节燃烧室加热提供条件	应用焦炉自动测温技术实现焦炉实时自动测温,并自动绘制立火道温度曲线
焦炉燃烧室单调技术	焦炉燃烧室人工手动调节,劳动强度大且调火时间滞后,浪费能源	降低劳动强度,节约炼焦能耗	结合焦炉自动测温连续测温曲线及火落数据,实现焦炉燃烧室调火自动化
焦炉上升管荒煤气余热回收技术	上升管荒煤气显热无回收措施	从上升管荒煤气中吸收热能,余热利用	进行上升管荒煤气余热回收改造,利用余热回收型上升管替代普通上升管,产生蒸汽并网使用

通过上述清洁生产技术实施使得焦炉工序 SO_2 及 NO_x 排放降低,减少人力,提高热能利用效率。

炼钢系统清洁生产技术主要有炼钢铁水系统综合改造、转炉精炼工艺优化等综合改造、研发复合喷吹天然气和发热剂等进一步提高废钢比、转炉超高废钢比冶炼装备及技术研究、150t 以上大型电炉冶炼装备及技术研究等。表 5-5 为炼钢系统各项清洁生产技术解决问题,以及具体举措。

表 5-5 炼钢系统清洁生产技术

清洁生产技术	问 题	目 的	举 措
炼钢铁水系统综合改造	炼钢铁水系统采用混铁车铁水运输方式,为混铁车铁水喷吹脱硫、受铁坑内复合喷吹脱硫,这些装备均为 20 世纪 80 年代和 90 年代的技术,相比现有的铁水脱硫技术存在问题:铁水脱硫效果不稳定、深脱硫效果差、脱硫成本高,混铁车脱硫和深脱硫需双重处理,还存在影响铁钢物流运输、处理过程温降大等问题,导致铁水入炉温度低	提高混铁车装入量及混铁车运行效率,改善钢铁界面,提高铁钢一(罐)兑(包)比例,稳定铁水预处理效果,提高铁水入炉温度20℃	炼钢铁水预处理系统全部改为铁水包 KR 脱硫,再结合混铁车耐材优化提升保温效果及增加混铁车盖子等措施可有效降低脱硫剂单耗、稳定深脱硫效果、降低脱硫成本、提升自动化控制水平、改善区域环境。同时可提高混铁车装入量及混铁车运行效率,改善钢铁界面,铁钢一(罐)兑(包)比例将大幅度提高,预计可提高铁水入炉温度 20℃
转炉精炼工艺优化等综合改造	目前转炉精炼工序处理周期长、二次燃烧比例低,钢包、RH 真空槽保温不理想,导致出钢温度偏高,废钢比偏低	降低出钢温度20℃,提高废钢比2%~3%	转炉工序通过提高转炉氧枪二次燃烧比例、钢包耐材保温优化、RH 真空槽耐材保温优化、精炼工艺优化、钢包周转周期的缩短、钢包加盖、低过热度浇注技术优化等措施,目标降低转炉出钢温度 20℃,提高废钢比2%~3%
研发复合喷吹天然气和发热剂等进一步提高废钢比	转炉冶炼工艺废钢比偏低	提高转炉废钢比至 25%~30%	通过新工艺、新装备的研发复合喷吹天然气、发热剂等,进一步提高废钢比至 25%~30%
转炉超高废钢比冶炼装备及技术研究	如废钢供应充沛,价格有优势及政府进一步加大控煤减碳力度,为充分利用现有设施有必要进一步提高废钢比	逐步提高废钢比至 50%	通过跟踪、研究前瞻性的高废钢比转炉新工艺、新技术、新装备,目标实现废钢比 50%。并通过复合顶底喷吹二氧化碳试验来降低二氧化碳排放、减少氩气、氮气消耗,降低生产成本
150t 以上大型电炉冶炼装备及技术研究	目前国内 100t 以上高性能电炉还依赖引进,有必要提前策划高效大型电炉工艺、装备的研发	提高电炉炼钢比例	(1)将现有一座 150t 一电二炉直流电炉改造为二电二炉交流电炉进一步提高电炉炼钢比例并实施全废钢冶炼。 (2)提前策划 250t 高效大型电炉工艺、装备的研发,为适应一炼钢或二炼钢转炉电炉化改造

通过实施上述清洁生产技术可以进一步提高铁钢比，提高电炉炼钢比例，减少二氧化碳排放。

连铸系统清洁生产技术主要包括连铸坯热送热装技术、干式拉钢技术、铸坯辐射热回收技术、智慧制造等。表5-6为连铸系统清洁生产技术各项清洁生产技术解决问题以及具体举措。

表 5-6　连铸系统清洁生产技术

清洁生产技术	问　题	目　的	举　措
连铸坯热送热装技术	目前宝钢基地连铸坯热送率已比较高，一炼钢热送率约70%，二炼钢热送率约90%，热送温度在500~600℃。连铸坯热装率最高为47%（1580mm热轧机组），热装温度大于500℃	通过连铸坯热送热装技术以实现对连铸坯显热的充分利用。城市钢厂规划2019~2021年连铸坯热装率目标值不小于50%，2022~2024年目标值不小于55%，热装温度目标值不小于600℃	（1）连铸生产的高温铸坯或高温表面清理（火焰清理机清理、修磨机清理）后的铸坯无缺陷率要达到99%以上。 （2）各工序协调配合，做到生产计划、工作制度协调一致。炼钢—连铸和热轧工序不能分别单独编制作业计划，必须把炼钢—连铸和热轧作为一个整体通盘考虑。 （3）生产出高温连铸坯。保证合适的钢水过热度，合理的浇铸速度和冷却制度。 （4）确保炼钢、连铸及热轧各工序设备运行的安全可靠性
干式拉钢技术	连铸机浇铸过程中，需要对铸坯表面喷水进行二次冷却	部分扇形段的二次冷却水可以关掉，达到二冷节水的目的	开发从炼钢、连铸到热轧的热送热装计算机专家系统，对扇形段辊子水槽进行优化设计，使辊子传导传热带走的热量更多，冷却强度增大，对铸坯冷却更快，可以节省二冷喷水量

清洁生产技术	问 题	目 的	举 措
铸坯辐射热回收技术	连铸机生产时,高温铸坯从连铸二冷室出口至出坯辊道末端的全流程全部暴露在车间环境中,没有采取任何遮蔽或余热回收措施。铸坯强烈的热辐射导致车间生产线附近的环境温度明显升高,使一线工人的工作条件恶化。另外,铸坯向环境散发的热量无法利用,也造成了部分可用热能的损失	回收高温铸坯的辐射热,同时改善车间作业环境	目前铸坯辐射热回收技术成熟应用得还不多,需要跟踪、考察、研发
智慧制造	连铸生产区一些高温、污染环境,重复性强、连续性作业的工位目前还是由人工操作	节能减排,提质增效	连铸区域推广使用机器人。配置大包滑动水口油缸安装拆卸、多功能插头(机械冷却空气、钢包底吹氩气、下渣检测电源)对接拔出机器人,配置大包滑动水口开关、烧氧兼具中间包自动测温、取样、加覆盖剂等功能的机器人,配置结晶器保护渣自动加渣机器人

　　连铸系统各项清洁生产技术实施,使热能回收利用效率大大提高,节能减排,同时智慧制造可以提高产品品质。

　　热轧系统清洁生产技术主要包括热轧带钢低温轧制技术、高线低温轧制技术、带钢全无头短流程技术、热轧复合板产品技术、热轧低温余热回收技术、减少粗轧温降技术、富氧燃烧技术、电炉大方坯热送热装工艺、中间坯在线热火焰清理技术。表 5-7 为热轧系统各项清洁生产技术解决问题以及具体举措。

表 5-7　热轧系统清洁生产技术

清洁生产技术	问 题	目 的	举 措
热轧带钢低温轧制技术	精轧机奥氏体轧制,出炉温度约 1200℃	可实现和丰富产品种类与性能,同时可大幅降低燃耗、烧损、电耗及水耗,也可降低冷轧机组压下率	热轧超低碳铁素体轧制,出炉温度降低约 150℃等

续表 5-7

清洁生产技术	问 题	目 的	举 措
高线低温轧制技术	常规加热,奥氏体轧制	实现产品拓展,同时可降低燃耗、烧损,实现产品免热处理或缩短热处理时间,减少线材下游用户加工工序,提升加工效率	提升全线轧机能力,加大电机功率,实现全线低温轧制(热机轧制),冷镦钢和弹簧钢出炉温度分别降低约200℃和100℃
带钢全无头短流程技术	高炉—转炉—连铸—热轧的长流程,高碳、高排放、高成本	低碳、低排放、低成本	电炉—薄板坯连铸连轧全无头生产中高端产品
热轧复合板产品技术	采用镀锌板,钢结构涂装	可省镀锌工序、省钢结构涂装、替代城市管道延长使用寿命	通过解决非对称轧制等问题,实现世界范围首次使用热连轧装备生产复合板卷,降低成本、产出可冷轧的复合板热卷
热轧低温余热回收技术	热轧废热主要产生在两个区域,一是加热炉烟囱,二是钢卷余温。目前加热炉尾气已有部分以蒸汽方式的余热回收,但排放温度低于200℃时效率不高	热轧钢卷低温余热回收、低温废烟气(≤250℃)余热回收	继续研究 ORC 等低温余热回收技术的可行性。钢卷卷取温度多在500~650℃,该部分热量在钢卷库中散放,随着热电材料与器件的成本降低,研究通过热电效应回收该部分热量
减少粗轧温降技术	粗轧温降较大,1580mm 热轧达200℃左右	减少粗轧温降至185℃	粗轧除鳞水采用高压小流量,上下集管可分别控制:实现单独喷上集管或下集管,也可以上下集管同时喷;集管分段控制:一根集管可以实现中部或边部分别开;除鳞低压预冲水可以开闭自如:不需要除鳞时,除鳞低压预冲水可以关闭,除鳞时,预先打开除鳞水
富氧燃烧技术	常规燃烧	减少废气排放,提高燃烧温度,从而达到节能环保的目的	利用公司多余放散的氧气进行富氧燃烧(将氧气直接引入烧嘴前燃烧)

清洁生产技术	问 题	目 的	举 措
电炉大方坯热送热装工艺	大方坯热送方式国内一般以采用保温辊道运输，目前部分厂家开始研究保温台车运输方式。但总体上看，除宝钢外，其他厂家的热送率不高，一般600℃以上的热装率均在30%以下。宝钢初轧厂对电炉大方坯采用保温台车的方式运输，由于台车保温效果远好于保温辊道，且台车适合在加热炉无法及时装钢时合盖等待。因此初轧厂目前500℃以上的热装率基本上保持在80%以上，600℃以上热装率达到60%，如果扣除部分工艺要求的温装钢种，500℃与600℃实际热装率可以达到90%与75%左右	大方坯热送热装的主要目的是节约能耗，降低烧损，并提升生产效率（缩短加热时间）。其关键指标是热装温度与热装率，与冷坯装炉相比，装炉温度在600℃以上时节能23%以上，同时可以降低炉内0.5%~1%烧损	(1) 加快无缺陷连铸坯生产技术的研究，降低工艺温装钢种比例。 (2) 优化铸坯生产与轧制工序间的生产计划管理，特别是轧钢单元孔型系列与轧制计划的预测排产计划研究，降低装炉压钢现象。 (3) 研究提高均热炉（高温扩散钢种）热装比例提高方法。 (4) 研究温装钢种带温装工艺（目前电炉厂正在研究增加冷床长的可行性）
中间坯在线热火焰清理技术	对于表面质量要求高的钢种（如易脱碳钢种及钢锭轧制后表面质量差的产品），传统工艺往往对轧后钢坯（材）表面采用四面剥皮的方式以去除表面缺陷层。目前宝钢初轧厂在线热火焰清理机存在的问题有： (1) 不能实现头尾自动定位清理，只能在精整工艺补充砂轮修磨（全剥皮）。 (2) 清理状态不稳定。由于采用有焦炉煤气作燃烧介质，烧嘴内易结焦堵塞，从而造成表面漏清现象，一旦漏清严重只能后道补充砂轮剥皮	(1) 可以取代轧制后离线砂轮全剥皮修磨工艺，达到提高效率，降低消耗的目的。 (2) 在线热火焰清理机产生的烟尘易于集中处理，对环境影响小，而砂轮剥皮效率低，除尘设备分散，而且即使有除尘设备，由于砂轮修磨设备无法全封闭，厂房内粉尘仍然严重	(1) 研究不同钢种特性，使清理钢种的针对性更强。即该清理的清理，不该清理的不清理，减少不必要的浪费。 (2) 研究清理介质的合理性。拟计划采用更加清洁的天然气为燃烧介质，以改善清理的可靠性。 (3) 研究头尾全自动精确定位控制。消除头尾段无法清理的现象，避免精整补剥皮

　　热轧系统各项清洁生产技术实施，可以减少能耗，回收热能，减少各类污染物排放，以及提高产品品质，节约成本。

　　冷轧系统清洁生产技术主要有冷轧现存直流电机改交流调速、探讨适当减薄冷轧用热轧带钢厚度降低轧制能耗、加强对冷轧循环水用量的管控、探讨低温脱脂清洗技术、消除冷轧轧机油雾过滤系统发臭异味、脱脂清洗段碱洗废液再生循环利用技术、酸洗漂洗水部分回收再利用、脱脂碱洗漂洗水部分回收再利用、冷轧平整/光整液循环利用、加强对连退和热镀锌水淬槽排水的回收再利用、探索采用无酸除鳞新工艺实现冷轧绿色环保生产等清洁生产技术。表5-8为冷轧系统清洁生产技术解决问题以及具体举措。

表5-8   冷轧系统清洁生产技术

清洁生产技术	问 题	目 的	举 措
冷轧现存直流电机改交流调速	2030冷连轧机目前仍使用直流电机	将直流改为交流调速传动,有利于节能	对目前的直流调速系统全改造为交流调速系统
探讨适当减薄冷轧用热轧带钢厚度降低轧制能耗	目前冷连轧机是电能耗电大户	通过适当减薄来料热轧带钢厚度,有利于降低冷轧轧制电能消耗	在满足工艺压下比要求前提下,通过对热轧和冷轧工艺进行优化,探讨适当降低热轧来料带钢厚度,有利于降低冷轧轧制电能消耗
加强对冷轧循环水用量的管控	目前冷轧工序循环水耗量很大,且居高不下,相应导致电能和新水用量也加大	降低循环水用量,实现节电和节水	通过智慧制造,探讨对冷轧机组循环水智能监控调节,根据冷轧循环水用水大户点的出水温度,对流量进行调节和控制,有利于节约循环水消耗量
探讨低温脱脂清洗技术	目前冷轧处理线入口脱脂段均采用热水脱脂清洗,需要消耗较大的蒸汽量	通过采用低温脱脂清洗,可以有效减少蒸汽消耗量	探讨采用低温脱脂清洗技术,有利于节约蒸汽消耗
消除冷轧轧机油雾过滤系统发臭异味	目前冷轧硅钢单机架和五机架冷连轧除油雾系统采用不锈钢丝网进行油雾过滤,并定期反冲洗清洗。使生产过程中出现油雾过滤效果不佳,且因天气炎热和时间长后,油雾过滤网出现"发臭"异味,严重影响到周边居民生活	通过改进油雾去除技术,有效提高油雾过滤效率,并消除发臭异味现象	通过改进轧机封闭装置,以及对源头轧制油技术进行改进和升级+对冷轧含油废雾处理系统新增文丘里装置去除油雾技术,根治目前的乳化液废油的发臭问题
脱脂清洗段碱洗废液再生循环利用技术	目前冷轧处理线入口脱脂清洗段碱洗液系统多数未配置再生装置,导致浓碱含油废液需要连续往废水处理站排放,加重了废水处理站负担以及冷轧处理达标废水的排放量	探讨延长脱脂碱洗液的使用周期,实现节能减排效果	通过对碱洗和电解清洗循环系统新增超滤等装置,实时对碱洗液进行再生和循环使用,可以有效延长碱洗液的使用寿命,大大减低浓碱含油废液的排放量,有利于减少冷轧废水和COD排放量

清洁生产技术	问　题	目　的	举　措
酸洗漂洗水部分回收再利用	目前冷轧酸洗漂洗废水在整个冷轧废水占比较大，并成为冷轧废水减排的主要拦路虎	探讨对酸洗漂洗废水进行回收再利用，实现节能减排效果	探索通过利用余热和废热、通过三效负压蒸发浓缩手段，对酸洗漂洗废水进行浓缩（浓缩倍数可达5倍），回收绝大部分纯水，剩余少部分浓缩液一部分回用作酸洗配液，或送酸再生站焙烧，或送废水处理站处理
脱脂碱洗漂洗水部分回收再利用	目前冷轧处理线脱脂碱洗漂洗废水在整个冷轧废水占比较大，并成为冷轧废水减排的主要"拦路虎"	探讨对脱脂碱洗漂洗废水进行回收再利用，实现节能减排效果	对碱洗漂洗废水浓缩和再利用的可行性进行研究，利用钢铁企业的余热和废热对碱洗漂洗废水进行浓缩，回收大量宝贵的纯水可回用于带钢清洗，剩余浓缩液用于冲渣等，旨在有效降低冷轧用水和废水排放，并可显著消减冷轧废水 COD 的排放
冷轧平整/光整液循环利用	目前冷轧生产均采用直喷工作方式，用后的光整液落入到平整/光整机废水坑，送废水处理站处理。平整/光整废液在整个冷轧废水占比较大，并成为冷轧废水减排的主要"拦路虎"	探讨对平整/光整废液进行回收再利用，实现节能减排	从节能减排的角度，建议立项对光整液的循环使用的研究，旨在有效降低光整废液排放量，从源头上减轻冷轧废水 COD 排放量
加强对连退和热镀锌水淬槽排水的回收再利用	连退机组和热镀锌机组生产过程中水淬槽需要连续排放水，并补充新水，该排出的中性废水中，有害物质含量很少，仅仅是一些悬浮颗粒物、微量的 Zn（热镀锌水淬槽）等，建议应该加以利用	通过对连退和热镀锌水淬槽排水的回收再利用实现节能减排	通过新增过滤设施，对该废水进行过滤后，送脱脂段漂洗段进行利用，可从源头上减轻冷轧废水排放量，实现节能减排
探索采用无酸除鳞新工艺实现冷轧绿色环保生产	传统冷轧工艺均采用盐酸酸洗工艺，由此带来产生大量酸洗废水和酸雾，对环境会带来污染	通过采用机械除鳞代替化学除鳞，实现冷轧绿色生产	目前宝钢已经初步成功研发出采用机械除鳞的无酸除鳞 BMD 工艺，可以有效摊薄和降低一次性投资及铁砂消耗材等可变成本费用，并逐渐代替盐酸酸洗，实现冷轧绿色环保生产

冷轧系统清洁生产技术实施有助于节省电能，改善操作环境，最终达到节能减排目的。政府与企业将采用不同的冷轧系统清洁技术，以期达成以下效果：

将直流改为交流调速传动，有利于节能；通过适当减薄来料热轧带钢厚度，有利于降低冷轧轧制电能消耗；降低循环水用量，实现节电和节水；通过采用低温脱脂清洗，可以有效减少蒸汽消耗量；通过改进油雾去除技术，有效减少提高油雾过滤效率，并消除发臭异味现象；探讨延长脱脂碱洗液的使用周期，实现节能减排效果；探讨对酸洗漂洗废水进行回收再利用，实现节能减排效果；探讨对脱脂碱洗漂洗废水进行回收再利用，实现节能减排效果；探讨对平整/光整废液进行回收再利用，实现节能减排；通过对连退和热镀锌水淬槽排水的回收再利用实现节能减排；通过采用机械除鳞代替化学除鳞，实现冷轧绿色生产。

5.1.1.3 突破性减排技术

为应对"双碳"目标，许多国家已经在技术创新上投入了大量资源，致力于开发能够显著降碳的突破性减排炼钢技术，并重点关注跟踪氢冶金、生物质冶金、碳捕获与封存技术（CCS）以及碳捕获、使用和储存（CCUS）等技术。这些新技术在未来几十年的商业化运作中，预计将给炼钢工艺带来革命性变化。

氢冶金技术是当下全球钢铁企业优化能源结构和工艺流程、实现绿色低碳可持续发展的重要路径之一，主要包括气基竖炉技术、氢气闪速炼铁技术和铁浴氢气熔融还原技术等[7]。我国从 2006 年至今，一直持续推进，但受限于氢冶金技术的成熟度和技术成本，相当一段时间内，氢冶金技术发展速度较为缓慢。近几年，或由于"双碳"目标的引领，国内钢铁企业氢冶金技术项目迅速布局与实施。表 5-9 罗列了 2006 年至今中国主要氢冶金低碳冶炼项目。当然，需要注意的是，氢冶金等突破性减排技术目前仍处于起步阶段，总体仍处于小试或中试阶段，还有不少技术壁垒需要克服，距离实质性的研发和大规模工业应用还有较长距离。中国钢铁工业"双碳"发展目标的实现，必须从优化流程结构和能源结构、突破性减排技术研发、市场杠杆等多方面长期协同发力。

表 5-9 中国氢冶金低碳冶炼项目[8]

时 间	单 位	项 目
2006 年	科技部	批准氢冶金规划立项，但受制于氢气成本和工艺未持续跟进
2019 年 1 月	宝武集团	核能制氢与氢冶金（合作方：清华大学、中核集团）
2019 年 10 月	山西中晋	我国首套使用焦炉煤气进行气基直接还原炼铁（合作方：北京科技大学）
2019 年 12 月	钢研总院	"十三五"重点研发计划：基于氢冶金的固废源头减量钢铁生产新技术（氢基竖炉+电炉熔分工艺）

续表 5-9

时 间	单 位	项 目
2020 年 7 月	宝武集团	新疆八一钢厂 400m³ 富氢碳循环高炉点火开炉，全球开放共享工业级别低碳冶金创新试验基地
2021 年 4 月	建龙集团	内蒙古赛思普公司年产 30 万吨氢基熔融还原法高纯铸造生铁项目成功出铁（合作方：北京科技大学等）
2021 年 7 月	鞍钢集团	"绿色氢能冶金技术联合研发"项目签约启动，开发光伏/风电—电解水制氢—全氢流化床直接还原工艺（合作方：中科院大华所、中科院过程所、上海大学）
2021 年 12 月	兴国铸业	建成了我国富氢低碳炼铁领域首台/套半工业化试验高炉（40m³）系统，完成了我国首次以纯氢为喷吹气源的高炉富氢冶炼技术开发试验，并对富氢试验高炉进行解剖研究（合作方：上海大学）
2022 年 2 月	宝武集团	宝钢湛江钢铁零碳示范工厂百万吨级氢基竖炉工程正式开工，国内首套百万吨级氨基竖炉，也是首套集成氢气和焦炉煤气进行工业化生产的直接还原生产线
2022 年 3 月	河钢集团	河北张宣高科科技有限公司氢能源开发和利用工程示范建设项目：2 座55.5 万吨氢基还原竖炉开工建设

　　表 5-10 为中国钢铁工业协会发布的 2022 年企业绿色低碳发展优秀实践案例名单（钢铁类）。

表 5-10　2022 年企业绿色低碳发展优秀实践案例名单（钢铁类）[9]

案例名称	申报企业
打造废钢回收利用新模式，实现绿色低碳循环发展	鞍钢废钢资源（鞍山）有限公司
基于辊道红送和智能燃烧的热轧节能技术研究及应用	宝武集团鄂城钢铁有限公司
焦炉上升管余热替代煤气用于粗苯管式炉生产工艺研究及应用	宝武集团鄂城钢铁有限公司
钢铁企业余热余压技术应用	成渝钒钛科技有限公司
工业废水资源综合利用	成渝钒钛科技有限公司
不锈钢冶炼尾渣资源综合利用实践案例	福建源鑫环保科技有限公司
烧结机汽电双拖余热利用技术	河北天柱钢铁集团有限公司
氢能综合利用助力钢铁企业绿色发展	河钢工业技术服务有限公司
节生命之水　捕自身热能　搭碳管平台　助钢城蜕变	金鼎钢铁集团有限公司
高压变频器功率单元水冷技术利用	敬业钢铁有限公司
烧结环冷余热和高炉煤气余压回收利用	敬业钢铁有限公司
120MW 资源高效利用发电项目	南京南钢产业发展有限公司
碳化法钢铁渣综合利用项目	内蒙古包融环保新材料有限公司
焦化厂上升管余热回收改造	宁波钢铁有限公司

案例名称	申报企业
TSR 炉应用 CO_2 冶炼不锈钢项目建设	山东泰山钢铁集团有限公司
分布式工业余热绿色供暖项目建设	山东泰山钢铁集团有限公司
打造绿色低碳"先进特钢短流程生产"企业	石家庄钢铁有限责任公司
践行绿色低碳理念，打造高质量发展典型示范企业	首钢京唐钢铁联合有限责任公司
含钛高炉渣制备装配式建筑隔墙板关键技术及产业化应用	四川省劲腾环保建材有限公司
基于冶金流程集成理论打造绿色、智能、品牌化国际钢铁工厂的实践案例	唐山钢铁集团有限责任公司
绿色低碳与双轮驱动深度融合，让绿水青山孕育金山银山	永兴特种材料科技股份有限公司
焦炉煤气脱硫治理和脱硫废液资源化利用	山东钢铁股份有限公司莱芜分公司
荣钢集团氢能产业助力绿色低碳发展转型	天津荣程联合钢铁集团有限公司
白云鄂博铁矿含铁围岩干选回收技术	包钢集团矿山研究院（有限责任公司）
7.2m 大型焦炉低碳炼焦技术和焦炉煤气高效清洁深加工的研究与应用	山东钢铁集团日照有限公司
480m² 烧结机高效节能和环保技术应用	山东钢铁股份有限公司莱芜分公司
钢铁工业废水的深度处理回用组合工艺	宁波富春紫光水务有限公司

5.1.2　其他国家钢铁行业清洁生产技术实施现状

5.1.2.1　清洁生产技术进展

目前在钢铁生产中会利用大量的化石能源，从而带来碳排放问题，对全球气候带来较大的负面影响，所以作为绿色能源的氢能在全球范围内获得了大量的投资研究。

氢冶金是目前全球钢铁行业的技术研发热点，尤其是欧洲，面临减少碳排放的压力，欧洲钢铁企业正在以氢气为还原剂，开发氢气炼铁技术，以实现碳中和的目标。瑞典钢铁公司、蒂森克虏伯、德国迪林根和萨尔钢铁、Salzgitter、ArcelorMittal、GFG Alliance 等欧洲钢铁企业在该领域的项目研发取得了一定进展，概况如下。

A　HYBRIT 项目

2016 年瑞典发起"Carbon-Dioxide-Free Steel Industry"计划，开始非化石能源钢铁项目突破性氢炼铁技术 HYBRIT（Hydrogen Breakthrough Ironmaking Technology），用 H_2 替代高炉用煤粉和焦炭[10]。HYBRIT 核心是以非化石能源替代传统的化石能源，利用氢气替代高炉生产用的燃煤和焦炭，降低 CO_2 排放。HYBRIT 技术已于 2017 年年底完成可行性研究，将在 2024 年完成中试研究和测

试，到 2028 年将试验工厂扩大成示范工厂，并作为工业化生产设施连续数月 24h
运转，至 2035 年全面试产[8,11]。HYBRIT 项目成功运营后，这种氢基直接还原
铁—电炉熔分短流程已成为实现钢铁生产近净零碳排放争相示范的"梦工厂"
模式，有望分别将瑞典和芬兰的碳排放量减少 10% 和 7%，同时有助于减少欧洲
和全球钢铁行业的碳排放量[12]。

　　B　蒂森克虏伯高炉 2.0

　　蒂森克虏伯 "Blast Furnace 2.0" 是德国蒂森克虏伯提出的利用氢和绿色能
源生产绿色钢铁的新概念的名称。该公司计划在杜伊斯堡建造一座直接还原炼铁
厂，并配备一个综合冶炼装置，为现有的钢铁厂供应被称为"电热金属"
（Electric Hot Metal）的铁水，用于冶炼。"高炉 2.0" 计划将于 2025 年前在杜伊
斯堡钢厂建成一座 120 万吨/年 "氢气竖炉 DRI+绿电电炉熔化单元" 的生产装
置，生产电热金属给现有炼钢厂。该计划先采用现有高炉熔化 DRI，从 2030 年
起，将采用电炉取代高炉冶炼直接还原铁，其中电炉电力最大比例来源于可再生
能源[13]。其减排目标是到 2030 年将二氧化碳排放量减少 30%，到 2025 年生产
40 万吨绿色钢铁，到 2030 年间生产 300 万吨绿色钢铁。从长远来看，如果排放
量降至 0，二氧化碳减排潜力巨大。

　　C　迪林根和萨尔钢铁高炉喷吹富氢焦炉煤气

　　高炉富氢低碳冶炼的技术特征是"富氢还原"耦合"炉顶煤气循环"[8]。
2020 年 8 月，迪林根和萨尔钢铁公司进行了一项实验，将富氢焦炉气注入高炉，
这是德国首次在高炉正常运行期间使用氢气作为还原剂的实验，投资 1400 万欧
元的焦炉煤气净化系统是此次测试的关键。迪林根和德国萨尔钢铁公司认为，在
未来的高炉中使用氢气作为还原剂在技术上是可行的，但前提是绿色氢气应该是
可用的，长期的技术路线是满足绿色氢的需求。在成本竞争力的前提下，萨尔州
未来的钢铁生产将遵循氢基直接还原铁厂电炉的技术路线，研究人员计划下一步
在两个高炉中进行纯氢测试。与此同时，该公司宣布，在德国支持氢能发展倡议
的条件下，计划到 2035 年将碳排放量减少 40%。

　　D　萨尔茨吉特绿氢项目

　　萨尔茨吉特与德国天然气公司 VNGAG 签署了一项协议，以调查在钢铁生产
中使用绿色氢气和生物甲烷的可行性。根据研究，甲烷热解制氢是可能的，热解
制氢的成本比电解制氢更具竞争力。2020 年 5 月，萨尔茨吉特开始建造一座风力
发电厂，并于 6 月下旬签署了在下萨克森州威廉港深水港建造一座带氢电解装置
的直接还原铁厂的可行性研究协议。据估计，该工厂的年产能为 200 万吨，直接
还原铁将通过铁路运输至弗莱希塔尔工厂。该工厂到 2020 年年底，计划为客户
提供指定等级和尺寸的绿色带钢产品，从而将二氧化碳排放量减少四分之一。8
月，在 GrInHy 2.0 技术开发项目中，Sunfire（一家燃料电池制造商）向德国萨尔

茨吉特的 Frachal 工厂交付了一台 720kW 的高温电解电池（HTE），用于高效制氢。据估计，到 2022 年年底，电解池将运行至少 13000h，生产至少 100t 绿色氢气。此外，在其"风能和氢能"战略中，计划投产一座 400m³（标准状态）的电解厂，该电解厂将配备 2.2MW 质子交换膜（PEM）[14]。

E　安赛乐米塔尔智能碳概念

2020 年 6 月，安赛乐米塔尔制订了一项计划，到 2030 年将二氧化碳排放量减少 30%，到 2050 年实现碳中和。该公司提出了两种实现碳中和的方法，即氢气—直接还原（Hydrogen-DRI）工艺路径和使用可持续生物质和含固废的燃料结合碳捕集、利用和封存（CCUS）减排二氧化碳，讨论了以氢气为主要还原剂直接还原 9 种铁矿石，并将其转化为电炉炼钢。2020 年 7 月，该公司与 EWE Energy 及其子公司 Swb 签署了一项协议，开始生产绿色氢气。第一阶段包括建造一座 24MW 的电解厂，为安赛乐米塔尔不来梅供应绿色氢气。此外，安赛乐米塔尔和汉堡应用技术大学计划开展一项关于 WiSaNo 的联合研究项目，重点研究氢基钢的生产。建立氢基钢铁生产链需要大量能源。该项目还研究了建立以氢气为还原剂的创新钢铁厂的可能性，并建立了风力发电厂，北海和波罗的海沿岸地区是最佳位置[15]。

F　GFG 联盟建直接还原铁厂

2020 年 6 月，GFG 联盟与罗马尼亚政府和相关单位签署了一系列协议，以促进该公司的绿色钢铁愿景。该协议包括采用现代钢铁生产技术，大幅减少二氧化碳排放，增加低碳能源的使用，以及建立更灵活和更有竞争力的运营模式。投资计划包括建设一座年产 250 万吨的直接还原铁厂。最初，该工厂使用天然气作为还原剂。随后，随着更具成本效益的氢还原技术，将使用氢气作为还原剂，炼钢工艺将从转炉转变为电弧炉，以将每吨钢的二氧化碳排放量减少 80%。一旦直接还原铁厂完全使用氢气，其碳排放量将几乎为零。此外，其他一些欧洲企业也在实施氢冶金技术研究。例如，塔塔钢铁公司在塔尔博特港的英国工厂也制定了一系列零碳排放计划，包括发展氢经济所需的基础设施以及二氧化碳捕获、利用和储存技术的发展；VAI 在奥地利林茨工厂进行了绿色氢在钢铁生产各个过程中的应用试验；瑞典 Owako 钢铁集团和林德燃气公司进行了一项用氢气代替液化石油气加热钢坯的实验[14]。

5.1.2.2　先进的钢铁产品

通过生产先进的钢铁产品，提高其使用寿命、使用效率和使用性能等，增加下游企业钢铁产品的性能、使用寿命和价值，进一步使整个下游产品生命周期温室气体排放大幅降低。从长期来看，钢铁使用寿命增加、报废率减少、更换频率下降，会使钢铁需求量减少，也会减少钢铁行业的温室气体排放等环境污染。

A　国际钢协新能源汽车用钢 FSV 项目进展

FSV 项目是国际钢协汽车用钢联盟 2007 年开展的针对 2015~2020 年成熟的先进钢铁材料和制造技术的研究。该项目目标是为紧凑型的纯电动汽车提出一个能制造出完全不同的钢制车身结构的详细设计构思，也确认了为适应大的插电式混合动力车（PHEV）或燃料电池车（FCEV）车身结构的改变。FSV 的钢结构方案采用高强度钢及其成型技术，比以前的其他项目更先进，高强度钢板占整体的 97.4%，其中一半在 1000MPa 以上，以求达到车身轻量化和在整个汽车生命周期温室气体排放的大幅降低。项目钢铁主要包括利用各种先进的成型方法和钢材制作技术，例如热冲压技术、激光拼焊技术、边厚度板、液压成型技术等生产的 HS1500 热成型钢、TRIP 钢及 DP 钢、CP 钢及 TWIP 钢等。

B　JFE 开发出止裂性能良好的集装箱船用厚钢板

一般来说，当晶粒取向随机且无序时，钢板的脆性裂纹沿垂直于主应力的方向扩展。JFE 开发的止裂钢板控制了织构结构，使钢板的晶粒面和主应力方向为 45℃，提高了对脆性裂纹扩展的抵抗力。此外，超厚钢板的厚度中心容易出现晶粒粗化。在 JFE 开发高抗裂钢板的过程中，轧制温度控制和转变织构控制方法可以使钢板的厚度中心获得所需的组织。JFE 厚钢板制造工艺需要精确的加热温度、轧制条件和冷却条件。JFE 采用上述制造技术生产厚度为 70~100mm、止裂性能为 YP460MPa 的厚钢板。

C　日立金属开发新型磁控型铁基非晶合 "MADC-ATM"

非晶合金带材由于不具有晶体结构，所以磁滞损耗较小，并且其厚度薄具有高电阻系数，涡流损耗小，具有比电工钢更低的铁损特性。研究表明通过控制磁畴结构可以有效降低非晶合金的铁损，但是一直以来尚未建立大规模生产的技术工艺，日立金属 2020 年成功开发出适应大规模生产的磁畴结构控制技术，通过将这一独特技术应用于其 Metglas® 系列产品中，成功开发出 "MADC-ATM" 这一款可以显著降低铁损拥有更高的磁通密度的非晶合金带材产品。

D　安赛乐米塔尔全新的建筑模块概念 Steligence®

2018 年安赛乐米塔尔推出了一个全新的建筑用钢概念 Steligence®，此概念围绕着建筑作为整体实体而展开，设计的各个方面都被作为整体的一部分综合考虑，需要在各种专业建筑和工程学科之间进行更好的结合。Steligence® 与使用传统施工方法的建筑相比，在炼钢过程中使用最佳可用技术以及尽可能将建筑中的钢构件模块化，能够在建筑的设计、施工和可配置性方面提高效率，有助于下一代高性能建筑和建筑技术的发展，并使建筑具有更可持续的生命周期。

E　奥钢联智能应用钢材产品

奥钢联集团林茨厂开发了一种所谓 "定制功能性冷轧带钢产品"，可用作各种数字、"智能"应用。这种创新的钢产品具有传感器技术的导电轨道，集成在特殊的高质量涂层中。这种涂层允许传感器用于多种用途，例如加热超市货架上的表面以记录负载的质量，或将其集成到罐壁中以提供有关填充水平的信息。这种创新的条形产品实现了一系列不同的数字功能，这意味着这些条形产品具有显著的附加值。

5.1.2.3　先进的钢铁测量控制技术

钢铁生产过程条件严苛，且对于原材料和能源的需求较大，因此生产过程的优化是重中之重。批量生产的产品质量和可重复性也非常重要，因为这能降低过程成本。钢铁生产过程需要采用稳健的测量技术，能够可靠地监测故障，同时能够保证过程的成本效益。

A　日本制铁和 JFE 推进钢铁测量控制技术研发

日本制铁采用了新型形状计的高强热轧钢板高精度生产技术。日本制铁研发的"采用应用 LED 点状图案投影法形状计的高强热轧钢板高精度生产技术"的显著特征是：新开发的形状测量仪将点阵高亮度 LED 形成的点阵光图案投射到钢带表面的亮区和暗区，温度接近 1000℃。尽管轧制会导致带材形状的瞬时变化，但已经开发了一种形状测量仪器来处理图案图像，以便在轧制过程中捕捉带材的瞬时形状，从而可以高精度地测量横向延伸率。随着这项技术的发展，带钢的平整度可以自动校正，无需经验丰富的操作员干预。因此，与传统的自动控制相比，与形状相关的缺陷减少了约 30%，并且提高了高强度钢板的生产率和质量。该技术获得了第八届新日本 Monodzukuri 奖（制造和生产工艺类别）的卓越奖。

B　JFE 在线钢板表面微小凹凸缺陷检测技术

由于将轧辊上的缺陷转录到钢板表面时产生的微小凹凸表面缺陷（所谓的"轧辊缺陷"）的深度为几微米，与正常表面处于同一水平钢板的粗糙度，在轧制钢板上不可见，但是在加工或涂漆用于汽车用途后，有时可能会出现在明暗区域，从而导致外观缺陷。常规检查是通过在钢板制造过程中停止一次钢带行进并用砂轮打磨表面来进行的，由于砂轮在凹入和凸出部分的接触不同，使得缺陷可见。着眼于微小的辊表面缺陷产生的机理，JFE Steel 研发了在线微小凹凸表面的缺陷检测装置，该装置使用磁通量泄漏测试方法来检测轧辊中的不均匀度，将其转录成钢板表面缺陷。传感器头布置在距钢带 1mm 的位置，一次测量宽度为100mm。通过在宽度方向上连续改变头位置来测量整个宽度。尽管到现在，检查仍依赖于手工操作，但是它在世界范围内第一次实现了自动化钢带细微凹凸表面缺陷检测，从而使得生产稳定并提高了高质量汽车钢板的生产率。该技术在有日本"工业奥斯卡"之称的第 53 届"日本机械工业振兴会"（JSPMI）中获得了JSPMI 主席奖。

C JFE 可视化泄漏位置及其估算泄漏量技术

JFE Steel 和 JFE Advantech Co. Ltd. 联合研发的"可视化泄漏位置的设备,可判断泄漏量"技术,通过使用布置在平面上的多个超声波传感器来检测由泄漏引起的超声波,然后从每个传感器的检测时间差中获得声波的飞行方向。通过将这些结果叠加在与声波同时记录的视频图像上,可以看到泄漏的位置。由于在此设备的紧凑型便携式包装箱中提供了泄漏可视化功能和 SD 存储卡记录功能,因此可以搜索压缩空气、蒸汽等的泄漏并将其记录在视频中,也可以根据检测到的超声波的声压和到泄漏点的距离来获得泄漏量的近似计算值。该技术在"2018 年度杰出节能设备/系统奖"中获得了"日本机械联合会主席奖"。

D JFE 高炉数字物理系统:CPS

JFE Steel 现在在日本运营和拥有的 8 座高炉中都促进实施"数字物理系统:CPS",并已开发和安装了该系统,例如对可能引起严重后果的异常进行异常信号检测。JFE Steel 还为操作人员构建了一个指导系统,该系统可在当前时间点为最佳操作提供建议,以达到预期结果,并在操作中实现稳定的操作和稳定的生产。同样在 2019 财年,JFE 将其 8 座高炉与一条数据高速公路连接起来,并通过收集与运行有关的所有数据来促进对运行技术的集中监控和标准化/自动化,有利于提高该地区的高炉运行水平。

E JFE 钢铁厂异常信号检测系统

JFE Steel 计划利用最新的数据科学(以下简称 DS)为钢铁厂开发 JFE 异常信号检测系统,并在全公司范围内部署。使用 DS 的异常信号检测系统在钢铁业内将是首创。在已开发的系统中,正常情况下偏离标准值的程度将被标准化为异常度,以用于故障的早期检测。由于钢铁制造设备包含多种多样的机械和仪器,并且表示运行状况的变量数量非常之大,超过数百种,因此将引入大数据分析以对这种巨大的数据进行高效、全面的分析。为了对整个工厂设备和设施的数据量进行有效的监视,异常程度的时间变化将根据其幅度进行颜色映射,并可以在生产现场轻松访问。对于异常程度高且有可能发生故障的部分,可通过采取适当的对策(例如维修等)来预防异常。因为控制了偏离正常状态的程度,所以对于防止过去经历的故障和意外是有效的。

5.2 企业层面清洁生产实施现状和规划愿景

5.2.1 中国宝武集团

2015 年,中国宝武[16]就开始了低碳冶金的探索:最早从冶金—煤化工耦合起步，试图把冶金过程产生的煤气制成产品，来减少 CO_2 的排放，到 COREX（熔融还原炼铁工艺）的创新，再到目前的全面展开，基本上和《巴黎协定》同步推进。

2021 年 1 月 20 日，中国宝武党委一届五次全委（扩大）会暨 2021 年干部大会上，党委书记、董事长陈德荣正式宣告：中国宝武集团将在 2023 年力争实现碳达峰，2025 年具备减碳 30%工艺技术能力，2035 年力争减碳 30%，2050 年力争实现碳中和。

2021 年 11 月 18 日，中国宝武集团与相关钢铁企业、高校及产业链上下游企业在上海成立了全球低碳冶金创新联盟。在联盟成立大会上，陈德荣向全球发布了中国宝武碳中和冶金技术路线图（图 5-1）。此外，他还建立了低碳冶金创新中心，设立了低碳冶炼创新基金，每年提供 3500 万元用于低碳冶金技术创新项目的研究。同时，中国宝武还将设立专项研究基金，加大低碳冶金研发投入，加快中国宝武低碳冶金创新中心轧钢基地建设，围绕氧气高炉和欧洲冶炼炉技术研发、富氢和氢冶金、光伏制氢和二氧化碳资源化利用，努力形成开放的大型综合实验平台。

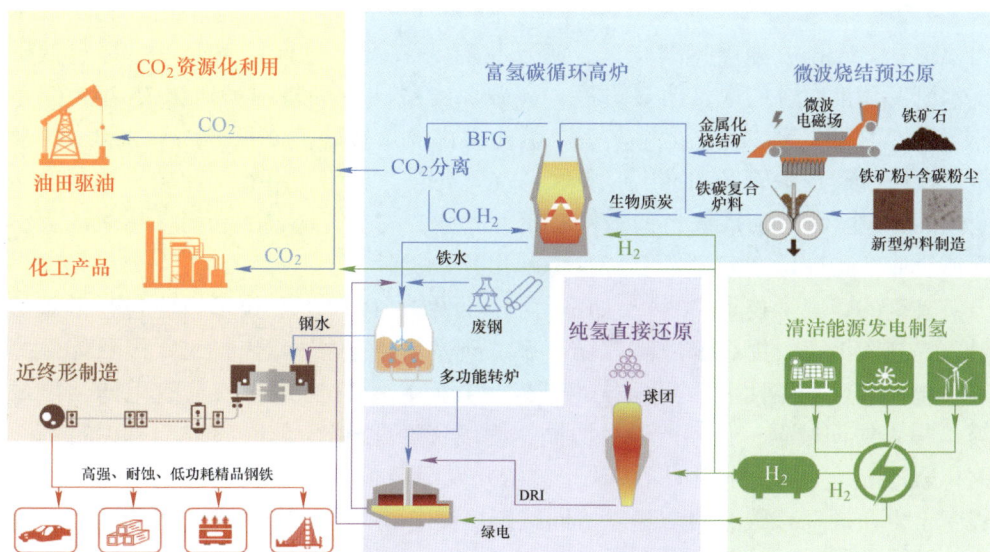

图 5-1 中国宝武碳中和冶金技术路线图[16]

陈德荣在联盟成立大会暨 2021 年全球低碳冶金创新论坛上作主旨演讲，正式发布了《中国宝武碳中和行动方案》。

中国宝武碳中和冶金技术主要包括极致能效、富氢碳循环高炉、氢基竖炉、近终形制造、冶金资源循环利用和 CO_2 回收及利用 6 方面的内容。到 2035 年前预计部署前 3 方面内容，将 CO_2 削减到 70%；2035~2050 年部署后 3 方面内容。而碳中和冶金技术路线图主要包含两条技术路径：（1）以富氢碳循环高炉为核心的高炉—转炉工艺路径；（2）以氢基竖炉为核心的氢冶金工艺路径，通过可再生能源发电制氢，氢基竖炉还原铁矿石再接电炉，连同近终形铸轧，形成氢冶金碳中和路径。

5.2.2 首钢集团

首钢始终将绿色低碳作为企业高质量发展的重要部分，把环境保护深度融入企业发展全过程，始终把"生态优先、绿色低碳、节能环保、循环经济"放在首位。目前，首钢集团已成功应用实施了自主研发的高炉高比例球团矿冶炼技术、烧结复合喷吹及烟气循环技术，以及高炉高风温富氧喷煤技术。

首钢 2022 年发布了《关于推动首钢高质量发展扎实做好碳达峰碳中和工作方案》[17]，确定碳中和工作目标：到 2025 年，建立健全节能降碳体系，能源利用效率稳步提升，满足政府"双碳"目标任务要求，吨钢综合能耗降低 2% 以上。绿色低碳技术推广应用取得积极进展，技术创新方面取得 1~2 项突破性成果，力争实现碳达峰；到 2030 年，节能降碳体系更加科学规范，能源利用效率大幅提升，碳排放强度持续降低，满足政府"双碳"目标任务要求，绿色低碳技术研发和推广应用取得明显进展，突破深度脱碳技术瓶颈；到 2035 年，绿色低碳发展取得显著成效，力争实现二氧化碳排放量较峰值降低 30%；2050~2060 年，深度脱碳技术研发和推广应用取得重大突破，能源利用效率和碳排放强度达到国际先进水平，形成绿色低碳核心竞争优势，成为实现碳中和第一梯队的大型钢铁企业，为区域"双碳"目标任务作出积极贡献。

首钢的碳减排技术路线[18]如下：（1）源头减碳，主要技术措施包括低碳炉料、提高废钢比、提高资源高效循环率、研发氢冶金技术等。（2）极致能效减碳，包括余热余能回收、界面技术开发、开发智能管控系统以及使用清洁能源等。（3）协同减碳，包括产业链协同、固废资源化和产品化、碳捕集和资源化、钢化联产等。（4）社会协同减碳，包括开发绿色低碳产品、管控钢制品使用过程中全生命周期减碳、参与建立协同减碳机制、利用好碳税和碳汇机制等。

5.2.3 河钢集团

2021 年河钢集团[19]环保总投资为 755000 万元，环保技术研发投入为 24239.50 万元。目前，河钢集团构建了绿色制造、绿色产业、绿色产品、绿色采购、绿色物流和绿色矿山"六位一体"的绿色制造体系，清洁生产成效显著。例如，河钢集团两项技术入选《河北省低碳技术推广目录（2020 年）》，促进河钢推进低碳技术推广和技术输出，进一步提升行业影响力。"钢铁行业烧结烟气选择性循环净化与余热利用技术"已通过中国环境科学学会环保科技成果鉴定,整体达到国际领先水平。"焦炉上升管荒煤气余热利用技术"已通过河北省焦化行业协会技术鉴定,节能减排效果显著,水平国际领先,具有广阔推广应用前景。

在 2021 年,河钢集团面向全社会发布了低碳绿色发展行动规划,明确了"2030 年碳达峰,2050 年碳中和"的减排目标。随即召开低碳发展技术路线图发布会,期望通过"6+2"低碳技术路径实现 2025 年较碳排放峰值降低 10%,2030 年较碳排放峰值降低 30%,并最终在 2050 年实现碳中和,为绿色发展实践奠定方法论基础。具体而言,河钢集团低碳发展技术路线方案分为 3 个阶段:碳达峰平台期(2022~2025 年)、稳步下降期(2026~2030 年)和深度脱碳期(2031~2050 年)。

河钢 6 大碳减排技术路线如下:(1)"铁素资源优化"路径:具体措施包括长流程球团比提高、废钢比提高;(2)"流程优化重构"路径:具体措施包括全废钢电炉流程比例提高和界面优化;(3)"系统能效提升"路径:具体措施包括各种节能技术的应用、智能化管控水平的提高和提高自发电比例;(4)"用能结构优化"路径:具体措施为绿电应用和绿色物流;(5)"低碳技术变革"路径:具体措施为氢冶金和 CCUS 技术应用;(6)"产业协同降碳"路径:具体措施为发展森林碳汇、绿色建材和城市共融。

5.2.4 沙钢集团

沙钢集团[20]牢固树立"创新驱动、环保优先"的绿色发展理念,坚持以"绿色低碳工厂"为目标,走绿色制造的道路。沙钢集团积极地应用钢铁行业冶金节能新技术,实施绿色制造。国家节能技术推广目录上的行业节能技术,95%以上在沙钢都有应用,如焦炉采用全干熄、余热回收发电,烧结余热回收发电,高炉 TRT 发电,转炉钢渣热焖,轧钢钢坯热送、加热炉烟气余热回收、控冷控轧,煤气、蒸汽回收 CCPP 发电,钢渣固废、工业废水全回收零排放等。沙钢已经成立碳中和管理委员会和相关工作机构,研究制定碳达峰、碳中和行动方案,设立碳中和研究室,并进一步确定了"沙钢未来五年能源消耗压降工作计划"。

按照计划,沙钢将焦化、炼铁、转炉等全工序能耗压降目标进行详细分解,通过精细管理、工艺优化、项目技改等措施逐个落实,力争通过五年努力,减少能源消费约 2Mt 标煤,减少二氧化碳排放 5Mt 以上。

沙钢在炼钢过程中,大力推行"一罐到底"的铁水生产流程,降低了高炉铁水在输送过程中的倒包热损耗,每年节约标准煤 0.2Mt 左右,实现了"负耗"炼钢,转炉过程能耗水平达到国标先进水平,轧钢加热炉使用微机自动控制和蓄热燃烧技术,热装率超过 80%,热装料温度在 600~700℃,单位能源消耗降低

20%。在国家发展改革委节能技术推广目录中，沙钢所采用的节能技术占到了90%以上。

沙钢引进并建设了中国第一条（世界第四条）双辊连铸轧线，并在此基础上形成了世界上最先进、性能最优的连铸轧线，开创了薄带双辊连铸轧线产业化发展的先河，并实现了 0.75mm 厚度的热轧钢卷批量生产。这与传统的热连轧工艺进行比较，可以使生产流程大幅缩短，同时还可以将二氧化碳的排放量减少75%，从而达到了高水平的绿色低碳生产[21]。

5.2.5 鞍钢集团

2021 年，鞍钢集团全面落实党中央、国务院关于碳达峰、碳中和的重大战略部署，将碳达峰、碳中和作为践行新发展理念、融入新发展格局的重要工作内容，为呵护人类共同美好家园、共享绿色地球贡献智慧和力量。鞍钢集团加大了节能项目投资放行力度，2021 年全年累计放行节能改造项目 70 余项，放行投资8 亿余元，主要包括攀钢钒能动分公司 100MW 余热余能利用发电工程、攀钢矿业能源智能管控系统项目、鲅鱼圈分公司能动部烧结空压站节能改造、化学科技蒸汽系统优化改造等项目。

在发展清洁能源上，鞍钢集团充分利用厂房屋顶、矿山排土场、尾矿库等土地、空间资源，推动光伏发电项目实施。矿山公司完成 54MW 光伏项目合同签订、310MW 光伏项目意向协议签订，预计项目投产后年发绿电量 3.9 亿千瓦时，相当于减少燃烧约 0.05Mt 标准煤当量[22]。鞍钢集团低碳发展路线图如图 5-2所示。

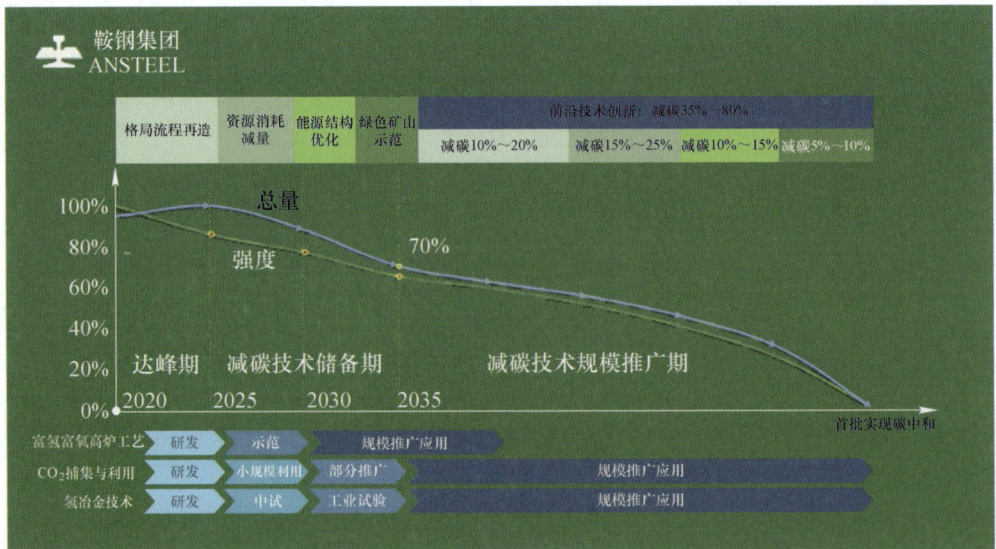

图 5-2 鞍钢集团低碳发展路线图[23]

2021 年 5 月 27 日，鞍钢集团总经理戴志浩在第十一届中国国际钢铁大会上发布了《鞍钢集团碳达峰碳中和宣言》，郑重承诺：2021 年底发布低碳冶金路线图；2025 年前实现碳排放总量达峰；2030 年实现前沿低碳冶金技术产业化突破，深度降碳工艺大规模推广应用，力争 2035 年碳排放总量较峰值降低 30%；持续发展低碳冶金技术，成为我国钢铁行业首批实现碳中和的大型钢铁企业[24]。此外，鞍钢集团还制定了"鞍钢集团低碳冶金路线图"，编制了《碳达峰及减碳行动规划》，提出了低碳发展目标、愿景、使命及路径，以期推动"双碳"工作有序开展，完成"双碳"顶层设计，彰显央企绿色担当[25]。鞍钢集团提出的低碳发展愿景是：成为世界钢铁行业碳中和排头兵！其低碳发展的"三个使命"是：绿色钢铁先行者、低碳技术引领者、美好家园守护者[25]。

鞍钢集团低碳发展 5 大路径[22]如下：（1）推进兼并重组，淘汰落后产能，优化产业布局及工艺流程，节能减排、减污降碳；（2）致力产品全生命周期理念，推动绿色生产、低碳生活，制造更优材料，降低社会资源消耗；（3）坚持科技创新引领，加快研发应用低碳冶金技术和前沿碳捕获、利用与封存技术；（4）布局新能源产业，调整能源结构，提高氢能、太阳能、风能等绿色能源应用比例，降低化石能源消耗；（5）发挥鞍钢先进采选工艺技术优势，提高铁矿、钒钛铬等资源综合利用效率，实施绿色开采，充分利用矿山土地资源，发展绿色能源；加大复垦力度，修复生态环境，增加森林碳汇。

5.2.6 韩国浦项钢铁集团

为了摆脱对化石燃料的依赖，多年来，浦项制铁[26,27]一直在开发系列环保型钢铁生产工艺，如 FINEX、浦项制铁的创新和独特炼铁技术。FINEX 是韩国浦项钢铁（POSCO）的独创炼钢技术。自 1992 年以来，POSCO 韩国公司和奥钢公司合作开始了 FINEX 技术的基础研究。基于纯氧高炉概念的 FINEX 工艺在采用碳捕获、利用和储存（CCUS）技术方面具有优势。其流态化还原系统也有利于部署氢基炼铁技术。浦项制铁的一些低碳炼钢技术目前正处于开发的早期阶段，其中一些已进入示范阶段。

浦项制铁为了响应韩国政府提出最晚将在 2050 年实现碳中和的目标，制定了集团自身的碳中和三阶段目标：短期目标是到 2030 年减少 20% 的 CO_2 排放量；中期目标是到 2040 年 CO_2 排放量减少 50%；远期目标是到 2050 年实现碳中和，设定的基准是浦项制铁 2017~2019 年的平均 CO_2 排放量 78.8Mt。

而浦项钢铁碳中和技术路线如下：（1）智能化技术；（2）部分氢还原技术；（3）废钢（低铁水比）技术；（4）碳捕获、利用和储存（CCUS）；（5）氢基钢生产工艺技术，涉及绿色流程（创新低碳发展、技术智能化；增加废料使用；中央控制中心；氢基炼钢）、绿色产品（开发和设计环保产品；轻质高强度钢；高效电工钢）和绿色伙伴关系（加入倡议并领导公私伙伴关系，以加速全行业的低碳转型）三个重点领域。

浦项通过进化碳贫和革命性碳中性途径的组合来设定碳—中性转化路线图（图 5-3），这条路线图旨在商业化和部署各种低碳炼钢工艺。在短期内，通过智能化，浦项将主要关注通过优化原材料混合和合理化运营来提高生产力和能源效率。为了进一步减少碳排放，浦项计划在未来 10～15 年内开发并整合一系列"桥梁技术"。这些措施从循环经济的角度出发，通过增加高炉和转炉使用废金属，部分采用氢基炼铁技术，在现有高炉工艺中使用富氢尾气作为还原剂。此外，浦项计划扩大 CCUS 技术，并将其整合到业务中。从长远来看，浦项将把以氢为原料的炼钢工艺商业化。浦项正在开发基于 FINEX 工艺的氢基炼铁技术，称为 HyREX。不同于典型的直接还原铁（DRI）技术，在欧洲使用高端球团作为原料，浦项的 HyREX 可以直接利用铁矿粉生产还原铁。一旦氢生态系统完全成熟，浦项将能够与 HyREX 一起以可持续的方式生产钢铁，HyREX 使用基于绿色氢的直接还原铁，结合基于可再生能源的环境保护碳中和，预计可实现 20 亿美元的目标。

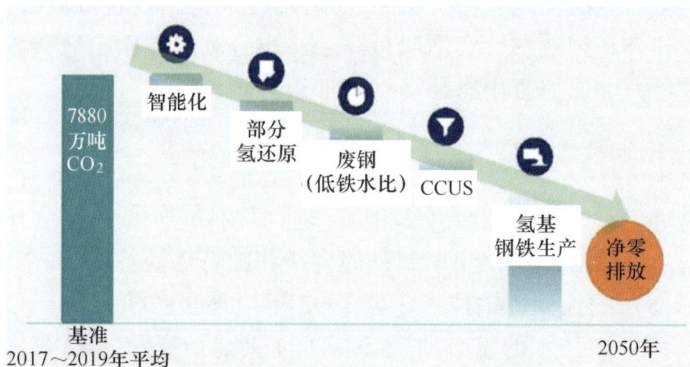

图 5-3　浦项钢铁公司低碳发展路线图[28]

5.2.7　安赛乐米塔尔公司

作为世界领先的钢铁公司，安赛乐米塔尔公司[29]致力于领导全球钢铁行业的脱碳工作，并参与到 2050 年实现全球净零排放的解决方案中。除 2050 年的净零目标外，安赛乐米塔尔公司还制定了一项集团目标，即到 2030 年将其二氧化碳排放强度降低 25%，到 2030 年在其欧洲业务中降低 35%。赛乐米塔尔公司低碳发展路线图如图 5-4 所示。

安赛乐米塔尔公司碳减排技术路线图的 5 个杠杆如下：（1）炼钢改造：包括将炼铁从 BF-BOF（高炉基本氧气炉）切换到 DRI，以及从烧结厂的铁矿石制备

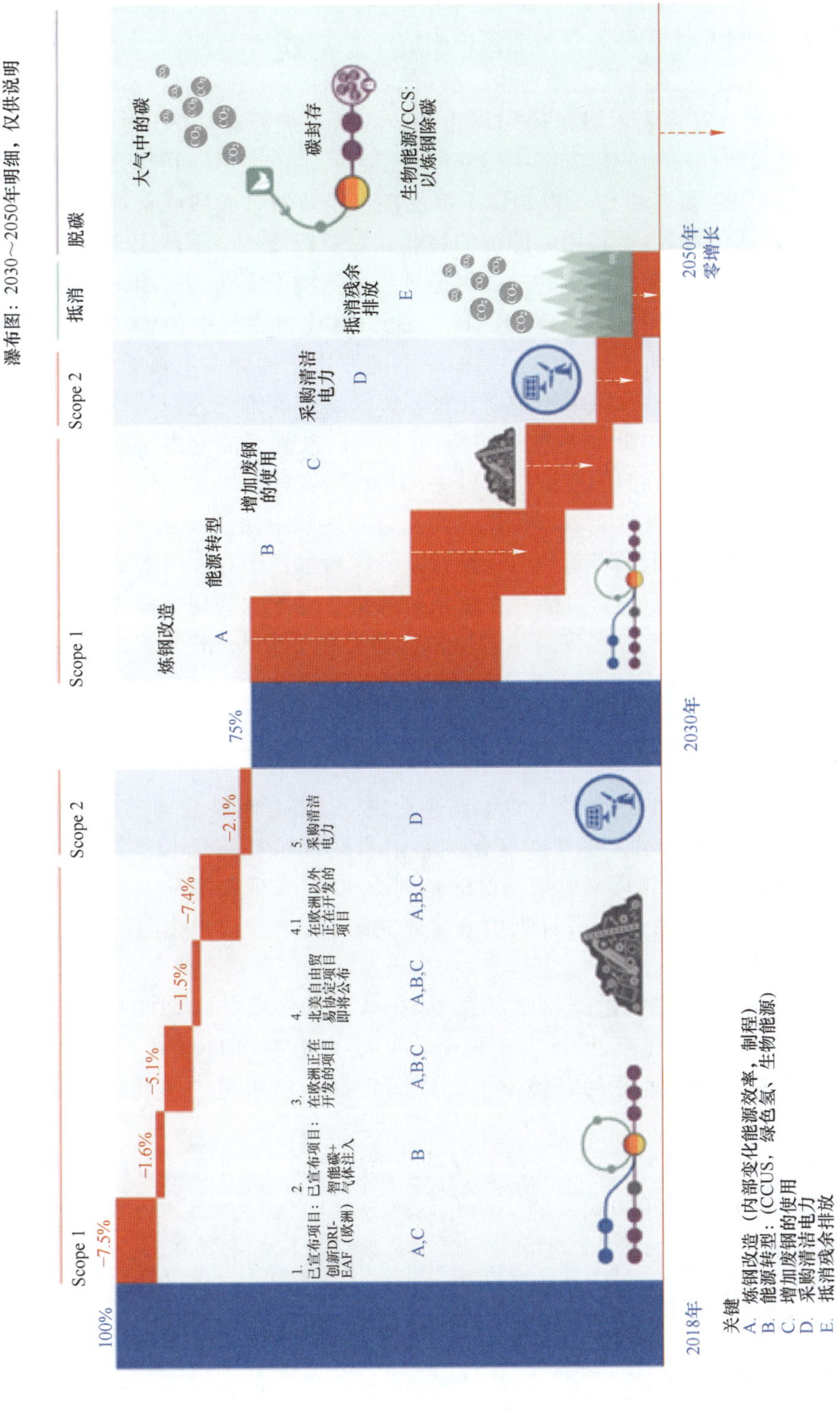

瀑布图: 2030~2050年明细, 仅供说明

图5-4 安赛乐米塔尔公司低碳发展路线图[29]

（使用热量或压力压实材料）切换到球团厂（将铁材料压缩或模制成球团形状）。直接还原铁中的球团炼铁通常与电弧炉相结合。安赛乐米塔尔公司认为向基于天然气的 DRI-EAF 过渡可能是第一步，有可能通过使用绿色氢进一步创新和脱碳。（2）能源转型：安赛乐米塔尔公司将重心放在清洁能源载体的进一步和更彻底的转变，涉及转向三种替代方案中的一种或组合：清洁电力（可以是绿色氢的形式）、继续使用化石碳和 CCS 以确保不排放碳，以及通过天然或合成碳循环使用循环碳。自然碳循环包括利用可持续的林业和农业残留物，生产用于炼钢的生物能源。使用这种生物能源产生的排放将通过所用生物质废物的再生来捕获。合成碳循环依赖于使用利用废塑料作为能源，通过 CCU 将废气中的碳转化为等效的新塑料，并确保不产生排放。（3）增加废钢的使用：例如在电弧炉中使用废钢、改进废钢分类和分类、安装废钢预熔化技术以及调整炼钢工艺以适应废钢，来增加 BF-BOF 炼钢工艺中低质量废钢的使用。（4）采购清洁电力：低碳电力将成为安赛乐米塔尔用于炼钢的能源组合的一部分，安赛乐米塔尔或专注于购买可再生能源证书，并与可再生能源项目供应商签订直接购电协议（PPA）。（5）抵消残余排放：尽管安赛乐米塔尔致力于通过减少运营过程中对大气的二氧化碳排放量来实现净零排放，但仍有可能存在剩余排放量。对于这些剩余排放量（按目前估计不到总排放量的 5%），安赛乐米塔尔将购买高质量的补偿或启动项目，以产生高质量的碳信用。

5.2.8 JFE 钢铁公司

日本 JFE 公司是世界上最大的钢铁企业之一。JFE 钢铁公司[30]的目标是通过重组钢铁业务和加强缓解气候变化的举措来实现可持续增长。2021 年 5 月，JFE 集团制定了 2050 年环境愿景，目标是到 2050 年实现碳中和，并将气候变化举措定位为其第七个中期业务计划中最重要的问题之一，JFE 集团的中长期愿景如下。

到 2030 财年将二氧化碳排放量减少 30% 或更多，并在 2050 年实现碳中和。JFE 集团打算通过解决全球气候变化问题来提高可持续性，同时重组业务，以应对钢铁业务面临的环境发展。集团正在积极推进二氧化碳减排行动，目标是：

2030 年：钢铁业务是 JFE 集团二氧化碳排放量的主要来源，JFE 正在探索可行的方案，目标是在 2030 财年将二氧化碳排放量比 2013 财年减少 20% 或更多，最大限度地利用现有的最佳技术和创新。JFE 继续与日本钢铁联合会（Japan Iron and Steel Federation）一样，致力于建设低碳社会，并发挥积极作用。与此同时，JFE 已经成立了一个新的项目团队，为个别公司尽可能减少二氧化碳排放，并将开始审查各种措施，以实现碳减排目标。

2050 年：为配合长期建立无碳基础设施的社会转型，JFE 将努力在 2050 年后尽快在 JFE 集团内实现碳中和。JFE 正在进行研发，准备在 2050 年之前在其业务流程中展示一系列碳中和技术。

JFE 钢铁公司一直在积极开发节能技术，提高钢铁生产效率，实现炼钢脱碳。JFE 目前拥有世界一流的节能钢铁加工技术。推动创新炼钢工艺（COURSE50、焦铁），通过氢气减量、CCS 等方式减少二氧化碳排放，推动脱碳工作取得新进展。COURSE50 的目标是总共减少大约 30% 的二氧化碳排放，通过氢气减量减少约 10%，通过 CCS 减少 20%。设备将在 2030 年左右到位，并在 2050 年左右分阶段引入，与高炉相关设备的更新时间保持一致。焦铁是一种可以显著降低二氧化碳排放的技术，它可以提高高炉的还原效率。此外，为了最终实现零碳钢铁，JFE 将在 2030 年及以后面临发展氢气还原炼铁技术等挑战。把引进这些创新技术作为首要任务之一，并与国家政府合作推进这一倡议。目前，已经在 JFE Steel 的西日本工厂（福山）建造了日产 300t 焦铁的中型中试设备，并将从 2020 财年开始进行商业运营试验。JFE 钢铁公司低碳发展路线图如图 5-5 所示。

5.2.9　俄罗斯新利佩茨克钢铁公司

通过改造生产装置，安装高效除尘厂，安装或改装过滤设备，引进二次资源中和、捕获和循环技术进入生产流通等措施，俄罗斯新利佩茨克钢铁公司环保指标成效显著。截至 2020 年，俄罗斯新利佩茨克钢铁公司的大气排放减少了 50%，达到俄罗斯现有的最佳技术水平；水资源利用效率行业领先，总取水量和排水量之间的差额一直在下降，2020 年降至 $5.1 m^3/t$，达到世界最佳水平，并且整个集团循环供水比例高达 97%，通过节水控制措施，2020 年用水量达到五年来的最低值；同年，利佩茨克工厂升级了当地污水处理厂，投资额为 1.18 亿卢布。在五年内，其排水量下降了 420 万立方米（-34%）[31]。

新利佩茨克钢铁公司在可持续方面有着多项规划，预计提高发电设备效率、优化技术气体生产工艺方案、提高压缩机设备效率、更换更节能的泵设备、升级照明系统、降低热能采购量等。此外，还准备开发和实施创新的能源解决方案，并打算外包流程来提高能源综合体的效率、通过投资基础设施、技术改造、建设核心生产设施等方式来提高其能源效率。

新利佩茨克钢铁公司计划通过提高能源效率、降低含碳燃料消耗量和推进脱碳技术开发，到 2023 年将其吨钢二氧化碳排放量从 2018 年的 2t 降至 1.91t。新利佩茨克钢铁公司计划投资 4.2 亿美元到 2023 年在俄罗斯西部的新利佩茨克钢铁厂启动一座以冶金煤气为燃料发电厂，每年可减少 65 万吨温室气体排放[32]。

此外，新利佩茨克钢铁公司正在投资研究氢冶金、二氧化碳捕集和利用、优

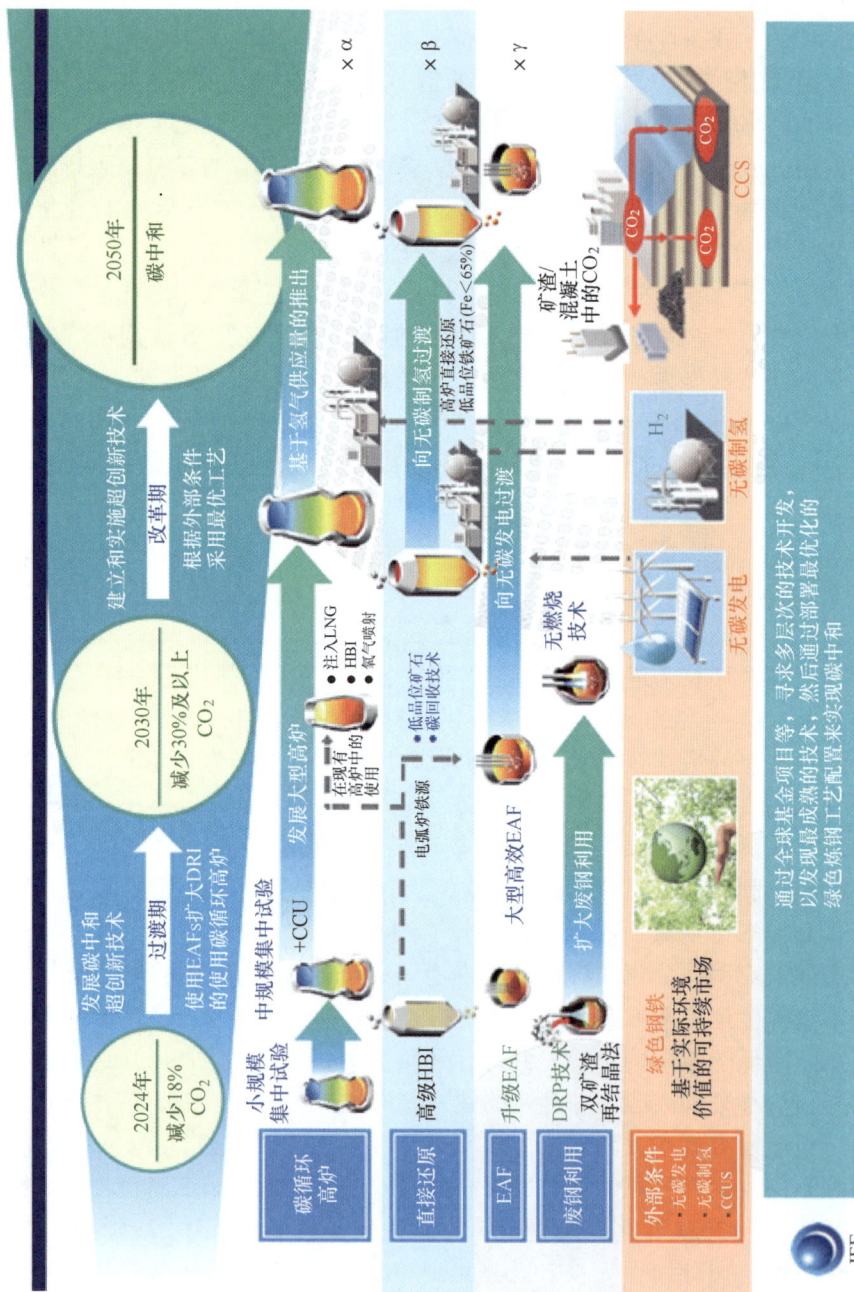

图5-5 JFE钢铁公司低碳发展路线图[30]

化富碳燃料的使用、用其他燃料替代煤炭、使用更多的二次资源以及通过植树进行"碳补偿"等。

5.2.10 塔塔钢铁公司

作为印度首批批准气候相关财务披露工作组（TCFD）建议的公司之一，塔塔钢铁公司[33]始终致力于在生产过程中和产品的整个生命周期中减少碳足迹。

塔塔钢铁公司碳中和目标如下：对于印度塔塔钢铁，到2025年二氧化碳排放强度达到 $2t\ CO_2/tcs$ 以下，到2030年达到 $1.8t\ CO_2/tcs$ 以下；对于塔塔钢铁欧洲（英国和荷兰），到2030年，将欧洲炼钢碳排放量减少30%~40%，到2050年实现碳中和的钢铁生产。

塔塔钢铁公司为了实现碳中和目标，确定了4个战略目标，包括长期目标和每个目标具体的行动计划，并制定了具体的碳排放长期目标以及脱碳路线图。基于技术、政府政策、消费者行为和公司资产配置的全球情景，塔塔钢铁公司的脱碳战略分为3个阶段：（1）短期阶段是到2025年，进行商业模式的转变：进入钢铁回收业务，为印度的钢铁创造正式的循环经济；使用更多废钢废料；采用最佳可用技术并改进现有工艺，以最大限度地回收废热；提高原材料的质量，以减少印度运营中高炉的排放；增加可再生能源发电的份额；进行内部碳定价，以促进印度的碳减排项目评估。（2）中期阶段是到2030年，进行资本化循环：在印度使用废电弧炉（EAF）路线增加产能，建立多个EAF装置，收集和处理的废料转化为钢；从冶金煤转向天然气等清洁燃料；进行印度碳捕获与利用（CCU）和氢基炼钢的升级试点；开展荷兰塔塔钢铁公司新DRI炉的调试和BF-BOF路线的报废工作；与学术界合作试点新技术，重点是开发和扩大深度脱碳技术，如CCU、氢基炼钢、使用生物质和其他替代炼铁路线。（3）长期阶段是2030~2050年，进行探索和投资深度脱碳技术的开发，以实现净零排放的钢铁生产。

5.3 小　结

本章节从国家和企业两个层面分析了钢铁行业清洁生产技术实施现状。在国家层面，中国钢铁行业生产过程中的清洁生产技术随着环保观念深化、政策标准提高而不断发展与完善，目前中国已拥有全球产业链最完整、规模最大的钢铁工业体系，2010年后，中国钢铁行业以全面提高钢铁工业综合竞争力为目标，以化解过剩产能为主攻方向，以坚持绿色发展为目标。中国的清洁生产技术正逐渐从重视末端环保处理技术转向从工艺全流程、全行业、全生命周期的角度来审视清洁生产的全过程，旨在从多方面提高钢铁行业清洁生产水平。而其他国家方面，面临碳减排压力的欧洲，在钢铁行业中利用氢气作为还原剂，开发氢炼铁工艺技术，旨在钢铁生产中实现"气候中性"的目标，包括瑞典钢铁公司、蒂森克虏伯、德国迪林根和萨尔钢铁、萨尔茨吉特、安赛乐米塔尔、GFG联盟等欧洲钢铁企业在这方面的项目研发都取得了一定进展。同时，他们也通过生产更先进的钢铁产品，增加产品使用寿命，减少钢铁需求量，以降低钢铁行业的温室气体排放等环境污染。此外，在钢铁测量控制技术方面，他们通过优化生产过程、检测故障以降低过程成本，以保证过程的成本效益。

在企业层面，选取的中国代表性钢铁企业包括中国宝武集团、首钢集团、河钢集团、沙钢集团和鞍钢集团；国外的其他企业包括韩国浦项制铁、安赛乐米塔尔公司、日本JFE钢铁公司、俄罗斯新利佩茨克钢铁公司和印度塔塔钢铁公司。上述十个代表性钢铁集团正不断发展新能源和可再生能源，利用新能源和可再生能源新增供给，满足能源总量新需求，进一步加大工艺技术创新，开展战略布局研究，发布了适应于自身发展的"碳中和路线图"。同时，根据能源调整空间结构布局，打造"双碳"目标下绿色发展的示范，以期实现净零排放的钢铁生产。

参 考 文 献

[1] 李新创. 钢铁全流程超低排放关键技术 [M]. 北京：冶金工业出版社，2022.

[2] 生态环境部. 钢铁企业超低排放改造工作方案（征求意见稿）[EB/OL]. 2018.

[3] 五部委联合. 关于推进实施钢铁行业超低排放的意见 [EB/OL]. 2019. http：//www. mee. gov. cn/xxgk2018/xxgk/xxgk03/201904/t20190429_701463. html.

[4] 张海广. 中国电弧炉炼钢技术未来如何发展？[N]. 宝钢科技图书馆，2021.

[5] 世界钢铁协会. 2022年世界钢铁统计数据 [R]. 世界钢铁协会，2022.

[6] 轧钢之家. 中国电炉装备统计：423座，2.18亿吨！[N]. 搜狐新闻，2022-12-19.

[7] 姚同路，吴伟，杨勇，等. "双碳"目标下中国钢铁工业的低碳发展分析 [J]. 钢铁研究学报，2022，34（6）：9.

[8] 鲁雄刚，张玉文，祝凯，等. 氢冶金的发展历程与关键问题 [J]. 自然杂志，2022，44（4）：251-266.

[9] 中国钢铁工业协会. 2022企业绿色低碳发展优秀实践案例 [N]. 中国冶金报，2022-12-27.

[10] 苏亚红. 我国钢铁行业氢冶金发展现状及建议 [N]. 中国冶金报，2021-09-15（1）.

[11] Pei M，Petajaniemi M，Regnell A，et al. Toward a fossil free future with HYBRIT：development of iron and steelmaking technology in Sweden and Finland [J]. Metals，2020，10（7）：972.

[12] Vogl V，Ahman M，Nilsson L J. Assessment of hydrogendirect reduction for fossil-free steelmaking [J]. Journal of Cleaner Production，2018，203：736-745.

[13] 徐万仁，朱仁良，毛晓明，等. 国内外氢冶金发展现状及需要研究解决的主要问题 [C] //中国金属学会. 第十三届中国钢铁年会论文集——2. 炼铁与原燃料，2022：13. DOI：10. 26914/c. cnkihy. 2022. 017253.

［14］高雪岩.欧洲钢铁企业氢冶金项目进展［J］.世界金属导报，2020.http：//
www.worldmetals.com.cn/viscms/bianjituijianxinwen1277/20200928/252587.html.

［15］代铭玉.安赛乐米塔尔应对全球碳排放挑战的战略［J］.冶金管理，2019，380（18）：
32-38.

［16］中国宝武集团.2021中国宝武钢铁集团有限公司绿色低碳发展报告［R］.2022.

［17］首钢集团.首钢集团发布"双碳"工作方案［EB/OL］.https：//www.shougang.com.cn/
sgweb/html/sgyw/20220907/8442.html.

［18］罗忠河.首钢披露"双碳"目标和碳减排技术路线［N］.中国钢铁新闻网，2022-12-16.

［19］河钢集团.2021河钢集团社会责任报告［R］.2022.

［20］长城网.2050年实现碳中和！河钢集团发布低碳发展技术路线图［N］.搜狐新闻，2022-
03-20.

［21］张晓兵.沙钢在绿色低碳方面又迈出关键一步［N］.中国冶金报-中国钢铁新闻
网，2023.

［22］鞍钢集团.2021鞍钢集团有限公司可持续发展报告［R］.2022.

［23］张龙强.两大央企发布路线图 示范引领钢铁碳中和［N］.冶金工业信息标准研究
院，2022.

［24］鞍钢集团.绿色钢铁［EB/OL］.http：//www.ansteel.cn/kechixufazhan/shehuizeren/
lvsegangtie/.

［25］沙钢集团.绿色低碳、节能先行，一起来看沙钢的降碳行动！ ［EB/OL］.http：//
www.sohu.com/a/562250053-313737.

［26］韩国浦项钢铁集团.韩国浦项钢铁集团气候行动对话［R］.2020.

［27］韩国浦项钢铁集团.韩国浦项钢铁集团2021企业公民报告［R］.2022.

［28］浦项钢铁公司低碳发展路径研究［J］.世界金属导报，2021.

［29］安赛乐米塔尔公司.安赛乐米塔尔公司2021气候行动报告［R］.2022.

［30］JFE钢铁集团.实现碳中和的措施［EB/OL］.https：//www.jfe-steel.co.jp/en/company/
carbon.html.

［31］俄罗斯新利佩茨克钢铁公司.2020俄罗斯新利佩茨克钢铁公司可持续发展报告
［R］.2021.

［32］鲁瑛，李春萌，武春亮，等.国外双碳政策梳理与技术现状研究［EB/OL］.https：//
ibook.antpedia.com/x/687548.html.

［33］塔塔钢铁集团.气候行动［EB/OL］.https：//www.tatasteel.com/sustainability/
environment/climate-action/.

6　典型清洁生产技术应用案例

6.1　典型企业清洁生产技术应用案例

6.1.1　中国宝武集团

清洁生产技术应用案例一：八钢公司富氢碳循环试验高炉

2019 年 1 月，中国宝武[1]在八钢公司成立富氢碳循环高炉项目组，改造了八钢公司已废弃的原 430m³ 高炉，并于 2020 年 7 月试验平台投入运行，于 2020 年 12 月成为全球首个实现 35% 高富氧冶炼目标的高炉。2021 年 6 月，富氢碳循环高炉实现风口喷吹脱碳煤气和焦炉煤气，这是全球高炉首次实现脱碳煤气循环利用的案例，减碳效果 15% 以上，初步形成富氢碳循环高炉低碳操作技术，标志着八钢公司在高炉碳减排、碳循环技术探索方面取得重大突破。2021 年 7 月，富氢碳循环高炉成功实现第二阶段超高富氧冶炼目标，鼓风含氧量达到 50%，脱碳煤气喷吹量达到 250m³/t（标准状态）、喷吹焦炉煤气 200m³/t（标准状态），燃料比最终降到 505kg/t，达到降低固体燃耗 12%～15% 的工艺能力，初步实现减少碳排放的目的。除已经实施的全氧富氢煤气循环之外，还将规划光电制氢和 CO_2 的资源化利用产线建设，形成一个完整的 430m³ 级工业化的高炉低碳冶金示范产线和试验工厂。

清洁生产技术应用案例二：宝钢股份湛江钢铁氢基竖炉——电炉短流程零碳工厂

中国宝武计划在宝钢股份湛江钢铁建设一套绿氢全流程零碳工厂。目前，百万吨级竖炉工程已于 2021 年 12 月 23 日奠基，这是国内首套百万吨级氢基竖炉，也是首套集成氢气和焦炉煤气进行工业化生产的直接还原生产线。整体项目预计 2023 年底建成，投产后对比传统铁前全流程高炉炼铁工艺同等规模铁水产量，每年可减少 CO_2 排放 0.5Mt 以上。

清洁生产技术应用案例三：首发超规格重型 H 型钢，实现民用建筑低碳应用

2021 年 4 月 26 日，马钢技术中心型钢研发团队根据设计标准，在国内成功首发超规格重型 H 型钢，突破了高性能重型热轧 H 型钢的生产技术瓶颈，实现

了产品超厚、超宽、高强度、抗震、抗撕裂等多个性能的耦合。2021 年，该产品首次实现了在国内大型公共建筑主体结构的设计应用，用钢量约 0.5Mt。与焊接用钢相比，该产品吨钢可降碳 12%，0.5Mt 重型热轧 H 型钢可折合减少碳排1500t，为行业实现"双碳"目标起到示范效应，有力支撑了国内建筑行业的高质量发展。

清洁生产技术应用案例四：物流运输上的绿色引擎

八钢公司大力推进绿色运输、清洁运输，主动与新疆安能、吉利汽车、三一重工等单位合作探索，推动新能源技术在物流运输领域的应用实践，率先在厂区建设换电站，逐步用电动重卡代替厂内百余辆燃料运输卡车，是自治区首家在清洁运输领域开展试点的企业。截至 2021 年底，八钢公司完成两座换电站建设，实现首批 30 辆换电重卡上路使用，日运输量高达 4000t。

6.1.2 首钢集团

清洁生产技术应用案例一：行业第一个国家核证自愿减排项目

首钢集团[2]践行科学用能理念，对钢厂生产过程中的余热、余压、余气进行充分回收利用，应用了先进高效的低热值煤气发电技术，建成了三台燃气蒸汽联合循环发电机组，并将 150MWCCPP 机组开发成中国钢铁行业第一个国家核证自愿减排项目（CCER），节能降碳示范效应显著。

清洁生产技术应用案例二：光伏发电示范项目

首钢集团积极开发利用了可再生能源，建成了一系列屋顶分布式光伏发电设施，特别是冷轧建成了当时北京市最大的分布式光伏发电示范项目，装机容量达到 8.7MW，节能减碳效果良好；矿业正在积极利用水厂铁矿尾矿库等空间资源，推进大规模光伏发电示范项目建设。

清洁生产技术应用案例三：国内首例白灰窑尾气 CO_2 回收项目

京唐以转炉煤气等副产煤气为原料，建成年产约 0.5Mt 的燃料乙醇项目，通过微生物发酵工艺，生产汽车及航空用燃料乙醇产品，建成国内首例白灰窑尾气CO_2 回收用于 CO_2-O_2 混合喷吹炼钢项目，引领行业低碳技术创新。

清洁生产技术应用案例四：开发绿色低碳型产品

首钢致力于高端绿色产品制造，研发了高能效电工钢、汽车轻量化高强钢、高强家电用钢、长寿命锌铝镁家电板、高强基建钢筋等多个系列的绿色低碳产品，促进机械、汽车、家电、建筑等多行业的协同减碳，助力下游产业链年减排二氧化碳约 5Mt。

清洁生产技术应用案例五~七：示范高炉项目

首钢股份 2 号 2650m³ 高炉于 2007 年 1 月 4 日点火开炉。多年来，在提高绿色制造能力上持续狠下功夫，致力于打造成为"节能环保型、清洁高效型"的示范高炉，在充分发挥现有节能环保设施作用的基础上，加强新型环保节能新工艺技术运用，扎实推进各项节能环保工作，全力提升节能环保能力，优化达标，持续为打造绿色、高效、低耗型高炉不懈努力。

首钢京唐 3 号 5500m³ 高炉充分发挥大型高炉技术、装备优势，践行绿色炼铁理念。通过优化炉料结构、采用高炉煤气干法除尘技术、提高风温、炉顶均压煤气回收、降低电耗等节能措施，提高高炉利用系数，降低焦比，减少二氧化碳排放的同时，显著降低炼铁工序的新水消耗和能源消耗，提高二次能源的利用效率、降低环境污染。

首钢股份 7 号 360m³ 烧结机围绕高炉保供、设备升级改造、系统漏风全面治理，提高混合料制粒效果等重点工作，多措并举，保质提产，充分发挥主机效率，保证高炉炉料正常供应；对余热系统升级改造，提高余热发电能力和系统自动控制水平；根据市场资源情况，优化资源结构，加大各种固废配加比例，降低配矿成本。2020 年，实现了超低排放下稳定的运行，保证了烧结矿实物质量持续稳定。

6.1.3 河钢集团

清洁生产技术应用案例一：氢能源开发和利用工程示范项目

河钢集团[3,4]以张宣高科氢能源开发和利用工程示范项目作为承载富氢低碳新技术、新工艺的创新实践，充分利用张家口地区国家级可再生能源示范区优势，打造了可推广、可复制的"零碳"制氢与氢能产业发展协同互补的创新发展模式。项目开发的氢还原新工艺，依靠自主和集成创新，采用产学研相结合的模式，核心技术为 Tenova 集团的 Energiron-ZR（零重整）技术，可替代传统高炉碳冶金工艺，预计年可减碳幅度达 60%。项目将成为世界首套新一代低碳氢能源示范装置，建成后将为推动传统"碳冶金"向新型"氢冶金"转变迈出颠覆性、示范性、关键性步伐。

清洁生产技术应用案例二：河钢集团氢能重卡投运全国首发式

2021 年 7 月 5 日，河钢集团氢能重卡投运全国首发式在河钢唐钢新区举行，首批次投放 30 辆 49t 氢能重卡，标志着我国首条市场化运营的氢能重卡运输线正式投运，拉开了以唐山为代表加快构建工业绿色生态物流体系的序幕，将以优化绿色能源结构推动京津冀地区实现绿色低碳发展，对如期实现"碳达峰、碳中和"战略目标具有重要的现实意义和引领意义。今年以来，河钢已有 50 台氢能车辆稳定运行，累计行驶里程 150 万千米，完成减碳 5100t，实现运量 97 万吨。

清洁生产技术应用案例三：原料场生态化升级改造

绿色原料场是一个集工艺、设备、环保等先进技术于一体的加工配送中心。原料场的生态化升级改造主要是结合自身发展，淘汰落后产能，重新规划产业布局。同时面对新环保要求，减小污染和扬尘。因此，在生态化升级改造过程中，可以根据已有基础条件采用不同的技术方案。河钢唐钢本部均有成功案例，如河钢唐钢本部南区原料库的升级改造方案、不锈钢区原料场的规划建设方案以及北区大型料场的棚化升级改造方案。

清洁生产技术应用案例四：河钢集团与美国 TMS 集团合作废钢加工中心项目

2021 年 11 月 23 日，河钢与美国 TMS 集团以视频形式举行废钢加工中心合作框架协议签约仪式。美国 TMS 集团是全球领先的专业化废钢贸易、加工、配送服务企业，在全球拥有 80 多个加工厂，业务遍及美洲、中东和东南亚等地区。双方将组建合资公司实施废钢加工中心项目，联手打造废钢综合利用领域的典范，以实际行动率先响应中美强化气候行动联合宣言，共同为世界钢铁行业减少碳足迹作出更大的贡献。

统计数据显示，传统长流程炼钢生产 1t 钢碳排放近 2t，而以废钢为原料的短流程炼钢，碳排放量将减少至约 0.5t。所以，对于中国钢铁工业来讲，最快的减碳路径是由长流程向短流程的工艺转变。未来，中国钢铁工业在绿色低碳转型的过程中，必须要进一步扩大废钢的利用。河钢与 TMS 集团在废钢领域进行投资合作，不仅拥有广阔的市场空间，而且彰显出双方的战略眼光。特别是 TMS 集团拥有先进的废钢加工、配送的技术和经验，有利于进一步提高废钢在中国钢铁企业的利用效率。随着未来的合作，双方将建立更紧密、更深入的关系，这对河钢和 TMS 集团，以及世界钢铁业同样有利。

清洁生产技术应用案例五：河钢与必和必拓集团签订 CCUS 合作示范项目

2023 年 3 月 26 日，河钢集团与必和必拓在北京签署钢铁行业 CCUS 工业示范项目合作协议，双方站在"推动人类命运共同体"高度，基于长期的互信合作、应对全球气候变化的共同价值理念和同向而行的可持续发展战，共同推进钢铁行业关键环节 CCUS 技术研发、示例和标准引领。根据协议示范项目系统布局覆盖钢铁行业 CO_2 内循环与跨行业利用的研究技术与路径，将建成千吨级钢渣碳化与资源化，高炉煤气/热气炉碳捕集等多个工程示范项目，实现钢渣与烟气 CO_2 协同资源化，高炉煤气 CO_2 高效、高纯回收，产出满足工业级或食品级要求的 CO_2 精制产品，打通 CO_2 制备菌体蛋白的高价值利用路线，为钢铁行业探索出一条科学经济和变革性的技术发展新路径，引领和推动钢铁行业 CCUS 产业发展和壮大；支撑到 2030 年形成百万吨级工程应用[3]。

清洁生产技术应用案例六：河钢集团与宝马集团签署备忘录，携手打造绿色低碳钢铁供应链

2022 年 8 月 4 日，河钢集团与宝马集团在沈阳签署《建设绿色低碳钢供应链合作备忘录》。基于良好的合作基础和绿色低碳发展理念，双方同意在可持续

发展领域开展全面长期合作，共同构建绿色低碳钢供应链。这标志着钢铁和汽车行业跨部门减碳合作取得突破，开启了深化战略合作、实现协同发展的新时代。展望未来，双方将携手打造产业链"深度融合、绿色发展"的合作模式，为应对全球气候变化提供更好的解决方案，作出更大贡献。河钢与宝马签署的《建设绿色低碳钢供应链合作备忘录》充分体现了双方坚定的绿色低碳发展理念。这表明了双方在减少碳足迹和应对全球气候变化方面的责任。此次签约对双方和全球汽车制造业都具有重要意义[3]。

清洁生产技术应用案例七：河钢全氧富氢碳循环炼铁项目

河钢材料院牵头研发的全氧富氢碳循环炼铁项目——"全氧富氢碳循环还原熔化炉炼铁新工艺"，在 2022 年全国颠覆性技术创新大赛领域赛中，被评为优秀项目，是钢铁企业中唯一入围领域赛的项目。"全氧富氢碳循环还原熔化炉炼铁新工艺"是一种绿色低碳炼铁新工艺。该工艺通过氢基竖炉与熔融气化炉的完美融合，实现炉型升级改造，大幅度降低吨铁燃料消耗，不仅可以使用全氧大幅度提高冶炼系数，而且还能够通过炉顶煤气循环方式，实现碳资源循环利用，相对于传统高炉炼铁，能够减少高达 70% 的二氧化碳排放，对现有的高炉炼铁工艺具有颠覆性意义。以此项工艺为核心申报的"河北省氢冶金低碳技术重点实验室"已于 2022 年 7 月份获批。下一步，河钢将完成实验室建设，最终目标是完成工艺的标准制定和应用推广，加快实现转型升级和高质量发展[3]。

6.1.4　沙钢集团

清洁生产技术应用案例一：引进薄带铸轧生产线

沙钢集团[5]引进的代表当今世界绿色制造最佳节能生产线——薄带铸轧生产线，是中国首条、世界第四条超薄带生产线，该生产线采用当今钢铁工业最具发展潜力的冶金前沿新技术——双辊薄带铸轧技术，该生产线全长 50m，仅是传统生产线的 1/16，不需要铸坯火焰切割、加热炉及热连轧机组，单位燃耗减少 95%、水耗减少 80%、二氧化碳排放减少 75%，具有以薄代厚、以热代冷，又能生产高强钢的特点[6]。2021 年该生产线年产量超过世界上其他三条薄带铸轧生产线的产量之和。在中国推进碳达峰、碳中和工作的大背景下，该技术为金属材料加工领域提供了一个新的低碳、超低碳的加工路径及方法。

清洁生产技术应用案例二～五：超低排放改造项目

2021 年，又有一批新的环保项目建成投运，如东区 0.15Mt/天中水处理回用项目，投运后形成厂内所有废水循环利用 100% 全覆盖；新增了 21 套生活污水一体化处理设备，生活污水 100% 回收，处理后再补充到车间的循环水中回用；在长江码头上建成 10 套低压大容量变频岸电，实现岸电 100% 覆盖，给进出港船舶用电带来了"绿色"变革；新建成处理炼钢钢渣 3.3Mt/年生产线、钢渣制粉

0.6Mt/年生产线以及第二台处理含铁锌尘泥 0.3Mt/年的转底炉项目，真正实现了所有"固废"变"产品"，实现资源循环"吃干榨尽"，绿色经济链条进一步延伸。

清洁生产技术应用案例六、七：固体废弃物的综合利用技术项目

沙钢非常重视对固体废弃物的综合利用技术，十年前就与相关研究院合作开发了具有自主知识产权的第一台转底炉处理含锌尘泥先进技术，通过转底炉将含锌固废转化回收铁/氧化锌产品，实现固废的资源化回收利用。2021 年，沙钢又有两台转底炉相继投产运行。同时，沙钢新建成的年处理钢渣能力 3.3Mt 生产线也正式运行，该生产线是国内处理能力最大的钢渣处理线，采用当前最先进的钢渣处理工艺，通过对炼钢过程中产生的废弃钢渣进行破碎、筛分等深加工处理，实现废钢、尾渣等材料的二次回收，达到钢渣 100%综合利用[7]。

6.1.5 鞍钢集团

清洁生产技术应用案例一：超低排放改造项目

鞍钢集团[8]追求清洁制造，积极推进西昌钢钒超低排放改造，以 2022 年完成超低排放改造为目标，先后投入 17 亿元，重点实施了 2 号 360m³烧结烟气超低排放改造、焦炉烟气新建脱硫脱硝装置等超低排放项目，开展超低排放预评估，制定超低排放工作方案，对全工序开展有组织、无组织、清洁运输、监控监测全方位提升改造。通过实施超低排放改造，重点污染排放量大幅降低，其中颗粒物、二氧化硫、氮氧化物排放量分别下降了 13%、56%、43%，减排效果显著，全力打造低排放改造样板示范基地。

清洁生产技术应用案例二、三：废水循环再利用项目

鞍钢集团实施炼铁总厂冲渣水回收利用项目、能源管控中心高炉煤气水封水收集项目，采用超滤、反渗透等工艺，将北大沟污水处理厂及西大沟污水处理厂物化处理后的部分水进行深度处理，回用于工业新水系统，增加废水回用，减少废水排放。2021 年，COD（化学需氧量）排放量同比下降 2.8%。

清洁生产技术应用案例四：固体废物再利用项目

鞍钢集团以"减量化、再利用、资源化"为原则，建立工序小循环、厂际间中循环、社会大循环的固体废物资源综合利用体系，实现钢渣、高炉渣等工业固废的循环利用，不断提升资源综合利用率。2021 年，鞍钢集团实现高炉渣利用率 100%，钢渣利用率 100%，含铁尘泥利用率 100%。

6.1.6 韩国浦项钢铁集团

清洁生产技术应用案例一、二：固体废物再利用项目

韩国浦项钢铁集团（POSCO）[9,10]致力于将典型副产品回收转化为宝贵的资

源。例如，韩国浦项钢铁集团开发了矿渣作为水泥材料的替代品，并使用钢渣于其"TRITON"产品，用于恢复因海水温度升高而变白的海洋区域。此外，浦项制铁还通过回收煤焦油（炼钢过程的副产品）作为生产针状焦的材料，为创造附加值作出了贡献，针状焦是电动汽车电池的阳极材料。

清洁生产技术应用案例三：开发绿色能源用钢

韩国浦项钢铁集团开发了"PosMAC Super""PosMAC Super"是一种创新的热浸镀锌产品，采用韩国浦项钢铁集团的一流技术开发，由于镁和铝含量的增加，在极端腐蚀环境中表现出优异的性能。由于它的耐腐蚀性是相同涂层质量的一般热浸镀锌钢板的10倍，因此它可以应用于高盐和潮湿的水环境，也可以应用于仅限于传统高耐腐蚀钢板的岛屿沿海地区。因此，PosMAC Super 将走在绿色能源钢铁的前沿，能够应对以低碳和绿色为中心的快速变化的市场。随着2020年初开始试产，PosMAC Super 目前正在以原型形式销售，并计划从2022年9月起正式上市。

清洁生产技术应用案例四：超低排放改造项目

韩国浦项钢铁集团已将降低大气污染物排放总量作为公司的主要目标之一。为此，浦项钢铁厂和光阳钢铁厂与政府签署了一项自愿协议，进行了超低排放改造。计划在12月至次年3月期间减少细粉尘的产生，并将排放量同比减少5%~10%。2021年，炼钢厂烟囱排放的空气污染物（硫氧化物、氮氧化物和粉尘）约为0.06Mt，比2020年的约0.07Mt减少了6%。从长远来看，韩国浦项钢铁集团的目标是到2024年将年空气污染物排放量减少到49000t或更少。

清洁生产技术应用案例五：韩国浦项钢铁集团建造碳中和实验室，努力发展氢基炼铁技术

韩国浦项钢铁集团新闻室介绍了碳中和的炼钢厂，该厂生产的钢材不会产生任何二氧化碳，以及实现这一目标的技术——氢基炼钢。"氢基炼钢技术，是一项用氢气代替煤炭生产铁的创新技术。由于不使用煤炭作为化石燃料，二氧化碳的产生量接近于零。到2050年，包括氢基炼钢在内的工业氢气将占全球氢气需求的18%。考虑到发电机对氢气的需求预计为42%，这一比例高于预期。当然，氢基钢要实现商业化，还需要完成各种任务，如相关技术的研发和示范，调整工业用氢价格，建立氢供应链。然而，对于那些充满挑战的人来说，未来是光明的[6]。

清洁生产技术应用案例六：韩国浦项钢铁集团利用 FINEX 技术使钢铁产量达到20Mt

韩国浦项钢铁集团于2007年启用了其第一个基于 FINEX 的商业生产设施，经过10年零8个月的时间，最近累计生产了20Mt铁水。FINEX 是一种创新的、范式转换的技术，在高炉中直接生产铁水。该工艺取消了初步加工，并使用更便

宜的粉末型铁矿石和烟煤作为原材料。随后，与相同尺寸的普通高炉相比，投资和生产成本可以降低85%。此外，与普通高炉相比，该技术可将SO_x和NO_x排放量分别减少40%和15%，细尘颗粒可减少34%[6]。

6.1.7 安赛乐米塔尔公司

清洁生产技术应用案例一：固体废物再利用项目

安赛乐米塔尔公司[11]致力于将钢铁生产中的固体废物再利用。例如，灰尘、污泥和矿渣被捕获并转化为可在工业、农业和其他地方重复使用的产品。一个典型的案例是安赛乐米塔尔公司在粒状高炉矿渣方面的成功业务，这种矿渣可以用作波特兰水泥的替代品。2020年，向水泥行业销售了10Mt左右这种矿渣。

清洁生产技术应用案例二：比利时最大太阳能屋顶项目

2019年，比利时根特的安赛乐米塔尔（ArcelorMittal）屋顶上安装了27000多块太阳能电池板，创造了比利时最大的太阳能屋顶。该项目有助于比利时安赛乐米塔尔发展低碳炼钢，因为太阳能屋顶所发的电量会供根特城市使用。

清洁生产技术应用案例三：高炉B喷射项目

2021年，阿塞洛-米塔尔-阿斯图里亚斯宣布其吉翁工厂B高炉焦炉煤气注入项目。安赛乐米塔尔公司所采取的智能碳技术可以将各种来源的气体注入高炉，从而每年减少约0.13Mt二氧化碳排放量，相当于8.4万户西班牙家庭的年二氧化碳消费量。

清洁生产技术应用案例四：安赛乐米塔尔Steelano项目通过碳捕获转化为可再生的生物乙醇

安赛乐米塔尔比利时公司标志着其开创性的Steelanol项目建设的一个重要里程碑，四个大型生物反应器抵达并吊装在根特钢铁厂。

生物反应器将把炼钢过程中捕获的工业气体转化为可持续的乙醇，是安装的核心元件，使它们的到达和提升成为Steelanol施工阶段的最后一个主要部分，也是下一阶段安装管道和连接设备的开始。价值1.65亿欧元的斯蒂拉诺工厂是欧洲第一家此类工厂，每年将生产8000万升可持续乙醇，相当于比利时可再生乙醇市场实际年需求的近一半，可再生乙醇市场具有巨大的增长潜力。斯蒂拉诺工厂生产的可持续乙醇可以用作运输燃料或生产化学品的基础。随着2022年的试运行和首次生产，这标志着碳的循环使用和一次性碳的终结迈出了重要一步，即气体不再被视为废物，而是原材料。此外，碳的回收意味着斯蒂拉诺的乙醇生产过程不会像"传统"乙醇那样与粮食作物或土地竞争粮食作物。该工厂实施的工艺不仅可以使用当今钢铁生产方法中的工业气体，而且完全灵活，可以随着行业向未来钢铁生产技术的过渡而适应，增加绿色氢气的投入。这使得碳回收应用能够随着可用残留物和废物流的发展而发展。

生物反应器中的过程如下：

从工业气体转化为可持续乙醇的过程在四个生物反应器中进行，这可以被认为是装置的核心。每个生物反应器都由一个装有液体、营养物质和天然微生物的罐组成。LanzaTech 创建的这一过程的一个关键要素是将气井混合到液体中，使微生物能够在最有效的条件下完成含碳气体向乙醇的转化。为了实现最大的循环性，水处理装置能够重复使用水，回收有价值的营养物质，并从获得的沼气中产生能量[6]。

6.1.8 JFE 钢铁公司

清洁生产技术应用案例一：余热发电项目

JFE 钢铁公司[12,13]建造了一个 10 千瓦级厂内并网 TEG 东日本工厂（京滨区）连铸生产线的系统并使用辐射发电的验证试验连铸板坯（轧制用半成品）产生的热量。这是世界上第一次热电发电验证试验。

清洁生产技术应用案例二：铁水运输罐专用耐火材料助力社会可持续发展

JFE 尝试使用高性能隔热材料，抑制辐射热传输，以此降低容器的表面温度。在本工艺中，绝缘材料的上限温度和长期性能成为关注的问题。在基于导热计算结果和小型实验等基础上，通过优化绝缘材料的安装位置，解决了上述问题。另外，经过较长周期的商业化工厂测试，绝缘材料的耐久度和有效性也得到验证，测试表明相对于常规热损失水平，使用这种材料的容器表面热损失可以降低 55%~75%。该项目入围 2022 年"可持续发展卓越成就奖"。

6.1.9 俄罗斯新利佩茨克钢铁公司

清洁生产技术应用案例一：高炉运营改造项目

俄罗斯新利佩茨克钢铁公司[14] Lipetsk 钢厂 4 号高炉年产生铁 2.1Mt，目前已经对其完成升级改造。该项目包括对高炉基础设施的环境升级。铁水生产过程中产生的所有粉尘将通过高效除尘系统收集。该系统能收集 99.9% 的粉尘，处于全球环保先进水平。新设备还有助于将高炉煤气用作二次能源。过滤后的粉尘将用于生产含铁的型煤，或回流到高炉生产工艺中。

清洁生产技术应用案例二：冶金炉渣倾倒场改造项目

新利佩茨克公司在 2018 年改造了一处 5Mt 冶金炉渣倾倒场以及周边地区。在处理累积的 5Mt 炉渣垃圾的过程中，回收了将近 0.35Mt 废钢铁。回收的废钢铁被用于代替高炉运行中使用的其他含铁原料，从而降低了铁矿石的消耗量。另外，通过磁选工艺收集的废料也被派上用场。铁回收过程产生的废物被用于该钢铁厂以及利佩茨克市（该钢铁厂所在的城市）的建设项目。本项目产生的经济影响估值在 16.77 亿俄罗斯卢布（扣除利息、税项、折旧及摊销前盈利），约合

2140万美元。本项目的环境效益包括避免了对周边地区改造和景观设计的间接碳排放。本项目改善了当地居民的生活环境。该项目入围"2020年可持续发展卓越成就奖"。

6.1.10　塔塔钢铁公司

清洁生产技术应用案例一：世界最大二氧化碳捕集装置

塔塔钢铁公司（Tata Steel Nederland）[6]已启动了一个项目的计划，该项目旨在从其位于荷兰艾默伊登（Ijmuiden）的高炉中捕获二氧化碳，并将其运输至北海下的空气田中储存。该项目作为塔塔钢铁公司可持续发展战略的一部分，将使炼钢厂的二氧化碳减少30%。

清洁生产技术应用案例二：生产低碳钢

Tata Steel Nederland推出了Zeremis Carbon Lite，该钢的碳足迹减少率高达100%。较低的二氧化碳强度是基于自2018年以来塔塔钢铁公司实现的二氧化碳减排，并由独立的保证专家DNV验证。凭借Zeremis Carbon Lite，塔塔钢铁公司满足了日益增长的低二氧化碳钢铁需求，例如汽车、包装和白色家电等面向消费者的行业。

清洁生产技术应用案例三：斥资百万英镑改造位于英国的高炉

塔塔钢铁公司将斥资百万英镑改造位于英国的高炉。一方面，采用先进的数字技术（每10s捕获1000个数据点），为塔塔钢铁公司的技术人员提供了一个不间断的3D视图，可以看到正在铺设在塔尔博特港两座高炉顶部的材料，从而节省成本、能源和二氧化碳；另一方面，采用市场领先的"Topscan"技术有可能通过减少熔炉所需的焦炭量，每年为公司节省数百万英镑，并将每年减少至少50000t二氧化碳排放量，而该技术还将在提高熔炉的稳定性和效率方面发挥重要作用。

清洁生产技术应用案例四：塔塔钢铁公司已启用设立在位于贾姆谢德普尔的首个直接从高炉煤气中提取二氧化碳的钢铁厂

2021年9月14日，塔塔钢铁公司在其贾姆谢德普尔工厂启用了一座每天碳捕获5t的碳捕获厂，使其成为该国第一家采用这种直接从高炉煤气中提取二氧化碳的碳捕获技术的钢铁公司。塔塔钢铁公司将对现场捕获的二氧化碳进行再利用，以促进循环碳经济。该碳捕获和利用（CCU）设施使用胺基技术，可将捕获的碳用于现场再利用。耗尽的CO_2气体被送回具有增加的热值的气体网络。该项目得到了全球低成本二氧化碳捕获技术领导者Carbon Clean的技术支持[6]。

清洁生产技术应用案例五：塔塔钢铁公司与政府合作完善脱碳计划

2021年3月21日塔塔钢铁公司与荷兰政府一起，通过一份《原则表达》文件阐述了其二氧化碳减排的雄心。在这方面，荷兰塔塔钢铁公司进一步完善了脱碳计划，有可能在 2030 年前每年减少 5Mt 二氧化碳排放。这将是朝着帮助荷兰实现《荷兰气候协定》目标迈进的雄心勃勃的一步。

与此同时，荷兰塔塔钢铁公司提交了一份许可证申请，这可能会大幅减少 Ijmuiden 钢铁厂的二氧化碳排放。

这些计划已提交给荷兰诺德省地区管理局，涉及：

（1）从两座 Ijmuiden 高炉中捕获 CO_2，并将其储存在北海空气田中；

（2）利用高炉的副产品气体每年生产 0.1Mt 氢气，这些氢气将用于帮助炼钢和供应国家未来的氢气网络[6]。

6.2 "Steelie" 低碳钢铁生产卓越成就奖项目案例（入围及获得）

清洁生产技术应用案例一："千兆钢"专用汽车钢板辊冲压技术

滚轧冲压工艺是一种用于生产汽车零部件的制造工艺。2021 年，韩国浦项钢铁公司[15]利用这一工艺开发了一种冷成型车门防撞梁，使其质量减轻了 10%，成本节约了 20%。此外，该公司还取消了加热工艺和集成部件，以减少每辆车的温室气体排放量，减少了 3.6kg。

清洁生产技术应用案例二：独特镀铬薄钢板制绿色饮料罐

2021 年，JFE 钢铁公司[15]开发了一种新型的具有颗粒铬涂层的无锡钢。粒状铬涂层通过点接触破坏了氧化铬涂层的连续性，从而实现了较低的接触电阻。通过独特的电解技术，实现了纳米级铬颗粒的喷涂。无锡新钢材的成本低于马口铁，这降低了饮料罐的制造成本。新无锡钢的单位功耗明显低于马口铁，其涂装过程中的二氧化碳排放量减少了一半。作为无锡的产品，新型无锡钢也有助于稳定金属锡的价格，确保储罐用薄钢板的稳定供应。相比于常规马口铁，新型无锡钢的节能和碳减排达到了 56%。

清洁生产技术应用案例三：开发可持续性木炭利用技术

安赛乐米塔尔公司的生物森林部门[15]使用混合桉树生产木炭，种植这些桉树的地区没有原生植被。生物森林计划生产的木炭来自可持续种植的树木。这种木炭可以被视为一种清洁可再生能源，有助于对抗温室气体效应和全球变暖。因为森林的光合作用可以吸收大气中的大量二氧化碳，所以它是一种碳中和燃料。该公司制定了到 2030 年将温室气体排放量减少 10% 的中期目标。为了履行这一承诺，其计划之一是使用生物森林单位生产的可持续木炭来中和 Juiz de Fora 工厂产生的碳排放。

清洁生产技术应用案例四：钢铁工业余热梯级综合利用

在钢铁生产过程中，仍有大量的废热资源与中低温废热的直接排放有关，导致能源浪费和环境热效应增加。经过十多年的不懈研究，由中国宝钢集团有限公司牵头的项目[15]揭示了钢铁余热利用率低的三个主要原因，并提出了相应的解决方案。为了填补能源梯级利用的基础理论与现场实践之间的空白，宝钢提出了工业余热梯级综合利用系统方法，开发了利用粉尘和硫的间歇性波动高效回收典型中高温余热的关键技术，并将其应用于焦炉和电炉；开发了一系列低温余热利用的先进技术，并将其应用于烧结和轧钢，形成了一套工业余热梯级综合利用系统方法和技术体系。

清洁生产技术应用案例五：电弧炉回收利用塑料创新技术

印度卡纳塔克邦维查耶纳加工厂和京德勒西南钢铁公司[15]的创新技术应用带来了广泛的环境、社会和经济效益。这些创新技术来自"电弧炉中塑料的回收利用"项目，该项目旨在用塑料垃圾取代焦粉，作为电弧炉的成型剂。相关的环境、社会和经济效益包括：每年回收约340t塑料垃圾，减少相同数量的当地垃圾填埋场垃圾，减少1000t因使用焦粉而产生的二氧化碳排放，从而减少维查耶纳格尔工厂对环境变化的影响，确保正常的钢铁生产流程和效率，同时实现环境效益。

清洁生产技术应用案例六：负排放炉渣回收利用技术

为了升级炉渣的回收利用，韩国浦项制铁[15]开发了一种"塑料炉渣"产品，这是一种由炉渣和废塑料组成的复合材料。塑料渣具有优异的耐久性和耐久性，可作为建筑材料和工程材料，具有广泛而巨大的应用潜力。此外，塑料渣还可以取代木材、塑料和混凝土，成为建设绿色基础设施的新材料。与燃烧塑料相比，使用塑料生产塑料渣可以避免99%的温室气体排放；这相当于每回收1t塑料，可以防止2.33t二氧化碳排放。

清洁生产技术应用案例七：基于低碱度高硅颗粒的高炉炉料低排放解决方案及其应用

鞍钢炼铁总厂拥有3座200m³高炉和2座580m³高炉，产能0.19Mt/年；高炉用团聚铁矿石为高碱性烧结矿0.2Mt/年，普通酸性球团矿0.08Mt/年。鞍钢[13]基于开发低碱度、高SiO_2球团矿，对鞍钢现有酸性球团矿和高炉炉料结构进行颠覆性改变，创新开发酸性球团矿用低硅高效钙基黏结剂，生产高SiO_2碱度0.35球团矿，热冶金性能和软熔性能得到显著改善。初步实现低碳低CO_2排放炉装料结构格局。

清洁生产技术应用案例八：低成本，更环保的DP590钢替代方案

大河钢铁公司[16]利用独特的CSP（宽度和厚度灵活）技术，使用创新的细晶粒单相铁素体微观结构开发，利用TiC纳米沉淀物强化，开发了具有极低碳稀

薄合金的新型高强度高可成型钢板。其抗拉强度与双相 590 钢相似，其成型性能远远超过 DP590 钢或任何具有类似强度的钢。该钢板还具有比传统 DP590 钢高得多的卓越屈服强度，并且具有生产条件更为简易，成本显著降低的特点。

清洁生产技术应用案例九：利用感应炉渣替代不可持续的烧制黏土砖和石屑

孟加拉国每年生产 7 万吨钢，主要通过感应炉。由于缺乏对感应炉渣的性质和特性的认识，高炉渣的加工和利用没有实践。孟加拉国钢铁再轧厂有限公司[16]通过感应炉路线制造钢材，产生的炉渣主要在建筑中加工和使用，公司率先在孟加拉国使用感应炉渣来代替碎砖，有效降低了碳排放。炉渣处理的主要目的是从炉渣中回收金属。次要目标是避免在垃圾填埋场、河岸或海岸倾倒炉渣。另一个目标是开发一种相当于或优于烧制黏土砖屑的矿渣骨料，这些黏土砖块大量用作道路建设的基础。

清洁生产技术应用案例十：数字化和网络化能源管理系统的研发

鞍钢集团有限公司[16]通过实时获取电、水、气、氧、蒸汽等数据，实施高稳定性远程自动集中控制系统、混合气体智能在线调度和分配、空分机自动变负荷控制等尖端技术，实现了 37 个工作站的数字化和网络化远程操作，开发了 CO_2 排放量计算系统。项目成功投入使用，降低煤气、水、氧等消耗，提高废能源再利用率，经济效益 167.390 万元，SO_2、NO_x 分别减少 500t、526t。还为特定生产过程以及整个场地建立了能源分析和优化模型，并用于分析和优化能源消耗。能量流预测和质量流耦合技术的发展确保了天然气、蒸汽、电力和其他输入的进度优化。

清洁生产技术应用案例十一：一氧化碳在高炉中通过焦炉煤气共注入进行还原

希洪（西班牙阿斯图里亚斯）焦炉电池在 2013 年闲置。经过全面改造后，它们在 2020 年电池 1 和 2021 年电池 2 中重新投入使用。焦炭气用于工厂的电池和再加热炉，但有重要的过量需要燃烧。过去，这些多余的天然气被出售给外部发电厂，在那里燃烧以发电，但管道已经过时，在工厂内使用它作为化石燃料的替代品在能源效率和二氧化碳减排方面会更有利可图。为了利用这种能源，安塞乐米塔尔[14]决定将其用作高炉中的替代燃料，以减少焦炭、煤炭，从而减少二氧化碳。

清洁生产技术应用案例十二：可持续能源环境和脱碳项目

JSW 钢铁有限公司[16]在 Vijayanagar 启动了脱碳计划的第一阶段，旨在 BF-BOF 路线内实现全球一流的排放。作为该计划的一部分，JSW 正在制订精细的针对特定商店的气候行动计划，其中包含明确的排放基线，目标和优先举措的章程。JSW 为自己设定了在钢铁制造中消耗 1GW 可再生能源的目标。作为实现这一目标的关键一步，JSW 已在维贾亚纳加尔调试了一个 225MW 的太阳能设施。

清洁生产技术应用案例十三：墨西哥特尔尼翁的碳捕集和利用

安装在新莱昂州圣尼古拉斯德洛斯加尔萨的 DRI 工厂（格雷罗工厂）和普埃布拉工厂的 CO_2 吸收系统用于消除或去除反应堆出口处废气还原气体（回收气体）中所含的大部分 CO_2。废气中所含的 CO_2 在吸收塔中被去除，在其出口处，高 CO_2 含量的溶液在再生塔中被加热和再生，在这里释放出溶液吸收的 CO_2。这些捕获的二氧化碳被送到第三方公司，由第三方公司处理出售。特尔尼翁[16]的二氧化碳是该过程的副产品，释放到环境中，由合作伙伴公司净化，使其具有食品级，然后将其用于碳酸饮料等。通过这种方式，特尔尼翁创造了一个可持续的循环，通过防止二氧化碳释放到大气中来保护环境，同时，特尔尼翁的合作伙伴避免进口该产品，帮助减少该国的排放。

清洁生产技术应用案例十四：回收贝壳废料用于可持续炼钢

韩国平均每年生产 5Mt 贝类，牡蛎在韩国大部分沿海地区都进行精养，牡蛎壳的年产量约为 0.7Mt，但只有一部分被回收利用。鉴于从环境、卫生、社会和财务影响的角度处理贝壳废料存在多种副作用，浦项制铁开始积极寻找回收贝壳废料的方法。在确定壳体的成分与用于烧结的石灰石相似后，浦项制铁[16]研究了用壳废料代替石灰石的不同方法。通过用贝壳废料代替 1t 石灰石，可以避免高达 460kg 的二氧化碳。此外，贝壳废物回收可以降低标准化的处置成本，并有助于解决不分青红皂白地倾倒造成的许多环境问题。浦项制铁已开始利用贝壳废料，并继续促进资源循环，以实现环境、经济和社会的可持续发展。

清洁生产技术应用案例十五：生物焦降低碳排放技术

作为焦炭综合工厂的短期脱碳计划，盖尔道欧鲁布兰科[16]开发了 BIOCOKE 项目，在焦炭厂中插入高达 2% 的生物质来替代煤炭，每月减少 $32kgCO_2$ 排放/吨钢或 10000 吨 CO_2 排放/月，收益约为 3 美元/吨焦炭。由于巴西是世界上最大的木炭生产国，因此开始实施 BIOCOKE 项目，使用木炭粉中的生物质，在第二阶段，盖尔道将推进农业残留物的使用，如玉米渣、咖啡壳和甘蔗渣，探索在巴西生产此类生物质的巨大潜力。

6.3 其他产业（领域）钢铁清洁生产技术应用案例

6.3.1 汽车业钢铁清洁生产技术应用案例[17]

案例一：未来出行解决方案将以钢铁为核心材料

自动驾驶的汽车需要高强度的底盘以应对发生碰撞。先进高强度钢不仅能够提供防撞能力，汽车设计也不必在全景天窗、车内舒适度和适应性的设计上做出让步。此外，先进高强度钢的轻量化优势还能增加电动汽车的最大行驶距离。高质量的电工钢将有助于减少电机的铁损，在提高效率的同时，还可增加行驶里程。新型高强度电工钢能够承受高强度的机械应力、延长发动机的使用寿命，降低高速电机的外形尺寸，从而节省空间和减少质量。新一代汽车将再度关注绿色低碳、安全性和乘客舒适性，钢铁材料将为出行服务行业克服上述未来挑战中发挥关键作用。

案例二：钢铁助推电动汽车的未来发展

随着下一批电动汽车开始投入使用，钢铁将是未来汽车的底盘、引擎和充电站的主要材料。与铝材相比，钢材因其成本更低、强度更高，在降低车辆质量时，仍保证车辆的安全性等众多优势，成为电动汽车制造商首选材料。先进高强度钢等材料极大地降低车身质量的同时仍能为乘客提供保护。电动汽车的电动机也依赖于钢铁的独特性能，电工钢是制造变压器和发电机的关键材料，具有特殊的磁性能。这种材料在电动汽车电机的定子和转子上的使用至关重要，它能最大限度地减少铁损，提高汽车的行驶里程。钢铁制造商蒂森克虏伯公司（Thyssenkrupp）已于2015年开发了一种新型电工钢，提升了电动汽车的性能标准。这使得与传统钢材制成的电机相比，其铁损降低了近30%。另外，它还表现出极高的强度，有助于打造更加紧凑的高速电机，在降低质量的同时，减少空间占用。

目前，充电基础设施还不能满足需求。钢材是汽车充电的关键部件用材，它的强度和耐用性在任何天气条件下都适用，即使在沿海城市这样的盐碱气候条件下也有同等表现。无论是提高效率，或是在保证安全性的前提下减轻负荷，亦或是启用关键的充电基础设施，钢材都将在实现电动汽车革命上发挥重要作用。

6.3.2　基础设施钢铁清洁生产技术应用案例[17]

案例一：世界最大的核聚变反应堆为清洁能源带来希望

国际热核聚变实验反应堆（ITER）尝试打造钢制真空室，为辐射提供屏蔽并支持等离子体的稳定性，同时利用双层钢壁之间循环的冷却水系统安全去除反应堆聚变反应产生的热量。当温度保持在-269℃时，ITER能产生比传统磁体更强的磁场，这种产生磁场的方法比其他方法更便宜、能耗更低，是支持核聚变发电所需的大型磁体系统的唯一可行选择。反应堆内的极端温差，使不锈钢成为一种理想的材料选择。由于能在高温和低温下保持性能不变，其还具有高延展性和硬度，不锈钢成为ITER不可替代的组成部分。预计该装置将于2025年投入运行，如果能实现商业化的核聚变，利用钢实现持续能源的未来指日可待。

案例二：新型钢材防止输油管道漏油

一种新开发的钢材提高了俄罗斯输油管道整体性，并减轻了该国油田造成的环境影响。俄罗斯石油开采工作环境恶劣，现有油田管道长期与高腐蚀性石油水乳混合物和高浓度盐溶液接触，管道寿命缩短，油田发生事故概率增加。俄罗斯国立科技大学（NUST）开发了一种用于轧制管线钢的新技术。管线钢冶炼过程中，通过严格控制管线钢成分——铬、铜和镍含量，提高管线钢的耐腐蚀性。该轧钢工艺使管线钢更具耐腐蚀性和耐寒性，该钢材等级不仅能够降低运营成本，还能够减轻石油生产给环境造成的影响。新型管线钢采用精密轧钢技术后，该技术将具备双重优势：钢材厚度减轻与更加均匀，后者意味着输油管道不再轻易遭受腐蚀和寒冷的影响，这一创新技术将对钢铁和管线钢制造企业产生深远的影响。

案例三：大规模的潮汐发电依靠钢铁材料

潮汐可进行预报，因此潮汐能发电具有可靠性；潮汐能发电潜力巨大，全球潮汐能发电的资源量有 100 万兆瓦，现有的技术可将之提取，在提取过程中，钢铁具有重要作用。将潮汐能转化为电能，应沿海岸线设置水闸，使潮汐水穿过大型涡轮发电机，发电机旋转则将海水的能量转化为电能。钢铁是潮汐装置的核心材料，其用于制造涡轮机叶片、支撑涡轮机的桩、容纳发电机部件的机舱外壳以及发电厂地基的支撑结构。世界上最大的潮汐电站是韩国的始华湖潮汐发电站，始华湖潮汐发电站证明了可再生能源利用的可靠性和经济可行性。创新技术及优质材料的非凡碰撞，推动了可再生能源的开发利用，为世界带来更多可持续性的能源。

案例四：中国和印度引领太阳能发展热潮

中国和印度等快速发展经济体对太阳能的空前投资有望实现以钢铁为核心的可再生能源革命。高强度的钢材耐腐蚀且价格适中、是太阳能电池板结构部件的首选。太阳能发电场通常位于偏远地区，钢材的耐用性有利于降低维护成本。同时，偏远广阔区域的太阳能设施需要大量电力传输基础设施。架空电力线通常采用钢芯，输电塔通常也由钢格板制成。钢是变压器的成分，也是安装太阳能结构件和紧固件的首选材料。不锈钢具有耐腐蚀性，因而是集热器支架和储水箱材料的首选。尽管中国和印度各有特色的发展战略对太阳能利用的推动力度不一，但两国对实现其宏伟目标的渴望，以及在"巴黎气候协议"中做出更广泛的承诺表明，太阳能产业在这些发展中经济体中前景非常光明。

6.3.3 钢铁产品创新清洁生产技术应用案例[17]

案例一：环保便携式的不锈钢吸管或将替代一次性塑料吸管

FinalStraw 公司利用钢铁的物理和环保特性开发出 FinalStraw 新型吸管，可替代一次性塑料吸管。FinalStraw 吸管作为可折叠式金属吸管，可持续使用 15 年。其材料采用不锈钢，具有无孔、耐腐蚀，能反复消毒且效果可靠等优点。由于以上性质，该习惯可以反复清洁，并且不会影响吸管表面，使得 FinalStraw 吸管具有坚韧质感。

案例二：滚装集装箱减少碳排放

瑞典 SSAB 钢铁公司开发的新型悍达钢正被用于制造集装箱，这种新型集装箱采用悍达钢 450（Hardox 450）制造，通过利用悍达钢具有的高韧性、模锻性减轻了集装箱的质量，使得三集装箱卡车的载质量增至 2100kg，同时最终生产的集装箱质量更轻并且侧壁光滑，减少了燃油消耗和风阻，这种集装箱将有助于提高运输行业的可持续发展能力，由于该新型钢材能增加集装箱装载量和降低风阻，因而减少了燃油消耗并降低了碳足迹。SSAB 公司预计，一辆卡车装载的集装箱，如果使用该公司的钢材，其整个生命周期将节约 33600L 燃油，相当于节约了 105t 二氧化碳。

案例三：可重复利用的钢制包装材料推动循环经济实现闭环

在循环经济背景下，钢材是一种理想的材料选择。钢材的磁性属性使之可以轻松地从废物流中分离，从而实现比所有其他同类材料更高的回收率。同时，钢材可以无限次循环回收而不会丧失内在属性，具有再循环利用能力。结合上述钢材优点，以及钢材的高强度和耐久性，使其成为包装材料的首选。相较于一次性包装材料，可循环性包装材料尽管在最初生产阶段所需的能源和资源较多，但由于再利用产品无需再制造，因此二者之间的差别将随着时间的推移而逐渐减少。钢制包装材料不仅可以再利用，还可以不断地制成新的包装材料，这意味着，从今天起，钢制包装材料可以使用数百年，而一次性包装材料却只能埋藏在垃圾填埋场里。另外，不锈钢制包装材料还可以反复清洁和利用，而不会失去保护性光泽。

联合利华公司已发布了适合再利用包装材料的创新产品设计，已涵盖其 9 个主要品牌。目前，这些设计正在全球零废购物系统（LOOP™）上接受测试。联合利华公司已实施的生命周期分析结果表明，LOOP™ 模型能够大幅降低消费者产生的废物和排放物，钢材对提高包装材料的可持续发展能力具有有效作用。

案例四：钢材打造的超级高铁技术彻底改变了投递业务

麦格威公司将利用电磁电机系统带动钢制轨道上的小车，将包裹投递交通流从街道转移到管道。其初期成套设备主要用于连接伦敦西区的配送中心和伦敦市外的两处大型集合中心，该连接设施的处理能力将达到每年处理 6 亿件以上包裹。未来计划利用退役的煤气管道安装 850km 轨道，可以直接服务伦敦消费者。相对于现有的运输方式，该系统没有了驾驶员的局限性，投递方式安全，路面事故无限减少。另外，该系统可以随时全天候高效运行，并准确追踪投递途中的包裹。麦格威公司预计，相对于公路网络运输，该系统可以节约 70% 以上的成本。

麦格威系统的核心在于钢材的电磁属性和耐用性。钢材是线性电机系统的重要组成部分，将线性电机系统嵌入麦格威轨道系统，需要一个重达 7kg 的钢芯，以及一个由三个铜线绕组构成的线圈。在 5 英里（1 英里 = 1609.344m）以内，投递公司能够方便地利用这项清洁的动力技术。另外，由于麦格威系统不依赖电池技术，因此它的效率将持续优于电动汽车。再者，该系统直接利用电网供电，因此随着可再生能源在本国能源生产中所占份额越来越大，该系统带来的环境影响将进一步降低。

6.3.4 建筑业钢铁清洁生产技术应用案例[17]

案例一：拉赫塔大厦：代表摩天大楼的新绿色未来

拉赫塔大厦是俄罗斯的创新建筑，它在建设过程中采用了节能技术和节能材料，获得了 LEED（能源与环境设计先锋）铂金级认证。该大厦有 5 个翼楼，这些翼楼呈螺旋状向上伸展并逐层减小体积，最终塔顶部分与地基部分的旋转角度达到 90°，这一设计的核心在于钢材的使用，钢材使得楼层设计更加灵活。该大厦采用复合建筑结构，共有 15 根立柱，钢梁跨度长达 18m，另外还有悬臂支架和全钢塔顶。作为大厦的基础部分，塔楼和中心部分也主要采用钢结构，包括大型悬臂和跨梁，横跨 100m 的入口门拱全部使用钢桁架。由于钢材所具有的轻便性，设计团队能够设计出更复杂的建筑结构。另外，为减少框架搭建时间，他们还使用了钢混结构，现场安装复合组件和工厂预制钢结构。

钢材确保了可靠密封的建筑围护结构，实现了拉赫塔大厦的"智能外壳"创新。拉赫塔大厦组合使用了精密装配钢制组件和先进设计软件，未来的建筑项目中可以借鉴这项方案。

案例二：钢制"明日之家"兼具舒适性与可持续性

位于荷兰的一处实验性住宅，通过采用核心冷弯成型钢制框架结构，深入透彻地向大众展示了可持续性设计的原理。该建筑的开发者乔斯·利希滕贝格（Jos Lichtenberg），采用钢框架结构打造"明日之家"。他强调使用的建筑材料应少于 50%，并且全部材料在方圆 200km 范围内生产。因此，钢材的强度、延展性和可循环利用性起到关键作用。"明日之家"的主体结构采用冷弯成型钢框架结构，同时结合了大型预制双层轻量化内墙、地板及屋顶构件。冷弯成型钢材的热力性能最佳，有助于将热损失降至最低，从而降低对昂贵绝缘材料的需求。另外，冷弯成型钢材还具有使用寿命长，产生废弃物少，可以百分百再循环和再利用的优势。为减少气流和能源消耗，房屋还进行了气密性和风门测试，其中预制超高精度型钢是设计方案的重要组成之一。

自该项目 2014 年完工以来，明日之家一直在使用数据收集传感器对房屋进行评估。根据数据统计结果显示，当计入家庭用电、热水、供暖/制冷需求后，明日之家产生的能源余量为 6000kW·h 时，足够一台电动汽车每年行驶 4 万 km。

由于钢材具有的独特性质，它对新一轮可持续性建设项目有着重要作用。

案例三：利用钢盖封存切尔诺贝利核电站

针对切尔诺贝利核电站，欧洲部分工程学专家提出建造一个巨大的，能完全覆盖核电站的钢结构保护罩，用于隔离外界，防止进一步污染，并确保将来某个日期，开展清理和退役工作。Novarka 企业负责建造了巨大的防护罩。整个保护罩分为两部分修建，最后利用顶升系统在反应堆建筑物上方合成拱顶，全长 150m，高度 105m，跨度 257m。保护罩由专业的包层供应商 Kalzip 开发，包含一个拱形的钢网格框架和一个气密层，外层采用立边咬合钢屋面系统包覆，内层同样为气密结构，并覆有不锈钢板固定在框架上。在合成拱顶之前，钢架在异地进行分段预制，包括温度控制服务和起重机吊运。两个气密层之间有一个大约为 13m 的间隙。这个环形间隙会一直处于正向加压状态，而环绕反应堆建筑物的钢结构主体将维持轻微负压。这两者产生的压差不仅可确保保护罩不会发生放射性泄漏，还有助于稳固这一重达 0.03Mt 的整体结构。这种钢框架结构设计寿命长达 100 年，不仅维护成本极低，具有防火、防风、防雪和防放射性粉尘的功能，为切尔诺贝利基地的最终净化提供了相应的操作空间。

案例四：数字化制造的钢丝网让建筑更有可持续性

苏黎世联邦理工学院提出了利用移动式机器人和 3D 打印技术打印钢铁制成精细建筑的方案。其中，网状模具作为打印建筑的骨架，中间填充混凝土之后会具备足够强度，能够制成任何形状的承重墙。网状模具简化了当前采用的钢混结构建筑流程。由于钢铁具有强度和延展性，使用数字化技术制造的钢丝网精细且密实，专门调配的混凝土不会渗出，因此也不再需要临时的木制模板。同时，钢制网状模具让设计师和工程师在不增加额外成本的同时，建造出复杂的混凝土构造物。另外，网状模具还节省了物料，从而提高建筑的可持续性。目前，网状模具项目已获得 2016 年度瑞士技术奖。

6.4 小　　结

本章节梳理了国内外典型企业典型清洁生产技术的应用案例，典型钢铁企业入围及获得"Steelie"低碳钢铁生产卓越成就奖项案例以及其他产业（领域）钢铁清洁生产技术应用案例。可以发现，无论是国内外典型钢铁企业本身、诸如世界钢铁协会这样的行业协会还是钢铁行业相关下游其他行业（领域），对钢铁清洁生产的意愿都很高，并且都已经有了典型的成功应用案例。所涉及的应用案例从优化原料质量与使用、提高能源效率并减少废弃物、提高收得率、提高工艺先进性与可靠性、开发低碳清洁的钢铁产品等方面。而在这些清洁生产技术的应用案例中，支持社会向碳中和经济转型的案例是被广泛关注并应用的领域。而上述应用案例对"一带一路"沿线国家及其钢铁企业是十分可贵的有益借鉴。

参 考 文 献

［1］中国宝武集团. 2021 中国宝武钢铁集团有限公司绿色低碳发展报告［R］. 2022.

［2］首钢集团. 绿色低碳［EB/OL］. https：//www. shougang. com. cn/sgweb/html/lsdt/.

［3］河钢集团. 2021 河钢集团社会责任报告［R］. 2022.

［4］于勇，王新东. 钢铁工艺绿色工艺技术［M］. 北京：冶金工业出版社，2017.

［5］沙钢集团. 2021 沙钢集团社会责任报告［R］. 2021.

［6］世界钢铁协会. 官网［EB/OL］. 2022. https：//worldsteel. org.

［7］沙钢集团. 2021 沙钢集团社会责任报告［R］. 2022.

［8］鞍钢集团. 2021 鞍钢集团有限公司可持续发展报告［R］. 2022.

［9］韩国浦项钢铁集团. 韩国浦项钢铁集团气候行动对话［R］. 2020.

［10］韩国浦项钢铁集团. 韩国浦项钢铁集团 2021 企业公民报告［R］. 2022.

［11］安赛乐米塔尔公司. 官网［EB/OL］. 2022. https：//corporate. arcelormittal. com/.

［12］JFE 钢铁公司. 官网［EB/OL］. 2022. https：//www. jfe-steel. co. jp/en/index. html.

［13］世界钢铁协会. 官网［EB/OL］. 2022. https：//worldsteel. org.

［14］世界钢铁协会. 官网［EB/OL］. 2023. https：//worldsteel. org/zh-hans/steel-stories/.

［15］世界钢铁协会. Steelie 奖 2021 年获奖名单［R］. 2021.

［16］世界钢铁协会. Steelie 奖 2022 年获奖名单［R］. 2022.

［17］世界钢铁协会. 官网［EB/OL］. 2023. https：//worldsteel. org/zh-hans/steel-stories/.

7 面向碳中和目标的钢铁行业清洁生产

碳中和目标的提出，无疑对全球钢铁行业清洁生产技术，尤其是对碳减排技术提出了更高的要求和标准。本章较系统地梳理了全球钢铁行业碳减排技术现状与发展、碳排放和碳中和的标准体系、全球钢铁行业碳排放现状，并在此基础上提出了面向碳中和的钢铁行业清洁生产指标体系。

7.1 全球钢铁行业碳减排技术现状与发展

7.1.1 全球总体概况

世界钢协[1]总结了全球钢铁行业目前正在推进的低碳替代技术情况，指出目前的低碳替代技术共分为 3 个技术路径，分别为：碳技术路径、氢气技术路径，以及电解技术路径，在这 3 类技术路径中共涉及生物质替代、碳捕获与碳封存技术（CCS）、碳捕获及利用（CCU）、氢气直接还原、氢气生产以及电解共 6 大类技术，如图 7-1 所示。

图 7-1 世界钢协全球低碳替代技术汇总图

（1）生物质炼钢。生物质源于动、植物的可再生有机物质，太阳能以化学能的形式储存在生物质中，植物通过光合作用生产生物质。生物质可以通过直接燃烧产生热量，也可以通过各种工艺，转换成可再生液体和气体燃料，或者用于钢铁生产等工业工艺。在一定条件下，生物质可被视为无碳资源，因此，为减少钢铁生产过程中的碳排放和污染物，生物质炼钢正逐渐成为钢铁行业减碳技术的重要技术之一。

如果燃烧过程中释放的 CO_2 源自大气中已经存在的 CO_2，并且会重新被新生植物吸收这一循环持续发生，在生物圈碳循环范畴内生物能实现碳中和。与此同时，我们还必须考虑完整的供应链过程中的碳排排放量，包括与生物质能源相关的生产、加工、运输和使用等过程，特别是在收割、运输和加工过程中通常要用到化石能源。尽管如此，分析表明供应链中使用的化石能源仅占生物能源制品能源含量的一小部分，即使是长距离运输（例如，北美和欧洲之间的长距离运输）的木质生物质，同样占比微小。

目前，生物质已被广泛应用于电力行业。虽然部分高炉目前已经全部使用生物质，但由于木炭的强度低于煤炭，使用木炭的高炉容积较小。目前利用木炭替代部分高炉用煤已经实现商业化，这一应用主要出现在巴西[2]。

生物炭可以替代目前向高炉喷吹用煤。目前澳大利亚的二氧化碳技术攻关项目正朝该方向努力，该项目研究利用可再生生物炭替代高炉粉煤喷吹工艺使用的煤炭[3]。另外，还有一些开发项目是继续优化木炭的生产方式，来改进木炭产品规格，以适应钢铁生产[4]。托雷罗伙伴项目测试使用生物煤炭（烘干废旧木材），部分替代安赛尔米塔尔公司位于比利时根特市工厂所用的煤炭，已于2020年底投入运营。

（2）碳捕获与碳封存技术。碳捕获与碳封存技术（CCS），通常是指捕获从大型排放源产生的 CO_2，将其运输至储存站点并进行封存，避免 CO_2 排放到大气中的一种技术组合。被封存的 CO_2 被注入地质结构中，这些地质结构可以是废弃油气田，或是其他适合的地质结构。在 CO_2 永久性封存之前，还可以将 CO_2 注入成熟的油田，将岩层中的剩余油气驱出。

目前全世界共有26个在全球范围内经营的大规模CCS工厂。其中有16个使用的是强化采油技术，位于北美。26家CCS工厂中，11家属于天然气加工厂；1家属于电力行业；其余14家则分布在化工、氢气、肥料以及钢铁行业[5]。

CCS技术有可能应用于钢铁行业的所有主要排放点源。过去的研究项目重点将高炉作为传统综合钢铁厂的主要 CO_2 排放点源，采用的方法包括应用改造后的 CO_2 捕获技术，或是开发新型高炉。欧洲的ULCOS计划是后者的典型代表——该计划旨在开发一种激进的新型炉顶煤气循环型高炉设计方案。目前，CCS技术尚未用于高炉炼铁工艺。直接还原厂提供了一条较为简易的CCS技术路线，由于部分钢厂在设计之初就已包含 CO_2 分离技术，因此在正常运行过程中，可以排放出浓缩的 CO_2 气体流。这些工厂不需要增加额外的碳捕获设备。

根据国际能源署发布的核心文件《可持续发展方案》[6]，到 2070 年，约有 75% 由全球钢铁行业产生的 CO_2 将被捕获。为实现这一目标，2070 年前要累计捕获 15GTCO₂，也就是在 2030~2070 年，全球平均每年需要建造 14 家具备碳捕获能力的钢铁厂。此外，目前 CCS 技术还未被大众普遍接受，这构成了制约 CCS 技术广泛部署的瓶颈。许多环保非政府组织都不接受 CCS 技术，认为该技术高风险、未经验证并且根本没有必要。从成本角度来看，国际能源署发现，在特定地区背景下，创新型工艺生产路线（包括高炉 CCS 技术、熔炼还原技术以及基于煤气的直接还原铁技术）的预期成本要比传统技术高 10%~50%，这部分增加的成本要显著高于今天的炼钢利润率。

（3）氢炼铁工艺。直接还原铁技术是应用化学方式，从铁矿石中去除（还原）氧。目前，通过化学还原生产炼钢用铁，使用的还原剂是化石能源（天然气或煤炭）。该工艺被称为直接还原炼铁工艺。

根据下列简化化学反应公式，碳与铁矿石中的氧结合，生成金属铁和富含碳的工艺煤气：

$$2Fe_2O_3 + 3C \Longrightarrow 4Fe + 3CO_2$$

目前，每使用铁矿石生产 1t 铁，平均要释放 2.21t 二氧化碳。另外一种方法是使用氢替代碳还原铁矿石。根据下列化学反应公式，替换后产生的废气变成了水：

$$Fe_2O_3 + 3H_2 \Longrightarrow 2Fe + 3H_2O$$
$$FeO + H_2 \Longrightarrow Fe + H_2O$$

氢主要有三个来源。"绿氢"是可再生能源与电解技术组合生产的氢，"蓝氢"是装备有碳捕获与封存设备（CCS）的工厂利用化石燃料生产的氢，"灰氢"是使用未减排的化石燃料生产的氢。

国际能源署在 2020 年减排技术路线图中指出，"根据《可持续发展方案》，绿氢将成为 2030 年代中期主要的还原剂大规模应用"。到 2050 年，需求将扩大至每年 12Mt。虽然对于一项新技术而言，这意味着快速的扩张和部署，但国际能源署的模型却表明，到 2050 年，钢铁生产总量中，依靠电解氢作为主要还原剂的产量还不足 8%（相当于原生钢产量的 14%）。基于天然气的直接还原铁生产工艺中，氢在还原工艺中确实起到重要作用，尽管这是与碳相结合后产生的。

当今全球生产的专供氢约 70Mt，其中 76% 来自天然气制气，剩余 23% 几乎全部源自煤炭生产，只有不到 0.1% 来自水电解工艺。这意味着我们面临巨大的增产挑战。同时，据 IEA 预测，2050 年电解氢的用量将增至 12Mt，届时钢铁行业电解氢的最大需求将来自印度和中国，预计均超过 4.5Mt，原因在于两国巨大的生产能力，以及大量可利用的低成本可再生电力资源[2]。

目前，全球各钢铁企业都在积极探索各种方式利用氢能。第一种方式是开发和部署突破性氢还原技术，这几乎可以消除炼铁工艺过程中直接产生的温室气体排放。许多钢铁企业都采用这种方式。主要项目包括 Hybrit（瑞典钢铁/LKAB/大瀑布电力）和安赛乐米塔尔的汉堡港试点项目。国际能源署认为，氢还原技术对于实现净零排放具有十分重要的意义，并且该技术有望从 2030 年起达到技术就绪度（TRL）5 级。第二种是把氢作为过渡产品使用，将氢与化石还原剂混合后用于传统炼钢工艺（高炉和直接还原铁工艺），以提高温室气体减排效率。蒂森克虏伯公司目前正在测试氢在高炉中的使用，日本的 COURSE 50 项目也曾对此做过研究，这种应用法被国际能源署评为 TRL 7 级，将在 2025 年实现部署。特诺恩公司、萨尔茨吉特钢铁公司以及蒂森克虏伯公司将高水平气混合的天然气直接还原铁工艺（TRL 7 级 2030 年）纳入考量范围之中，正在不断测试。奥钢联集团的 SuSteel 项目在炼铁工序中尝试应用氢等离子还原技术。另外，氢还可替代天然气，用于加热炉等附属工序[1]。

（4）电解炼铁工艺。电解技术是一种使用直流电，将化合物分解成组成元素的技术。将电极的阴极和阳极浸没在需要电解的化学物质中，进行通电。电解水（H_2O），可生成氢和氧；电解氧化铝（Al_2O_3），可生成金属铝和氧。

分离铁矿石中的金属铁与氧，有两种潜在办法。一种是利用化学还原剂（如氢或碳），另一种是采用电化学工艺，利用电能还原铁矿石。

在电解工艺过程中，铁矿石浸没在 1600℃的二氧化硅和氧化钙溶液中，当电流通过电解质溶液时发生分解。带负电的氧离子迁移到带正电的正极后，氧以气泡形式分离。带正电的铁离子迁移到带负电的负极后，被还原成元素铁。如果使用无碳电力，铁的生产过程将不会排放二氧化碳。铁矿石电解技术已在实验室规模全面掌握，可生成金属铁和氧（共生产品）。

截至 2020 年，全球钢材产量为 1864Mt，一座高炉每年能够生产 2.5Mt 铁。目前，已有多个批次的千克量级铁产品使用电解炼铁工艺制造，如果电解技术要想占据一定地位，还需扩大 8 个量级。国际能源署发布的钢铁行业减碳技术路线图指出，"虽然电解技术可以实现炼钢过程的直接电气化，但由于其 TRL 等级相对较低，因此未被纳入可持续发展方案。尽管如此，随着创新速度的加快，长期来看，电解技术能够在可持续炼钢中占有一席之地"[1]。

根据国际能源署提出的加速创新方案，通过加快创新清洁能源技术（其中电解技术发挥着重要作用），预计 2050 年能源系统有能力整体实现净零排放。国际能源署的建模表明，在极端条件下 2050 年之前可以达到 100Mt 铁矿石的电解能力[1]。

欧盟 ULCOS 项目通过电解冶金法（ULCOTWIN），证明了电解炼铁工艺的应用前景。安赛乐米塔尔公司主导的 Siderwin 项目利用水基电解质研究低温电解工艺。该项目已经达到技术就绪度（TRL）4级。在11家创新型欧洲伙伴机构的协助下，安赛乐米塔尔公司计划开发3m长的新试点项目，以在TRL 6级展开验证工作。ULCWIN试点项目已经完成了TRL 4级技术可行性验证，并且生产了4kg铁样品。

7.1.1.1 碳路径减碳涉及的技术

（1）基于CO_2资源化应用的CCU/CCUS技术。CCUS（Carbon Capture, Utilization and Storage）指二氧化碳的捕获、利用与封存，是应对全球气候变化的关键技术之一。目前，二氧化碳的捕集方式主要有燃烧前捕集、富氧燃烧和燃烧后捕集。钢铁行业主要采用燃烧后捕集，常用的技术有深冷分离、物理吸附、化学吸收法及膜分离等。二氧化碳捕集后的主要应用领域涵盖二氧化碳强化驱油（EOR）、二氧化碳强化采煤层气（ECBM）及食品级二氧化碳精制等。美国、澳大利亚、欧盟等国家和地区都十分重视CCUS技术的发展与运用，对该类项目提供了政策与资金方面的大力支持，深入推进该技术的研究以应对气候变化问题。

如蒂森克虏伯集团的Carbon2Chem、宝武集团的BAO-CCU等，这些技术均是使用钢铁冶炼产生的CO_2开展价值化利用，Carbon2Chem主要是使用炼钢含碳废气合成燃料甲醇，BAO-CCU则主要是利用捕获的CO_2作为生产过程中的氮气替代。

（2）生物质替代焦炭。即主要利用生物质部分替代焦炭入高炉炼铁，这一技术在南美一些国家的钢厂正在应用。

（3）末端碳捕获及封存技术CCS。如塔塔钢铁的HISARNA工艺等。HISARNA工艺流程是铁矿石从反应器顶部装入，在高温旋涡熔炼炉中熔化，并滴落到反应器底部。向反应器喷吹的煤粉与熔融矿石发生反应产生铁水和二氧化碳。

该工艺主要包括3个环节：1）煤炭的预热和部分热解；2）铁矿石的熔化和预还原；3）炉底熔池中还原产生铁水。由于不需要高能耗、高污染的烧结和焦化这两个工序，相对于普通高炉流程，HISARNA工艺的煤炭用量大幅度降低。HISARNA工艺与CCS技术结合运用的情况下可减少80%的二氧化碳排放。

7.1.1.2 氢路径减碳涉及的技术

氢路径减碳涉及的技术主要是基于氢气还原的减排技术，如日本钢铁行业的COURSE50、萨斯吉尔特钢铁公司（Salzgitter AG）的SALCOS项目以及美国钢铁学会（AISI）的NOVEL FLASH OXIDE SMELTING技术等。

这些技术的共同点就是在高炉中使用氢气部分甚至全部的替代焦炭，用作铁矿石还原剂，从而减少高炉冶炼中的CO_2排放，部分技术除使用氢气外，还可能辅以天然气、生物质燃料等，如AISI的项目。这部分氢气或是通过外部制得，如电解制氢，或是来自焦炉煤气提纯。

日本钢铁联盟（Japan Steel Alliance）牵头的COURSE50项目是2008年启动的低碳炼铁项目。关键核心技术是氢还原炼铁法，即用氢作为还原剂，置换一部分焦炭，以减少高炉二氧化碳排放，以及使用化学吸收法和物理吸附法将高炉煤气中的二氧化碳进行分离和回收的技术。项目目标是：使用氢还原炼铁法减排10%，通过从高炉煤气中分离回收二氧化碳技术减排20%，从而达到整体减排30%的目标。目前，在高炉二氧化碳还原技术方面，日本钢铁联盟建造了12m³高炉试验进行反应控制技术，以最大限度地还原氢气效果；在高炉二氧化碳分离捕获技术方面，研发高性能化学吸收剂，进一步提高物理吸附效率。化学吸收过程主要是在塔内进行，吸收液与气体逆流接触，选择性地吸收二氧化碳。当二氧化碳浓度升高时，高浓度的吸收溶液送入再生塔，加热至120℃左右释放二氧化碳。再生的吸收液冷却后送至吸收塔，通过反复重复吸收和分离实现对二氧化碳的分离和捕获。日本钢铁联盟建设的12m³的试验高炉工艺流程[2]如图7-2所示。

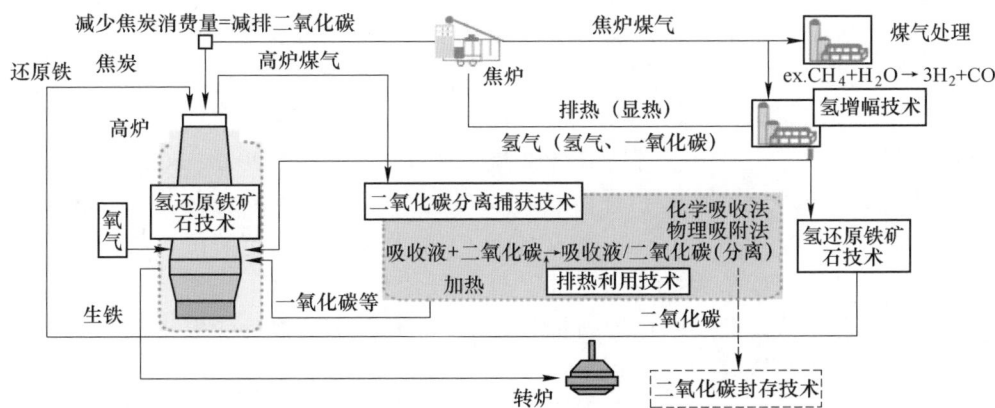

图 7-2   日本钢铁联盟建设的 12m³ 的试验高炉工艺流程

7.1.1.3 电解路径减碳技术

电解路径减碳技术主要是基于清洁电的使用，或者使用清洁电直接进行矿石电解进而生产铁水，如 AISI 的 MOLTEN OXIDE ELEC 等，或者是使用清洁电用于电解制氢，再将制得的氢气用作氢气高炉或者生产氢气产品，如 Salzgitter AG 的 GrInHy 项目，后者通过建造世界上最强大的高温电解器（HTE），用于高效地生产氢气并用作高炉炼铁。

目前，上述各类技术中，除生物质替代相对成熟，并开始在南美某些钢厂小规模应用于高炉冶炼中之外，其他技术均未实现工业级别应用：HISARNA 项目在荷兰某钢厂实现了中试级别生产，年产能约 0.06Mt 粗钢；Carbon2Chem 项目完成通过中试，验证了其可行性。

COURSE50 项目已经进行了第二阶段的试验，其减碳效果已经通过三维模拟得到验证，已于 2022 年在实际使用的高炉中进行大规模试验；GrInHy 项目已进行到第二阶段。

7.1.2 欧洲钢铁工业联盟（EUROFER）碳减排技术

7.1.2.1 概述

欧洲钢铁工业联盟在碳减排路径上的 3 个主要路径：

（1）循环经济。强化铁质物料及副产物循环使用，如提高转炉废钢利用率或推广电炉炼钢，充分利用钢铁的可再生性，提升资源循环利用效率，以降低能源消耗，从而实现减碳。

（2）智慧碳应用。工艺整合减碳：通过使用新的冶炼工艺，主要是整合铁前区域工艺，如整合取消烧结和炼焦工序，实现工艺减碳，如 HISARNA 项目等；炭质资源化利用：主要是指结合了 CCU 或 CCUS 技术，如 Carbon2Chem 等。

（3）"零碳"技术。主要是利用清洁能源得到的电或者氢气用于直接还原铁矿石进而制铁，如 HYBRIT 和 H2FUTURE 等。

EUROFER 根据各类技术当下推进情况指出，智慧碳应用类技术预计将具备 80% 的减碳潜力（相比于现有高炉路径碳排放量），并将于 2018~2027 年实现示范应用；碳直接避免类技术预计可具备 95% 的减碳潜力，并于 2025~2035 年实现示范应用。同时指出，一旦各类 SCU 及 CDA 类技术在示范阶段体现出应用的减排能力以及具备竞争力的运行成本，这些技术将于 2022~2036 年分步实现推广应用。欧洲钢铁行业的中远期目标为在 2050 年实现钢铁行业碳中和。欧洲钢铁行业减碳技术路线表如表 7-1 所示。

表 7-1 欧洲钢铁行业减碳技术路线表

路径	循环经济加强钢（如转炉/电炉中的废钢）及其副产品的回收利用，资源效率（如塔尖）	碳稳定碳捕获和使用碳（+CCS）	碳直接避免技术电氢
描述	过程集成，减少使用碳	以炼钢厂 CO/CO_2 为原料过程集成，减少使用 CO/CO_2	在基本炼钢过程中使用可再生电力，例如产生氢来取代碳
项目/出发点	HISARNA TGR-BF-Plasma (IGAR), PEM, STEPWISE	Steelanol, Carbon2Chem, FReSMe	HYBRIT, HzFuture, SuSteel, GrInHy, MACOR/SALCOS, SIDERWIN

7.1.2.2 典型技术

（1）HYBRIT。HYBRIT 以氢为主要还原剂，与球团矿反应产生铁和水。电炉炼钢过程中直接还原铁作为原料可以大大减少二氧化碳的排放。还原剂氢主要来源是通过电解水生成,这种方法使用来自水和风能等清洁能源发电厂的电力。

HYBRIT 生产流程与传统高炉对比如图 7-3 所示, HYBRIT 与传统高炉碳排放对比如图 7-4 所示, 其中 HYBRIT 工艺二氧化碳排放量为 25kg/t 钢, 比高炉工艺降低了 98%。

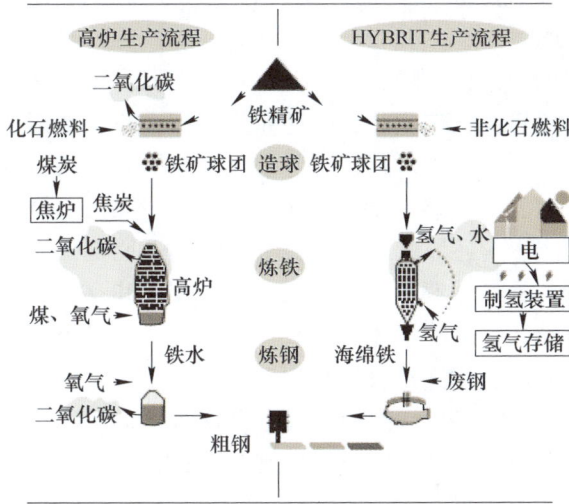

图 7-3   HYBRIT 与传统高炉生产流程对比[7]

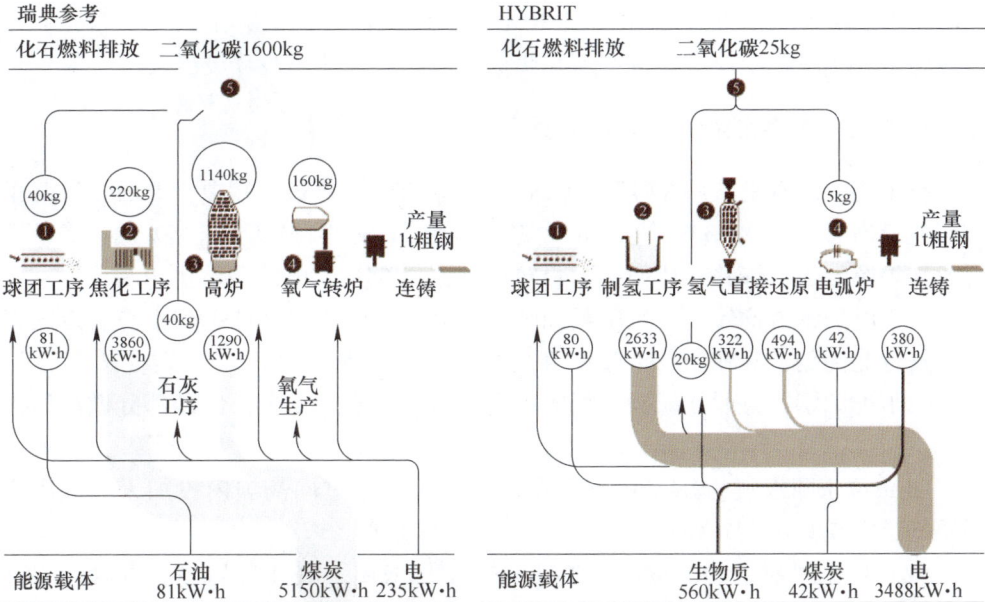

图 7-4   HYBRIT 与传统高炉碳排放对比[7]

(2) 高炉炉顶煤气循环技术（VPSA）。该工艺是利用氧气鼓风，用真空变压吸附（VPSA）技术去除高炉炉顶煤气中的二氧化碳，再返回高炉循环利用的炼铁工艺。该工艺有以下三个主要特点：1）使用纯氧代替预热空气，去除氮气，有利于二氧化碳的捕获和储存；2）利用 VPSA 技术和二氧化碳捕获与储存（CCS）技术分离二氧化碳并将其储存在地下；3）回收一氧化碳，用它作为还原剂，减少焦炭的使用。

(3) ULCORED 直接还原铁工艺。ULCORED 是利用从天然气中产生的氢气等还原性气体，直接将块状矿或球团矿还原为固态金属铁的工艺。其工艺流程如下：烧结矿和球团矿从顶部进入直接还原铁反应容器，将天然气产生的还原气注入直接还原铁反应容器，与铁矿石发生还原反应，生成固体金属铁。ULCORED 工艺用从天然气中产生的还原性气体取代了传统的还原剂焦炭，并通过炉顶气体循环和预热过程减少了气体消耗。结合二氧化碳捕获和存储技术，该过程可以将二氧化碳排放降至最低，同时将能源消耗降至最低。ULCORED 工艺与 CCS 技术相结合，可使高炉的二氧化碳排放量减少约 70%。

(4) 碱性电解还原工艺。碱性电解还原铁技术（ULCOWIN，ULCOLYSIS）利用电能将原铁矿石转化为铁和氧，可实现二氧化碳零排放。目前，最具前景的铁矿石电解工艺路线是电解冶金（ULCOWIN）和电流直接还原（ULCOLYSIS）。目前，这两项工艺都处于研究阶段。在研究中，ULCOWIN 工艺获得的铁纯度可达 99.98%，能耗为 2600~3000kW·h/t，但中试工厂的产能为 5kg/d。后来，ULCOS 项目团队开发了 ULCOLYSIS 技术。在该过程中，铁矿在 1600℃熔化，在铁液池中发生电化学反应。液态铁在阴极形成，氧气从阳极释放出来。

7.1.3　拉丁美洲钢铁行业及碳减排概况

拉丁美洲现有钢铁厂 87 座，2018 年实现总产能 65Mt，其中，巴西在拉美钢铁产能最高，占比达 53%，墨西哥次之，占比 31%，阿根廷占比 5%。拉美钢铁行业转炉及电炉冶炼路径比例接近，转炉钢占比 54%，电炉钢占比 46%。

由于电炉钢占比较高，拉丁美洲吨钢碳排放强度低于全球平均水平。以阿根廷钢铁行业为例，其在 2012~2017 年的平均碳排放水平在 1.68t/t 钢（图 7-5）。

拉丁美洲钢铁行业在减碳领域的革新技术相对研究较少，但是部分做法值得关注：

(1) 位于阿根廷的 SAVIO 钢厂在过去十年内通过向高炉内投加天然气用作还原剂，实现减排 1Mt CO_2。

(2) 位于墨西哥的 Puebla & Guerrero 钢厂采用 DRI 工艺炼铁，并辅以 CCS 技术，捕获的 CO_2 被卖往饮料厂用作碳酸饮料生产。2017 年，外卖的 CO_2 量达到 185t，生产的饮料完全达到当地食品卫生要求。

图 7-5 阿根廷和世界钢铁行业碳排放强度比较图

（3）巴西的 10 家钢厂使用木炭炼铁，对应粗钢产能达到 4.2Mt。

7.1.4 美国低碳炼钢

美国低碳炼钢研究旨在开发新的技术，可以显著降低钢铁生产中的二氧化碳排放量。目前两种低碳技术效果最好：一是麻省理工学院的熔融氧化物高温电解（MOE），它将液态铁氧化物分解为熔融铁和氧气，而不产生二氧化碳；另一个是犹他大学将目前处于实验室阶段的氢还原铁矿石技术应用到闪速炉反应器中，通过取代炼铁过程中使用的煤和焦炭来减少二氧化碳排放[8]。

7.1.5 中国钢铁行业碳减排技术

2022 年 8 月 15～16 日召开的钢铁行业低碳工作推进委员会 2022 年年会上，发布了《钢铁行业碳中和愿景和低碳技术路线图》，明确提出中国钢铁工业"双碳"六大技术路径：即系统能效提升、资源循环利用、流程优化创新、冶炼工艺突破、产品迭代升级、捕集封存利用，六大路径相辅相成，协同互补，共同助力中国钢铁行业碳中和目标[9]。中国钢铁工业协会副秘书长黄导表示氢冶金或成为绿色低碳转型的重要突破口：碳是钢铁生产所需要的能源和重要的还原剂，而为了减少碳的使用和转换，氢冶金技术无疑成为目前钢铁技术的热点和焦点之一[10]。钢协提出的 8 项世界前沿重点低碳共性技术中，前 3 项都涉及氢冶金技术（氢与全氢气直接还原技术、富氢碳循环高炉技术和氢机熔融还原技术）。因此，氢冶金或可成为绿色低碳转型的一个重要突破口。

7.2 有关碳排放和碳中和的标准体系

7.2.1 国际标准化组织（ISO）系列标准

7.2.1.1 ISO/TC 207/SC7

国际标准化组织设立了分技术委员会负责温室气体领域的标准制定工作。温室气体管理分技术委员会（ISO/TC 207/SC7）负责制定温室气体领域标准，以支撑联合国可持续发展目标。目前已发布了 10 项国际标准，涉及温室气体量化、碳中和、碳足迹等领域。

ISO 14064：2006 年，ISO 14064 系列标准首次发布，并于 2018 年进行修订，作为一个实用工具，ISO 14064 使得政府和企业能够按统一标准核算温室气体排放量，同时服务于温室气体排放贸易。ISO 14064 包含三个分标准，分别为 ISO 14064-1：2018《温室气体-第一部分：在组织层面温室气体排放和移除的量化和报告指南性规范》；ISO 14064-2：2019《温室气体-第二部分：在项目层面温室气体排放减量和移除增量的量化、监测和报告指南性规范》；ISO 14064-3：2019《温室气体-第三部分：有关温室气体声明审定和核证指南性规范》。

ISO 14067：ISO 14067 是建立在现有的国际标准生命周期评价（ISO 14040 和 ISO 14044）、环境标志和声明（ISO 14020、ISO 14024 和 ISO 14025）等基础上，专门针对产品碳足迹的量化和外界交流而制定的，适用于商品或服务（统称产品）。

ISO 14068：（ISO 14068）于 2020 年 2 月成立工作组启动国际标准《碳中和及相关声明实现温室气体中和的要求与原则》的制定工作，ISO 14068 制定重点集中在标准范围、核心术语的定义、减排量要求、碳中和信息交流等方面，将有助于为人们提供一种实现碳中和的统一方法和原则，并支持各国在制定本国气候变化的计划、战略和方案时更好地使用碳中和相关的目标和说明。该标准预计于 2023 年制定完成并发布，将适用于组织、企业、政府、产品、建筑、活动和服务等各类对象的碳中和活动。

7.2.1.2 ISO/TC 265

二氧化碳捕集、运输和地质封存技术委员会（ISO/TC 265）工作范围为二氧化碳捕集、运输和地质封存（CCS）的设计、建设、运行、环境规划与管理、风险管理、合格评定、监督检验和相关行动领域标准化。目前已发布 10 项国际标准，涉及二氧化碳捕集、运输、封存、量化与验证等领域[11]。

7.2.1.3 ISO/TC 17 钢技术委员会

钢技术委员会（ISO/TC 17）负责钢领域的标准化，涵盖化学成分测定方法、钢产品、钢铁企业二氧化碳排放强度计算方法等领域。目前已发布 320 项国际标准。针对钢铁行业碳排放管理特点，ISO/TC 17 制定了 ISO 14404-1：2013 等钢铁生产中二氧化碳排放强度的计算方法系列标准。

7.2.2 PAS 2050、2060

2008 年英国标准协会发布了 PAS 2050：2008，即《关于产品和服务在生命周期内温室气体排放的评估规范》，用于评价产品和服务在整个生命周期的碳足迹。2010 年英国标准协会发布了 PAS 2060《碳中和承诺规范》，该标准也是全球第一个提出碳中和认证的国际标准，这项标准使得各机构组织能够证明其碳中和声明是可信且经过验证的，从而能够增加客户的信心。该标准为如何量化、减少和抵消特定业务领域的温室气体排放提供了指导。

7.2.3 IPCC 国家温室气体清单指南

1988 年，世界气象组织（WMO）和联合国环境规划署（UNEP）共同成立了政府间气候变化专门委员会（IPCC）。IPCC 的活动之一是通过国家温室气体清单的工作来支持《联合国气候变化框架公约》（UNFCCC）。2006 年，政府间气候变化专门委员会发布了《国家温室气体清单指南》，并于 2019 年进行了修订。《2019 清单指南》是继《2006 IPCC 国家温室气体清单指南》之后迈出的重要一步。它们为各国建立国家温室气体清单和实施减排提供了最新的方法和规则，其中的方法论体系对世界各国产生了深远而重大的影响。

7.2.4 GHG Protocol

2009 年，世界资源研究所（WRI）和世界可持续发展商业理事会（WBSCD）首次发布修订的《温室气体议定书温室气体核算体系：企业会计和报告标准》，并于 2012 年发布最终版本，广泛应用于欧洲和北美地区。该标准是温室气体核算体系中最核心的标准之一，为各个企业和组织编制温室气体排放清单提供了标准和指南。它涵盖了《京都议定书》规定的六种温室气体——二氧化碳（CO_2）、甲烷（CH_4）、氧化亚氮（N_2O）、氢氟碳化合物（HFCs）、全氟碳化合物（PFCs）和六氟化硫（SF_6）的核算和报告。为了应对气候变化，我国将其引入国内并进行修订。采用综合的温室气体计量和管理方法，可以帮助企业清晰梳理温室气体排放情况，制定更加合理的减排目标，最终使企业实现温室气体减排。

7.2.5 INTE B5

哥斯达黎加面积为 $51100km^2$，拥有世界上 6% 的生物多样性，52% 的森林覆盖率，以及98%的可再生能源。哥斯达黎加政府早在2007年就宣布，计划到2021年成为世界上第一个碳中和国家。INTE B5是哥斯达黎加于2016年发布的碳中和项目标准。该框架参考或采用了许多现有的国际标准。例如，在核算和验证方面，INTE B5采用了ISO 14064标准，而在温室气体减排和排放抵消方面，INTE B5根据国情提供了其他更具体的规范[12]。

7.2.6　中国碳排放及碳中和标准

（1）《工业企业温室气体排放核算和报告通则》。2015年11月，全国碳排放管理标准化技术委员会发布了（GB/T 32150—2015）《工业企业温室气体排放核算和报告通则》以及发电、钢铁、民航、化工、水泥等10个重点行业温室气体排放核算方法与报告要求等11项温室气体管理国家标准，对企业温室气体排放核算方法提出了统一要求。

（2）大型活动碳中和实施指南。2019年6月14日，我国生态环境部发布了《大型活动碳中和实施指南（试行）》，规范了大型活动碳中和实施行为。2010年以来，我国相继准备或开展了碳中和的相关工作，但通常参照国际相关标准实施，该指南的发布填补了我国在这方面的空白。

7.2.7　钢铁行业碳排放标准

目前见到的主要有德国标准化学会、英国标准学会和欧洲标准化委员会等组织发布的几项与铁合金和钢铁工业有关的温室气体测定和排放标准，具体如表7-2所示。

表7-2　国际钢铁行业碳排放相关标准汇总

标准编号	标准名称	发布单位
DIN EN 19694-6—2016	固定源排放 能源密集型行业温室气体排放量的测定 第6部分：铁合金	德国标准化学会
DIN EN 19694-2—2016	固定源排放 能源密集型行业的温室气体排放量 第2部分：钢铁工业	德国标准化学会
BS EN 19694-6—2016	固定源排放 高耗能行业温室气体排放量的测定 铁合金工业	英国标准学会
BS EN 19694-2—2016	固定源排放 高耗能行业温室气体排放 钢铁工业	英国标准学会
EN 19694-2—2016	固定源排放 能源密集型工业中的温室气体排放 第2部分：钢铁工业	欧洲标准化委员会

7.3　小　　结

当前，全球钢铁行业碳减排技术可被划分为碳技术路径、氢气技术路径，以及电解技术路径 3 类技术路径。其中，共涉及生物质替代、碳捕获及储存（CCS）、碳捕获及利用（CCU）、氢气直接还原、氢气生产以及电解共六大类技术。欧洲钢铁工业联盟、拉丁美洲、美国和中国等国家（地区）依据本国（地区）经济社会发展现状，或从全六大路径协同，或以氢冶金等特定路径重点发力，选择适合自身的技术路径，共同助力全球钢铁行业碳中和目标。而在碳排放和碳中和的标准体系方面，无论是国际标准化组织（ISO）系列标准、PAS 2050、2060、IPCC 国家温室气体清单指南、GHG Protocol、INTE B5、中国碳排放及碳中和标准，还是钢铁行业碳排放标准，相关国家（地区）都颁布并实施了一系列碳排放标准。但是，值得注意的是，相关碳排放及碳中和标准的国际兼容性、标准互认以及更完善标准的输出迁移等工作在一定程度上，或许更值得人们重视。

参 考 文 献

［1］世界钢铁协会 . 突破性技术［R］. 世界钢铁协会，2022.

［2］IEA. Iron and Steel Technology Roadmap［R］. 2021. https：//www. iea. org/reports/iron-and-steel-technology-roadmap.

［3］John M，Phillip R，Sharif J. Potential for the use of biomas in the iron and steel industry［J］. researchgate. net，2011.

［4］Juha H，Petteri K，Karri P，et al. Replacing Coal used in Steelmaking with Biocarbon from Forest Industry Side Streams［R］. VTT，2019. https：//cris. vtt. fi/en/publications/replacing-coal-used-in-steelmaking-with-biocarbon-from-forest-ind.

［5］International Energy Agency. Energy Technology Perspectives［R］. 2021. https：//co2re. co/FacilityData.

［6］IEA. Energy Technology Perspectives 2020［R］. 2020. https：//www. iea. org/reports/energy-technology-perspectives-2020.

［7］张利娜，李辉，程琳，等 . 国外钢铁行业低碳技术发展概况［J］. 冶金经济与管理，2018（5）：30-33.

［8］邢奕，崔永康，田京雷，等 . 钢铁行业低碳技术应用现状与展望［J］. 工程科学学报，2022，44（4）：801-811.

［9］世界金属导报 .《钢铁行业碳中和愿景和低碳技术路线图》发布［EB/OL］. 2022-08-23. http：//www. worldmetals. com. cn/viscms/bianjituijianxinwen1277/20220823/259042. html.

［10］中国钢铁工业协会 . 开局两年多，中国钢铁行业"双碳"工作进展如何？［EB/OL］. 2023-02-03. http：//www. chinaisa. org. cn / gxportal/xfgl/portal/content. html？articleId＝8

51a06ffc8e05dee48e255a9271d4998f474b0274f893922b93a2d1ead24376f&columnId = 3683d857-cc4577e4cb75f76522b7b82cda039ef70be46ee37f9385ed3198f68a.

[11] 李新创, 李冰, 霍咚梅, 等. 推进中国钢铁行业低碳发展的碳排放标准思考 [J]. 中国冶金, 2021, 31 (6): 1-6.

[12] 新华网. 哥斯达黎加: 碳中和国家的绿色启示 [N]. 2013. http://www.xinhuanet.com/world/2013-06/04/c_ 116032540.htm.

8 面向全生命周期和碳中和的钢铁行业清洁生产评价体系

8.1 钢铁行业生命周期评价（LCA）研究

钢铁行业生命周期全过程对环境的影响已得到广泛关注。本章收集了 2005～2020 年全球钢铁行业的 LCA 研究，总结了各地区、各生产路线的环境影响及特征，各个子过程的环境贡献，各过程的节能减排机会和潜力，及其形成的评价结论和改进建议。并对目前清洁生产技术的 LCA 进行了总结，以论证当前清洁生产技术特别是碳减排技术在钢铁行业的可行性，最终为钢铁行业的 LCA 研究发展提出建议。

8.1.1 典型国家（地区）面向多种环境影响的 LCA 研究

钢铁作为人类社会经济发展中必不可少的材料，早已根植于现代经济社会发展的方方面面。钢铁工业传统上被认为是高度能源密集型行业，与能源消耗和温室气体排放息息相关，有着较高的环境负荷。同时又是一个全球需求量巨大且还在不断增长的行业。特别是对于大多数发展中国家而言，对钢材的需求仍将呈强劲增长势头。在碳达峰和碳中和"双碳"目标的约束下，如何通过实施面向全生命周期过程的清洁生产是必须要高度重视的问题。

LCA 能够评估一种产品或服务在其整个生命周期系统内，即从原材料获取开始直到最终报废处置整个过程中所产生的环境影响。可有效避免环境影响在各个过程或不同环境问题之间的转移。LCA 在环境评价中的重要性已为世界越来越多的学者和决策者所重视。生命周期清单/生命周期评价的质量和相关性取决于采用的方法论。国际标准化组织（ISO）制定了一些指导性标准，并且设置了透明度和报告规则[1,2]。有关生命周期评价的相关 ISO 标准有：

- ISO 14040：2006-环境管理—生命周期评价—原则和框架
- ISO 14044：2006-环境管理—生命周期评价—要求和指南
- 技术规范 ISO TS 14067：2013-碳足迹
- ISO 14046：2014-水足迹

· ISO 14025：2006-环境标志和声明

· ISO 21930：2007-建筑施工的可持续性（目前正在更新）

· 温室气体减排协议（WRI/WBCSD）

一般来讲，生命周期评价通常由四个阶段组成：

（1）定义目标和范围：确定研究目的和研究边界。

（2）生命周期清单：收集并计算数据，制作相关产品的材料、能耗和排放物清单（输入和输出清单）。

（3）生命周期影响评价：在生命周期清单基础上，对特定产品或系统的潜在环境影响进行量化。最常用到的一种量化标准是"全球变暖潜能值"（GWP），该值以二氧化碳当量形式，表示温室气体排放物。

（4）解释：确定重要的环境问题、给出结论和提出建议。

钢铁的全生命周期如图 8-1 所示。主要包括原材料开采、钢铁生产、钢铁产品制造和使用、废弃钢铁循环利用四部分。

图 8-1　钢铁全生命周期阶段

（来源：国际钢铁协会）

（1）原料与钢铁生产过程。炼钢使用的主要原料包括铁矿石、煤炭、石灰石和废钢（或再循环钢材）。除废钢外，其他炼钢成分仍然相对充裕。废钢全球供应不足，其原因主要是基础设施中钢材的使用寿命较长。尽管如此，钢铁业仍然尽可能循环利用废钢。炼钢主要有以下两条生产工艺：1）高炉工艺或综合工艺：该工艺以高炉和碱性氧气转炉为基础。生产1000kg粗钢的主要输入原料（大约值）：1400kg铁矿石、800kg煤炭、300kg石灰石和120kg废钢。世界上大约70%的钢材通过该工艺生产。2）电弧炉工序：主要原料是废钢和/或直接还原铁或铁水以及电。生产1000kg粗钢需要的原料（平均值）：880kg废钢、300kg铁、16kg煤炭和64kg石灰石。电弧炉路线也可百分百投放废钢。世界上大约70%的钢材通过高炉工艺或综合工艺生产，30%的钢材通过电弧炉路线生产。在此阶段生产的钢铁产品输向下游行业。

（2）制造和使用过程。在制造阶段，中间钢铁产品（例如，热轧卷材）被转化成为汽车、建筑材料等含钢产品。作为钢材的关键优势之一，经过设计的钢材可以满足几乎任何应用所需的特定强度、耐久度和废弃回收阶段再循环要求。

（3）再利用、再循环过程。通过设计可以通过再利用或再制造循环利用钢铁产品，能够保护更多资源。再利用的优势在于再加工只需极少甚至完全不需要能源。钢铁的耐久性确保许多产品在其生命周期结束时，都可部分或全部再利用。这可显著延长钢铁产品的生命周期。不过，为保证再利用的成功，最初设计时的生命周期思考极为重要。

目前，全球已开展了不少针对钢铁产品的 LCA 研究。其中，通过 Web of Science、X-mol 等网站以钢铁（Steel and Iron）、生命周期（Life Cycle）为关键词进行搜索并筛选出相关论文。表8-1从功能定位、数据来源、评价方法、评价软件、影响类别5个方面进行了汇总，从中可以看到，目前钢铁行业的 LCA 研究均是按照国际标准 ISO 14040 和 ISO 14044 的要求进行的，生命周期范围均为从"摇篮到大门"。产品系统包括原材料（铁矿石、化学品、废料、水）和能源（燃料、电力）的采购，以及钢铁产品的生产。废料的收集、运输和处理已纳入系统边界内。投入产出的数据来源中，一般与实际生产阶段相关的直接数据（前景数据）来源于实地调查，而与供应链较大时空尺度相关的（原材料、能源和辅助材料采购的信息）多来源于 SimaPro、GaBi、Ecoinvent、ELCD、EU+DK 输入输出数据库以及 USLCI 等数据库，还有部分来源于文献调查。影响评价方法大部分采用 CML 2001、IMPACT 2002+、ReCiPe 中点、IPCC GWP 100a，累积能源需求（CED）等提供的方法。在近十多年中，Simapro 和 GaBi 软件获得了较大的发展和越来越多的应用。相对于其他方法，这些是常见的标准方法，能确保得出可靠的结果，并且能够与以前的调查相比较。

接下来本章节将从 LCA 的角度对主要生产工艺的环境影响及对环境造成最

大危害的阶段、主要清洁生产工艺和方案的可行性进行总结。

表 8-1 传统钢铁生产全过程环境 LCA 评价汇总

参考	国家	年份	功能单位	数据来源	评价软件	评价方法	考虑的影响类型
陈双银等（中国）[3]		2015	1t 粗钢	中国攀钢获得的，时间范围为 2005~2007 年。其他阶段的数据，如生产、洗煤和焦炭生产是基于文献和 GaBi 6.0 软件	GaBi 6.0	CML 2001	6 种中点影响类型：生物资源枯竭、气候变化、酸化、富营养化、光化学臭氧形成和人体毒性
高成康等[4]		2016	1t 不锈钢材	对钢铁企业 A 的调研，文献	GaBi 4.3	CML 2001	9 种中点影响类型：气候变化、酸化、光化学臭氧形成、富营养化、人体毒性、水生生态毒性、矿产资源耗竭、化石资源耗竭、固体废弃物
Ma Xiaotian 等[5]	中国	2018	1t 粗钢	操作过程（例如原材料和能源消耗、用水、土地占用和废物产生）的现场监测数据从中国山东省一家钢铁厂收集。排放监测数据来自 31 家中国钢铁公司排放监测数据文献		IMPACTWorld、IPCC GWP 100a	16 种影响类型：致癌物质、非致癌物质、淡水生态毒性、水生富营养化、耗水、全球变暖、化石资源消耗、金属资源耗竭、无机颗粒物、可吸入颗粒物、陆地酸化、臭氧层耗竭、海洋富营养化、电离辐射、土地占用（可耕地）
王宪恩等[6]		2019	1t 粗钢	吉林省 某钢铁企业 2015 年生产能耗报表，废钢回收运输和加工处理情况根据企业估计和现场考察获得；环境排放基础数据包括排污绩效值、物料和能源的输入输出量和对应 CO_2 排放因子、钢比系数；成本数据依据中国钢铁工业协会原材料平均采购数据、排污费、碳交易费等相关数据推得			

续表 8-1

参考	国家	年份	功能单位	数据来源	评价软件	评价方法	考虑的影响类型
刘慧敏等[7]	中国	2020	1t 熔融钢产品	大部分炼钢系统能源消耗和污染物排放清单分析数据从山东省某集团公司收集，部分数据来自文献资料和数据库	SimaPro	IMPACT 2002+	15 种影响类型：致癌物、非致癌物、无机颗粒物、电离辐射、臭氧层耗竭、可吸入颗粒物、水生生态毒性、陆地生态毒性、陆酸/硝化、土地占用、水生酸化、水体富营养化、全球变暖、不可再生能源、矿物开采
Jyri Seppälä等[8]	欧洲	2001	1t 金属产品	由芬兰环境研究所和金属生产公司联合编制。原材料的清单数据从国际 LCI 研究汇编而来		DAIA 方法	11 种影响类型：生态毒性（排入空气和水体的金属、石油、氰化物）、对健康的影响（持久性有机污染物（如多氯联苯、多环芳烃、二噁英）、As、Pb、Cd、Ni、SO_2、NO_x）、对植物群的直接影响（SO_2、NO_x、氟化物、粉尘）、耗氧（生物/化学需氧量、铵）、热负荷、对设施的影响（灰尘）、废物（不同组别）、噪声、气味、土壤和地下水污染（不同干预措施）
Burchart-Korol[9]		2013	1t 铸钢	波兰现有钢铁厂平均数据、最佳可用技术（BAT，2012 年）和文献数据	SimaPro 7.3.3	IPCC（2007）GWP 100a、累积能源需求（CED）和 ReCiPe 中点	17 种影响类型：气候变化、陆地酸化、淡水富营养化、海洋富营养化、人体毒性、光化学臭氧形成、颗粒物形成、陆地生态毒性、淡水生态毒性、海洋生态毒性、电离辐射、农地占用、城市土地占用、自然土地改造、耗水、金属耗竭、化石耗竭

参考	国家	年份	功能单位	数据来源	评价软件	评价方法	考虑的影响类型
Gulnur Maden Olmez 等[10]		2015	1t 钢产品	土耳其一个综合钢铁厂实地收集数据、有关原材料、能源和辅助材料的采购信息从 SimaPro 数据库中获取的，首选主要是 Ecoinvent 数据库。如果该数据库中没有信息，则使用其他数据库（荷兰输入输出数据库 95，ELCD，EU&DK 输入输出数据库，工业数据 2.0，美国输入输出数据库和 USLCI）	SimaPro 7.2.4	IMPACT 2002+	14 种影响类型：人体毒性、呼吸影响、电离辐射、臭氧层损耗、光化学臭氧形成、水生生态毒性、陆地生态毒性、陆地酸化/营养化、水生酸化、水生富营养化、土地占用、全球变暖、不可再生能源和矿物开采
Pietro Renzull 等[11]	欧洲		1Mt 实心钢板	最佳可用技术参考文档（BREF）进行估计部分数据，排放数据部分来自当地环境保护局，背景数据来自商业 LCA 数据库	SimaPro 8.2	国际参考生命周期数据系统（ILCD）	16 种影响类型：全球变暖、臭氧层耗竭、人体毒性癌影响、人体毒性非癌影响、可吸入颗粒物、电离辐射、光化学臭氧形成、酸化、陆地富营养化、淡水和海洋富营养化、淡水生态毒性、土地使用、水资源枯竭、矿物化石和可再生资源枯竭
Jozef 等[11]		2016	1t 灰色铸铁	钢铁厂数据、Ecoinvent v3.1 数据库	SimaPro 8	ReCiPe 2008	18 种影响类型：气候变化、人体健康损害指数、臭氧层耗竭、人体毒性、光化学臭氧形成、颗粒物形成、电离辐射、气候变化生态系统、陆地酸化、淡水富营养化、陆地生态毒性、淡水生态毒性、海洋生态毒性、农地占用、城市土地占用、自然土地改造、金属耗竭、化石耗竭

续表 8-1

参考	国家	年份	功能单位	数据来源	评价软件	评价方法	考虑的影响类型
Dora-Andreea Chisalita 等[13]	欧洲	2018	1tHRC	钢厂的工业数据、来自 IEAGHG 报告、建模和模拟的文献数据	GaBi	CML 2001	10 种影响类型：全球变暖潜力（GWP）、酸化潜力（AP）、富营养化潜力（EP）、臭氧层耗竭潜力（ODP）、非生物资源耗竭、淡水水生生态毒性潜力（FAETP）、人体毒性潜力（HTP）、光化学臭氧形成（PCOP）、陆地生态毒性潜力（TEP）和海洋生态毒性潜力（MAETP）
Jana Gerta Backes 等[14]		2021	1kg 热轧线圈	制造商的主要数据、GaBi 数据库及其他数据库	GaBi 9	CML2001	7 种影响类型：气候变化（全球变暖潜力（GWP）、酸化潜力（AP）、富营养化潜力（EP）、光化学臭氧生成潜力（POCP）、非生物资源耗竭潜力化石（ADPf）、非生物资源耗竭潜力（ADPe）和臭氧层耗竭潜力（ODP）
T. E. Norgate 等[15]		2007	1t 铁合金	GEMCO 数据、BHP 网站、TEMCO 数据、文献、Ecoinvent 数据库	SimaPro 7.3.3		碳排放
Tongpool 等[16]		2010	1t 钢制品	泰国国家钢铁 LCI 获得生产阶段的库存、Ecoinvent、IDEMAT 2001、ETH-ESU 96、SimaPro 7.1 数据库	SimaPro 7.1	IPCC 2007 GWP 100a 和生态指标 99	6 种影响类型：化石燃料、全球变暖潜力、生态毒性、矿物、致癌物质和无机颗粒物

中国对钢铁产品开展的 LCA 研究相对较晚，但在近十年中取得了不少的成果。2002 年，李贵琪等人[2]建立了一个用于比较评价的生命周期累计评价模型，首次运用"从摇篮到大门"的方法对中国境内钢铁生产的 BF/BOF、DRI/EF 工艺进行环境生命周期评价，直观地比较了两种工艺的相对环境绩效，表明了不同

生产工艺对环境影响的显著差异。提出应发展 DRI/EF 工艺以保证钢铁行业的可持续发展，但未找出环境影响的关键阶段和提出具体的改进措施。2015 年 Chen 等人[3]利用 Gabi6.0 和 CML2002 等工具开展了攀钢利用 VTM 对钢铁生产和贵重元素提取过程的 LCA 研究，发现高炉生铁生产对全球变暖潜力（GWP）和化石燃料消耗有广泛的影响，铁矿选矿和烧结过程中由于粉尘和气体排放，酸化潜力（AP）、富营养化潜力（EP）和光化学臭氧生成（POPC）的贡献最大。2016 年王宪恩等人[6]以吉林省某钢铁企业为例，评估了 BF-BOF 长流程和 EAF 短流程的能源、环境、成本差异，辨识了影响废钢再循环节能减排效果的主要因素和重要环节。高成康等人[4]基于 LCA 方法对中国典型钢铁企业不同流程中的各工序，系统、定量地分析评价环境负荷。2020 年 Liu 等人[17]从环境影响、环境与经济增长的关系以及全球贸易中的环境责任 3 个角度，运用 LCA 方法对 12 个主要铁矿和主要钢铁生产商进行了分析，最后提出了国际贸易参与者之间的污染分布问题。发现生态毒性和碳排放是最大的环境影响类型。研究指出，受益于无污染钢材料的进口国应该分担贸易伙伴钢铁加工造成的环境污染。2018 年马小天[5]进行了包括灰水和蓝水在内的生命周期水足迹分析，同时为改善钢铁工业的环境绩效，还对钢铁生产进行了生命周期评价。2020 年，Liu 等人[7]对中国某综合钢铁厂进行环境生命周期评估，得出焦炉阶段是影响人类健康、气候变化、生态系统质量和资源的关键过程。此外，燃料和辅助材的生产工艺也会对环境造成一定的破坏，但所占的比例相对较小。优化废钢和熔融铁资源利用能提高资源和能源利用效率，有利于减少炼钢系统对环境的危害。

欧洲国家将 LCA 应用到钢铁中已有较长的历史，国际钢铁协会、欧钢联以及国际上很多先进钢铁企业如 Nippon Steel、Arcelor Mittal、TATA Steel 等都开展了钢铁 LCA 的研究。在芬兰，2001 年，Seppälä 等人[8]使用 LCA 方法研究了金属工业对环境的影响。从采矿到从工厂交付产品，对产品组每个生命周期阶段的环境影响进行了评估，证明了生产过程对环境的影响最大。2007 年，Ana-Maria Iosif 等人[18]在 ULCOS 项目的框架中，开发了一种新的方法框架，将工艺综合建模方法与 LCA 方法相结合，该方法有利于数据收集、提高数据质量，使 LCI 结果更可靠，可以运用到综合钢厂的环境影响诊断，模拟评价新的炼钢技术。

在波兰，2013 年 Dorota[9]对波兰的综合钢铁生产和电弧炉炼钢进行 LCA 评估，确定了环境影响的主要来源，并提出了对污染最严重的炼钢工艺的污染预防方法。高炉中生铁的生产对国家综合钢铁生产路线中的温室气体排放和化石燃料消耗影响最大，铁矿石烧结过程是全国钢铁工业中粉尘和气体排放的最大来源。在国家电弧炉炼钢中，电力消耗对温室气体排放和化石燃料消耗影响最大。通过对铁矿石烧结厂中运用替代燃料进行的 LCA 研究，认为在炼铁过程中应采用原材料替代等污染预防措施来减少钢铁行业的环境影响。2015 年 Bieda 等人[19]对波兰克拉科夫综合钢铁厂的焦炭生产过程进行了数据收集和分析，其中不仅包括能耗、燃料、材料和废料，而且还包括灰尘、铁、PM_{10} 和废料等操作数据。

在土耳其，2015 年，Olmez 等人[10]对土耳其的钢铁生产进行了生命周期评估，比较了炼焦、烧结、炼铁、炼钢四个过程的环境影响，并对比分析了钢坯、板材、热轧电线杆、热轧卷五种产品的环境影响，发现炼钢工艺对环境的总体影响最大，其次是烧结。从产品看，热轧卷材对环境的总体影响最大，其次是热轧线材、钢坯和板坯。影响最大的环境类别是人类健康和气候变化。焦炭生产过程对非可再生能源消耗的影响最大，而在气候变化类别中，由于避免了因生产焦炉煤气而产生的外部能源消耗，焦炭生产过程对非可再生能源消耗的影响最大。最后提出需采用有效的集尘方法来减少颗粒物的排放、减少生产过程二氧化碳排放。

在意大利，2016 年 Pietro 等人[11]运用 LCA 对一个综合钢厂进行环境分析，分析了钢铁厂的环境影响主要热点，并确定改善环境的潜在选择。结果表明焦炉和高炉生产过程在环境影响方面最大，废物再利用对钢铁可持续发展有着巨大潜力。

在斯洛伐克，2017 年 Mitterpach 等人[12]对一家生产灰铸铁的钢铁厂进行环境生命周期评估。结果表明焦炉、高炉过程的环境影响最大，特别是资源消耗部分。废物再利用对钢铁实现可持续发展是关键步骤，生产过程中所采取环境措施和工艺方法对环境也产生重要整体影响，所以应在减少原材料需求、能源消耗、污染物的产生方面采取措施。

2019 年 Dora-Andreea 等人[13]对一个有和没有碳捕获和储存（CCS）的欧洲综合钢铁厂进行了"从摇篮到大门"的 LCA 研究。在德国，2020 年 Backes 等人[14]对蒂森克虏伯钢铁欧洲股份公司综合钢厂的钢铁生产进行了生命周期评估。分析表明影响最大的子过程是发电厂（48% 全球变暖潜势（GWP））、高炉（22% GWP）和烧结厂（79%光化学臭氧产生潜势（POCP））。另外上游过程对于 AP、EP、ADPe 和 ADPf 占最大的总排放份额。所以上游的优化潜力更大，即减少供应商和原材料生产商对环境的影响。

其他国家如日本、澳大利亚等也对钢铁进行了较为深入的 LCA 研究。2006 年 Norgate 等人[15]提到了澳大利亚的钢铁综合生产路线（BF/BOF）的 GER（总能耗）为 23MJ/kg 钢、GWP（温室气体排放）为 2.3kg CO_2-eq/kg 钢、AP（酸化潜力）为 0.02kg SO_2-eq/kg 钢、SWB（固体废物排放）为 2.4kg/kg 钢；不锈钢的电炉和氩氧脱碳路线的 GER 为 75MJ/kg 钢、GWP 为 6.8kg CO_2-eq/kg 钢、AP 为 0.051kg SO_2-eq/kg 钢、SWB 为 6.4kg/kg 钢，评估了浴冶炼工艺会使不锈钢生产工艺在 GER 中节省大量成本，GER、GWP 和 AP 可能会比传统工艺值减少 20%~25%。

2010 年 Tongpool 等人[16]对泰国的部分钢铁产品（板材、热轧、冷轧、热浸镀锌和电镀锌钢）进行环境影响评价和对比分析，包含了全球变暖潜能值、化石燃料、生态毒性、矿物、致癌物和无机颗粒物污染物六大影响类别，并从减少能耗、钢铁回收、高效利用、工艺改进等方面提出了改进建议。结果表明在所有类别中，板材的影响最低，热浸镀锌钢的影响最大，因为计算得出相对于冷轧钢，少量的锌会产生更大的环境影响，用废铁代替原铁可分别减少化石燃料、全球变暖潜力、生态毒性、矿物、致癌物质和无机颗粒物污染的影响 29.9 倍、30.7 倍、7.0 倍、7.9 倍、6.3 倍和 39.6 倍。

表 8-1 中此类对钢铁生产全过程进行环境影响评价的研究旨在通过 LCA 方法确定生命周期内材料和能源的使用、污染排放的数量和质量，评估生命周期各个阶段的环境影响及原因，以便确定各个阶段及整体的关键特征、各个影响类别及整体环境影响的关键阶段，为减少环境影响和能源消耗、改进钢铁生产工艺、提高产品环境性能、实现钢铁企业可持续发展提供可行性建议和方案。

由于上述研究使用的影响评价方法和考虑的影响类别有所不同，所以很难对各项研究结果进行详细的比较。由于钢铁行业最重要的环境影响之一是温室气体排放，对碳排放进行的分析研究大多数选择了 IPCC（2007）GWP 100a 方法。钢铁生产的第二个重要方面是能源消耗，产品的 CED 代表整个产品生命周期中直接和间接能耗，包括原材料和辅助材料的提取、制造和处置过程中消耗的能量。所以下面主要对钢铁生产碳排放和能源消耗进行分析。

8.1.2 全球钢铁行业碳排放现状——基于 LCA 视角

8.1.2.1 钢铁生产碳排放现状

钢铁工业是典型重污染行业，是全球范围内二氧化碳排放的主要工业贡献者之一。在全球范围内，主要的钢铁生产路线是综合钢厂（BF-BOF）路线和以电弧炉（EAF）路线为代表的小型轧机。所以，筛选了数篇利用 LCA 方法研究 BF-BOF 和 EAF 路线环境影响的文献，汇总出近二十年来利用 LCA 方法得出的 BF-BOF 和 EAF 路线的碳足迹（表 8-2）。

表 8-2   BF-BOF 和 EAF 生产路线的碳排放

参　考	国　家	年份	单　位	总碳足迹	
				BF-BOF	EAF
胡锦涛等人，2006 年	中国	2006	kg CO_2-eq	1.79	0.59
邹安全等人[20]	中国	中国湘钢	2013	kg CO_2-eq/kg 粗钢	2.1	
陈双银等人 2015 年（中国）[3]		中国攀钢	2015	kg CO_2-eq/kg 粗钢	2.74	

续表 8-2

参　考	国　家		年份	单　位	总碳足迹	
					BF-BOF	EAF
高成康等人[4]	中国	中国某钢	2016	kg CO_2-eq/kg 不锈钢	2.62	
Ma Xiaotian 等人[5]		中国 31 家	2018	kg CO_2-eq/kg 粗钢	3.7	
王宪恩等人[4]		中国吉林某钢铁厂	2019	kg CO_2-eq/kg 成品钢	1.77	
达斯和坎德尔	欧洲		1997		2.12	1.18
IEAGHG[21]			2011		1.6~2.2	0.6~0.9
Burchart-Korol[9]		波兰	2013	kg CO_2-eq/kg 铸钢	2.46	0.91
Pietro Renzulli 等人 2016 年[11]		意大利	2016	kg CO_2-eq/kg 钢板	1.59	
Dora-Andreea Chisalita [13]		西欧	2018	kg CO_2-eq/kgHRC 钢	2.13	
Samantha Eleanor Tanzer 等人[22]		西欧	2020	kg CO_2-eq/kg HRC 钢	2.4	
Jana Gerta Backes 等人[4]		德国	2021	kg CO_2-eq/kg 热轧卷	2.1	
山本等人	其他国家	日本	1999		2.15	0.56
T. E. Norgate 等人[15]		澳大利亚	2007	kg CO_2-eq/kg 成品钢	2.3	
Rungnapa Tongpool 等人[16]		泰国	2010	kg CO_2-eq/kg 板钢		1.0

在全球范围内，BF-BOF 路线的总碳足迹在 1.5~3.0kg CO_2-eq/FU 间，对全球变暖（GWP）有着显著的影响。为了达到《联合国气候变化公约》规定的将全球平均气温上升限制在不超过工业化前水平 2℃ 的水平，钢铁行业碳减排行动至关重要。

中国钢厂的碳足迹略大于欧洲、日本、澳洲的钢厂，其范围跨度也较大，说明中国钢厂清洁生产技术参差不齐，还有较大的提升空间。

EAF 路线的总碳足迹在 0.5~1.0kg CO_2-eq/FU 间，数据上看远小于 BF-BOF 路线。但是在 BF-BOF 路线中，钢铁主要是以铁矿石为原材料通过烧结厂、高炉、铸造厂等炼钢厂进行还原、加工而制成的。EAF 路线通过电能熔化废钢或其他废钢替代品来生产钢材。两条路线的原料、产品、价格有着较大的差异，所以应结合废钢量、产量、资金等条件适当的发展 EAF 路线。

由于数据来源、地区、功能单位的差异，无法准确地计算最近20年单位质量钢的温室气体排放减少量，但总体而言是下降的。

8.1.2.2　钢铁生产各个过程的碳排放

钢铁生产一般分为以下四个子流程：

（1）主要生产流程：包括铁矿石开采和运输；其他辅助原材料的生产和运输；烧结、高炉炼铁、炼钢、轧钢等。

（2）辅助生产流程：包括制氧、鼓风及外购电力、热力等。

（3）回收流程：包括工艺内部的回收，如生产用水回收、边角料回收等；外部的回收，如废钢回收等。

（4）废物处理：包括废气、废水和固体废物处理。

全球已有不少文献对钢铁生产各过程的碳排放做了计算分析（表8-3），利用表8-3中各个生产过程的碳排放进行粗略比较可看出，钢铁生产的碳排放主要集中于焦炉、烧结、高炉和转炉这四个流程中，约占总生产流程碳排放的90%，其中高炉占40%~50%，焦炉占15%~20%，烧结厂占10%~20%，转炉占5%~15%，其他过程的碳排放都较小。焦炉、烧结厂、高炉、转炉碳排放高的原因一是由于各阶段内化石燃料的燃烧，二是由于配套电厂产生的碳排。综合钢铁厂配套电厂所排放的CO_2占总量的40%~70%，但由于电厂的作用主要是为所有关键工艺提供必要的蒸汽和动力，所以在很多碳排放研究中，将配套电厂的碳排放分配给了实际使用蒸汽和动力的工艺过程（高炉、转炉、焦炉等）。经估算，在焦炉、高炉、转炉的碳排放量中电厂的贡献所占比例分别高达60%、20%和15%，因此优化电厂能源类型对钢厂碳减排至关重要。研究发现，煤发电对全球变暖潜力、矿物和致癌物质类别的影响大。石油发电在化石燃料、生态毒性和无机呼吸性污染物中影响大。而天然气和水力发电的影响相对较低。

表8-3　主要钢铁生产子过程碳排放量（kg CO_2-eq/kg 钢）及所占比例

参考	选矿厂	焦炉	烧结厂	石灰厂	高炉	转炉	连铸厂	热轧厂	发电厂	总计
陈双银等人[3]	0.704	0.423（20%）	0.406（20%）	0.079（4%）	0.941（47%）	0.186（9%）			（已分配到各段中）	2.74
Pietro Renzulli等人[11]		0.357（22%）	0.327（20%）		0.663（42%）	0.242（15%）			（已分配到各段中）	1.59
Jana Gerta Backes等人[14]		0.44（21%）	0.23（11%）		1（52%）	0.14（7%）		0.1（5%）	1（已分配到各段中）	2.1

续表 8-3

参考	选矿厂	焦炉	烧结厂	石灰厂	高炉	转炉	连铸厂	热轧厂	发电厂	总计
Dora-Andreea Chisalita 等人[13]		0.19 (9%)	0.29 (13.6%)	0.07 (3.3%)	0.02 (1%)	0.05 (2.5%)			0.98 （未分配到各阶段）	2.13

8.1.2.3 不同钢铁产品的碳排放

在过去几十年中，世界钢铁协会[23]委托了三项生命周期清单分析（LCI）研究，以全球16个炼钢厂为案例，研究了15种钢铁产品，如板材、线圈、棒材和管道等。数据通常涉及从"摇篮到大门"及报废回收利用阶段，未考虑销售和使用阶段。所考虑的生产工艺为典型的综合钢厂，直接还原技术和电弧炉。为了允许不锈钢生产商对其工艺阶段及其产品进行环境基准测试，Eurofer协会对7个欧洲国家（包括意大利，但不包括仅生产碳钢和低合金非不锈钢的Ilva工厂）生产的18种具有不同饰面的不锈钢制成的板材产品进行了LCI研究[24]。这项研究考虑了从原材料提取到工厂大门的所有生命周期阶段，但它排除了送往垃圾填埋场的废物。国际不锈钢论坛[25]还开展了一项从"摇篮到大门"的LCI研究，研究内容涉及不锈钢产品，该研究源于上述欧洲研究，为进一步的案例研究提供全球数据。还有一些学者通过生命周期评估得到了一些钢产品的碳足迹，如Tongpool等人[6]，研究得到了板材 1.0kg CO_2-eq/kg 钢、热轧 1.2kg CO_2-eq/kg 钢、冷轧 1.5kg CO_2-eq/kg 钢、热浸镀锌 1.95kg CO_2-eq/kg 钢和电镀锌钢 1.75kg CO_2-eq/kg 钢的结果，并分析了导致各种钢碳足迹不同的原因。

8.1.3 钢铁生产过程其他影响类型

就钢材能耗而言，Pardo等人[27]在关于欧洲钢铁的研究中估计能源消耗量为 22.5GJ/t。在Norgate[26]的研究中，一次能源需求为 22.0GJ/t。在世界钢铁协会[27,28]的清单分析研究中，涉及全球15家钢铁公司的数据，一次能源需求为 16.4GJ/t。Renzulli等人[11]研究的意大利钢铁厂的能源需求为 23.2GJ/t。Burchart-Korol等人[9]研究了波兰钢铁厂的能源需求为 35.41GJ/t。从上述结果可以看到，尽管在研究的生命周期系统边界上可能存在一些差异，但大体上可以认为，国外钢材生产总的能耗范围为 16.4~35.41GJ/t，中间值为 22.5GJ/t。能源消耗是影响化石燃料耗竭和全球变暖潜力的主要因素。在整个钢铁生产过程的能源需求量中，钢铁生产占70%，高炉占20%，转炉占10%。在国家钢铁综合生产系统中，铁矿石烧结、生铁生产工艺、高炉系统、配套电厂对能源使用总量均有重要贡献，其中能耗占比最大的是高炉系统。而在具体能源类型方面，焦炭占能源需求的 52%，焦炉煤气占 12.5%。

研究发现，除降低能耗外，清洁生产还能降低不可再生资源耗竭潜力、无机颗粒物排放、水生生物毒性和陆地生态毒性。这可归因于炼钢原材料和电力是最重要的环境影响来源，其对大多数环境影响类型的贡献超过 50%，所以炼钢过程中铁水、废钢和辅助材料的使用量和比例的不同会对环境后果产生重要影响。常规生产需要更多的铁水，这就需要消耗更多的燃料和矿石，在处理过程中不可避免地会产生更多的废水、废气和渣，对自然资源、人类健康和生态系统的破坏价值较大，其中生产铁水过程对自然资源的危害最大，约占 60%。这也表明废钢的回收利用是一种更为环境友好的生产方法。但是废钢获得过程对人体健康危害最大。以废钢作为原材料（废钢回收利用）生产钢材时，在所评价的各类影响中，废钢回收阶段对人体健康影响贡献最大，同时对非致癌物、致癌物质和陆地生态毒性等影响类型的贡献也可占到总环境影响的 85% 以上。对全球变暖和可吸入无机物排放方面也有较大影响。另外，电的生产对不可再生能源和水体毒性的贡献也不容忽视。

高炉的焦炭消耗和烧结厂的铁矿石消耗对人类健康影响贡献最大。金属和矿物消耗的最大来源是烧结过程。无机颗粒物是化石燃料燃烧产生的氮氧化物、硫氧化物和颗粒物排放的结果。与焦炉相关的生命周期过程对毒性相关的影响类别（人类毒性癌症和非癌症效应以及淡水生态毒性）有重大影响。对于 AP、EP、ADPe 和 ADPf，上游链条占排放总量份额最大。烧结厂排放对于 POCP 影响显著，其中直接排放占最大份额（71%）。

8.1.4　面向清洁生产技术或方案的 LCA 评价

钢被认为是能源密集型材料。降低能源消耗和温室气体排放一直受到钢铁行业的重视。目前钢铁行业的清洁生产战略主要有五种路径方法：碳捕获和存储结合碳捕获和利用、工艺技术创新（例如 ISARNA 冶炼厂技术、碱性电解、高级直接还原等）、材料能源替代（例如生物质等）、废物管理（例如废钢回收再利用、高炉余热回收制氢、有机郎肯循环回收热能发电、废气发电）等。

8.1.4.1　废物管理的 LCA

为谨慎管理有限的自然资源，需要逐渐走向循环经济模式，它能够提高资源的使用效率。LCA 方法能够从全生命周期的角度评估资源、能源回收利用的环境和经济效应。

A　废钢回收

目前，全球超过 80% 的钢铁被回收利用。对于没有铁矿石矿床的国家，废钢回收是钢铁生产原料的重要来源。钢具有较长的功能寿命，如果再利用或回收，可以恢复其大部分价值。并且废钢被回收重新利用，也可以减少传统钢铁生产所需要的铁矿石量和环境影响。为了衡量在实现循环经济方面取得的进展，人们利用 LCA 方法来衡量产品在整个生命周期（从原材料提取到报废（EoL）回收或处置）内的社会、经济和环境效应。

早在 21 世纪初就有学者考虑了将回收利用纳入 LCA 中，世界钢铁协会提出/认可了许多不同 LCA 模型，2006 年，Birat 等人[29]对它进行了整理，在估计钢铁生产的 CO_2 排放量时，将钢铁回收整合在一起，这些模型呈现了不同的钢铁回收和炼钢过程中相应的二氧化碳排放情况。

世界钢铁协会[28]通过一致的环境负荷分配程序来综合考虑炼钢过程中的废钢输入和整个产品系统中的废钢输出。废钢的回收绝大多数是在不改变基材固有性能的情况下，将其重新熔化生产新的钢，因此，将钢的回收可以看作是一个闭环。所以世界钢铁协会选择了物质闭合循环法作为默认方法。根据世界钢铁协会的估计，回收 1t 废钢可以抵消超过 1200kg 铁矿石，7kg 煤和 51kg 石灰石的使用[30]。Broadbent 等人[31]计算得出，在产品使用寿命结束时每回收 1kg 废钢，可节省 $1.5kgCO_2$-eq 排放，可实现 13.4MJ 一次能源和 1.4kg 铁矿石的节约，这分别相当于初级生产使用量的 73%、64% 和 90%。Rahman 等人[32]从废旧船舶中回收废铁再加工生产成钢产品，与初级生产相比每 1t 钢产品可节省 16.5 GJ 一次能源和 1965kg CO_2-eq。并且从 LCA 的角度计算分析还可得出，在废钢回收利用过程中，电力和天然气消耗对环境影响很大，使用液氧和气枪切割废钢会对周围环境产生不利影响，在切割过程中改变切割方法或使用保护设备将在很大程度上减少对当地环境和健康的影响。Biganzoli 等人[33]评估了钢桶回收改造过程所产生的影响，发现相对于传统生产过程只产生了 25% 的环境影响，对桶进行翻新和重复使用的系统比只使用一次然后再循环利用的系统具有更好的环境性能。这种系统的优点随着循环次数的增加而增加。该结论对于同样具有循环使用性能的其他钢铁产品也应该同样适用。

B 废物回收

a 钢渣

钢渣是钢铁生产的大宗副产品，全球年产量约为 $170 \sim 250Mt$[33,34]。在欧洲，目前有 20%~30% 的钢渣被储存或填埋，其余的钢渣被重复使用。储存或填埋方法已被证实可能会带来大量化学和物理污染问题，其产生的渗滤液影响土壤和水的 pH、金属和类金属浓度等，对环境、生态、生物健康都带来了不小的影响[35,36]。

各种可用的处理方案也被相继提出，用 LCA 方法评估这些方案存在的环境影响[37]。目前钢渣主要被用作再次炼钢原料、其他材料替代物、其他生产材料等。通过 LCA 方法计算分析，将回收的钢渣、炉渣转化为炼钢原料会小幅地降低环境影响，但是其潜力比较有限，并且在回收过程中可能产生更高的环境影响，使得回收的碳中和排放目标难以实现[38]。

将钢渣作为其他材料替代物在多种方案下被证明可以带来较大的环境效益。如 Mroueh 等人[39]用 LCA 评估了用煤灰、碎混凝土废料和颗粒化高炉渣（BFS）代替天然骨料（一种建筑材料）在道路建设中的优势，表明最后两种材料可以降低环境负荷。Sayagh 等人[40]利用 ERM 工具（这是一种基于 LCA 的方法，专门为这类基础设施开发）评估了 3 种路面建设方案的环境影响，得出使用 BFS 的结构有助于节省从自然资源中提取的黏合剂。Mladenovič 等人[41]用 LCA 比较使用硅质骨料和使用替代钢渣骨料建造沥青磨损路线对环境的影响，就所讨论的 7 种影响类别而言，替代方案比传统方案更具可持续性。Victor J 等人[42]也利用 LCA 的方法比较了传统道路建设材料与电弧炉炉渣作为替代原料对环境的影响，再次证明了替代方案可以获得重要的环境效益。Lizasoain 等人[43]评估了通过钢渣所占比例不同的三种沥青混合物对环境的影响，证明了钢渣在替代传统骨料时分配比例的不同，可带来的不同环境影响。

钢渣作为其他产品的生产原材料也可带来巨大的环境效益。比如，韩国科学技术研究院（KIST）的研究人员提出的一种新工艺通过使用钢渣生产碳酸钙[44]，对该工艺进行生命周期评估（LCA）和技术经济分析（TEA），比较 KIST 纳米碳酸钙工艺与常规纳米碳酸钙工艺的技术经济可行性和 CO_2 减排效果，发现可减少 8% 的碳排放量，并且从环境和经济上均有良好的效益[45]。

此外，在其他不锈钢炉渣（SSS）中，氩氧脱碳（AOD）炉渣均有可能在新型建筑材料的生产过程中作为黏合剂使用[46]。Andrea 等人[47]从 AOD 炉渣（1 种建筑块通过碱活化，另 2 种通过碳化）开始开发了 3 种不同类型的建筑块（称为 SSS 块），并将其与传统铺路材料——普通硅酸盐水泥（OPC）混凝土生产的建筑块进行比较，得出生产 SSS 块具有比 OPC 混凝土块更低的环境影响。

由上可知，钢渣已被作为再次炼钢材料、替代材料和其他产品生产原材料等广泛应用到生产中，其中作为替代材料和其他产品生产原材料有着许多种可行方案，并且已被多个研究证明从全生命周期角度来看有着较大的环境效益。

b 烟气

钢铁生产过程通常产生大量气体。这些气体排放会带来较高的环境负荷，目前常通过改善烟气回收工艺和提高烟气能量回收来减轻这些负荷。目前已有多个研究案例证明了这些气体用于生产热能和电能的可能性。热电联产常作为处理炼钢烟气的解决方案，可同时满足污染减排和钢铁生产的高能源需求。如 Bieda 等人[48]评估了使用硬煤和高炉煤气两种锅炉发电过程的环境影响，证明利用高炉煤气比用煤更有利于环境。Li 等人[49]对一家中国钢铁厂的研究发现，与直接由燃煤电厂供电的炼铁系统相比，带有联合循环发电厂（CCPP）（利用副产品气体发电）的，可节能减排达 33%。Sergio 等人[50]以西班牙为案例，研究了评估在热电联产过程中使用钢铁废气作为燃料对环境的影响，证明在气候变化、电离辐射、人类毒性以及化石和臭氧层耗竭等环境影响类别上均具有环境效益，在最好的情况下，可节省 169.42m³/（MW·h）（标准状态）的天然气，从而减少自然资源和臭氧层耗竭。Messagie 等人[51]利用 LCA 分析了在不同分配方式下，以高炉煤气（BFG）作为钢铁行业废气发电对气候变化（GWP）的影响。Kim 等人[52]优化当前的废气发电工艺，比较了 1 种常规发电厂和 2 种利用废气的优化发电厂的效益，并通过 LCA 证明使用钢铁行业的废气在经济上是可行的。

  c 余热

  在钢铁生产中会产生大量的热量，如果这些热量可以被捕获和使用，就可以提高过程能效和节省能源。目前利用余热的方法主要有：热交换技术、热功转换技术、制热制冷技术。其中潜力最大的是使用热交换器（特别是在低温下）利用热能和转换为电能 2 种方式。Duan 等人[53]采用 LCA 证明，与传统的水淬法——（OCP）相比，将炉渣余热用来发电的多级炉渣余热回收系统在钢铁行业的节能减排、经济等方面均具有良好的应用潜力。Conor 等人[54]研究了有机朗肯循环（ORC）的潜在应用，即利用钢铁生产中焦炉阶段产生的低品位热量发电，并评估了其环境、经济的影响，尽管对整个生命周期环境影响减少不足 1%，但仍减少了大量的二氧化碳排放，证明了它的环境效益。Lin 等人[55]研究发现，采用有机朗肯循环发电和用木屑颗粒燃料来替代重质燃料油都可以减轻对生态系统、人类健康和资源枯竭的环境影响。

  由上可知，已有多篇文献利用 LCA 方法，对钢铁行业利用有机朗肯循环进行余热发电进行了研究并证明了其在环境、经济方面的潜力。但目前还很少见到对其他余热利用技术的 LCA 研究。

8.1.4.2 碳捕获存储与碳捕获利用

  由于世界仍需持续严重依赖化石能源，所以有效捕获高耗能、高排放行业产生的 CO_2 将是至关重要的。碳捕获和储存（CCS）是将工业和运输部门产生的 CO_2 分离到规定的理想储存位置，被认为是减少全球变暖及其对人类和其他生物物种影响的实用方法之一。碳捕获和利用（CCU）是使钢厂中的废气价值化，比如可以用来生产散装化学品甚至氧亚甲基醚等燃料。而 CCS 只是一种废物缓解技术。因此，将 CCS 和 CCU 结合起来将成为减轻温室气体排放、气候变化和实现碳中和目标的新型重要路线。

  欧洲碳减排项目 ULCOS 项目（ULCOS，2014）是最先进的钢铁 CCS 应用项目之一。日本碳减排项目 COURSE50 也是着重开发 CO_2 捕集储存和再利用技术。另外，还有不少研究从经济、环境方面评估了相关技术的可行性和潜力[56-60]。也有研究从 LCA 的角度评估了一些碳捕集、储存和利用技术，例如 Dora 等人[61]从 LCA 的角度将没有 CCS 的集成钢厂、使用单乙醇胺（MEA）的传统化学吸收技术, 以及基于更具创新性的钙循环 (CaL) 技术的 3 种钢厂进行比较, 得出将 CCS 纳入钢铁生产路线, 可将全球变暖潜能值降低 47.98% ~ 75.74%, CaL 收集技术比传统 MEA 的碳减排效果更好, 但是其他环境影响均有提高。Calin 等人[62]评估了使用化学溶剂 (例如烷醇胺) 和钙循环 (CaL) 的气液吸收技术, 证明了钙循环 (CaL) 的气液吸收技术碳捕集率在 90% 以上, 并且 CaL 系统具有更显著优势。Petrescu 等人[63]对用于综合钢厂脱碳的吸附增强水-气变换 (SEWGS) 工艺和使用单乙醇胺 (MEA) 的传统化学吸收技术进行比较, 证明 SEWGS 工艺相比 MEA 工艺能带来更好的环境效益。Samantha 等人[22]探讨了通过在多条炼钢路线中引入带碳捕获和储存技术和生物能源 (BECCS) 技术来实现炼钢负排放的潜力, 指出在高炉中同时使用生物能和碳捕集与封存技术, 比在现场范围内单独使用生物能或碳捕集与封存技术表现出更大的脱碳潜力。单独使用 CCS 比单独使用生物能源可以产生更高的净二氧化碳减排, 但生物能源和 CCS 结合产生的净二氧化碳减排比单独使用其中任一种技术减排的总和更大。

使用 LCA 方法的研究虽然从更宏观的角度证明了部分碳捕集储存与利用技术所带来的大量减排效益, 但在其他影响类别上带来的负面影响也不容忽视。将碳捕集储存利用技术与其他清洁生产技术联合使用可能会带来更好的效果。但遗憾的是, 目前使用 LCA 来评估碳捕集储存利用技术的研究还较少, 数据也非常有限。

8.1.4.3   资源替代的 LCA

通过替代资源来减少环境影响的策略主要包括原料更换和燃料转换。炼铁过程中使用的原料包括 BF-BOF 路线的铁矿石、EAF 和 DRI 路线的回收废钢, 在上一章中已具体分析。在炼铁中, 提供能量以驱动高炉中氧化铁还原的能量载体被称为还原剂。因此, 用替代化石或衍生资源 (如生物质、煤粉、重油、天然气、废油和废塑料等) 替代常规还原剂 (主要是硬煤焦炭) 类似于其他工业部门的燃料转换。目前这些替代方案已经在工业规模上进行了一些测试。Echterhof[64]总结并比较了所讨论的不同替代碳源的环境影响, 包括生物质和橡胶/塑料两种碳源。由于单位质量的废塑料热值通常比煤高, 因此使用废塑料代替煤炭可以减少煤炭的消耗, 从而减少 CO_2 排放。此外, 废塑料的利用可使用钢铁厂现有设备, 无需建设新的设施。因此, 利用废塑料当作替代燃料在钢铁行业碳减排方面展现了巨大的潜力。从 LCA 的角度来看, Sekine 等人[65]研究了几种单独的塑料树脂减排潜力, 在焦炉化学原料回收的情况下, 聚苯乙烯 (PS) 和聚丙烯 (PP) 的还原潜力大于聚乙烯 (PE) 的还原潜力。另外, 在高炉原料回收的情况下, 聚乙烯 (PE) 具有最大的 CO_2 减排潜力, 而聚丙烯的减排潜力小于聚乙烯的排减潜力。聚对苯二甲酸乙二醇酯 (PET) 增加了二氧化碳的排放。Carl 等人[66]以欧洲数据为基础, 在三种技术水平下, 每吨废塑料的焦炭替代率为 0.85

时，每生产 1t 钢对气候变化和化石资源消耗的影响分别降低 0.9~2.4tCO$_2$-eq/t 和 26~40GJ-eq。

与正在开发的其他突破性技术相比，使用生物质衍生燃料和还原剂为在炼钢炼铁过程中减少环境影响提供了可持续的选择。它的经济成本和技术风险更低。原始生物质不适合用于炼铁和炼钢，应在使用前进行转化，生物质衍生的焦炭和碳氢化合物在降低净 CO$_2$ 排放方面具有巨大潜力。从 LCA 的角度来看，Jahanshahi 等人[67]提出澳大利亚钢铁工业二氧化碳突破计划已经确定了 12 种工艺应用，其中生物质衍生燃料和还原剂可以在综合炼钢（BF-BOF）和小型炼钢（EAF）路线中促进净二氧化碳减排。对于 BF-BOF 路线，在炼铁和炼钢过程中使用可再生生物质炭，有可能直接减少 31%~57% 的 CO$_2$ 净排放量，如果考虑到全生命周期，则可能减少更多。Lin 等人[68]通过在加热炉中引入木屑颗粒燃料来替代重质燃料油，与使用重油燃料的 BAU 情景相比，整体环境影响可以减少 90% 以上，可以减轻对生态系统、人类健康和资源枯竭的环境影响。

Norgate 和 Langberg[69]估计了木炭取代了高炉中 20% 和 100% 的焦炭和煤时的环境影响。使用化石还原剂的情景下生命周期排放量为 2.17tCO$_2$-eq/t 钢，以 20% 的木炭替代率，降低 CO$_2$ 排放量为 0.33tCO$_2$-eq/t 钢，在 100% 木炭替代率的情况下，可减少 1.32tCO$_2$-eq/t 钢。Norgate 等人[70]使用 LCA 方法来评估澳大利亚钢铁工业中用木炭作为燃料和还原剂替代化石燃料的环境影响。计算出电弧炉生产路线中 CO$_2$ 的总减排量（直接和间接）为 5.5%~11%。考虑到木炭生产的副产品，他们计算出 EAF 路线的温室气体排放减少率为 7.3%~14.7%。Demus 等人[71]以欧洲电力背景来计算，得出在 EAF 路线中用木炭替代化石碳源，相对温室气体减排潜力大约是 29%。

Carl 等人[66]评估了用完全来自种植园（被视为生物碳）或原始森林（被视为化石碳）的木材生产的木炭代替焦炭所产生的影响，从生命周期的角度来看，用原始森林木材生产的木炭替代焦炭将导致对气候变化的影响净增加，而使用种植园木材生产的木炭对气候变化的影响为净减少。可见生物炭的来源对减排效果有重要的影响[72]。

8.2 面向的钢铁行业清洁生产评估体系

8.2.1 构建评估指标体系的背景

8.2.1.1 清洁生产背景

近几十年来，随着我国经济的高速发展，尤其是国内重点用钢行业的快速回升以及国际钢铁需求的快速增长，促使我国钢铁快速高质量发展，已成为国民经济的支柱产业之一。目前，中国已经发展成为全球最大的钢铁生产国和消费国。但是钢铁行业作为典型重污染行业之一，也是典型的"两高一资"行业，具有高能耗、高污染和资源消耗大的显著特征。

为了更好地实现低能源消耗、低环境污染与高经济效益的协同效应，自1992年《环境与发展十大对策》起正式将清洁生产作为优先实施的重点领域，随后基于《中华人民共和国清洁生产促进法》在国家层面和企业层面陆续出台了一系列钢铁行业清洁生产相关政策标准。其中主要包括清洁生产审核类、产业结构调整、节能减排、清洁生产技术、碳交易市场等方向。随着国家对于环保观念的逐步深化、国家相关标准政策和科技经济水平的不断提高，清洁生产技术也在逐步完善和演化。

清洁生产技术可以分为工艺过程的清洁生产、末端治理的清洁治理技术和资源综合利用技术。工艺过程的清洁生产是从钢铁生产工艺上进行的，属于源头减排，可以从生产工艺源头上减少污染物的产生；末端治理是对工艺生产过程中产生的污染物进行高效捕集和净化，使排放的污染物中有害物质满足国家的排放标准，资源综合利用是对我们有限的自然资源进行谨慎管理，提高资源利用及再利用效率，走向循环经济模式。目前我们逐渐从重视环保处理技术的末端角度转向从工艺全流程、全行业、全生命周期的角度。为了推动这些清洁生产技术的研究和普及，我国陆续设立了循环经济高技术产业重大专项、重大产业技术开发专项、国家工程研究中心及国家工程实验室项目、钢铁行业清洁生产技术推行方案等项目，企业上也设立了氢冶金项目、节能改造项目、开发绿色产品等项目。

随着全球环保标准的日趋严格和"双碳"目标的提出在清洁生产技术和项目的推动下，近几年钢铁行业环境经济数据、产排污数据等都获得了明显的优化。为了评价钢铁行业改进和、清洁生产水平，我国于2005年起陆续颁布的《清洁生产标准钢铁行业》系列第一次系统性地以标准化形式明确了主要工序清洁生产的评价指标体系。为贯彻落实《中华人民共和国清洁生产促进法》（2012年），建立健全系统规范的清洁生产技术指标体系，自2014年起陆续颁布的《钢铁行业清洁生产评价指标体系》系列，在"十三五"期间指导和推动了企业依法实施清洁生产，并取得了明显效益。

8.2.1.2　钢铁行业评价指标体系的不足

（1）《钢铁行业清洁生产评价指标体系》（2014）距今（2023年）已有较长时间，较目前生产工艺、管理体系等已有较大滞后，有些问题已经得到解决或者说企业基本都已达到标准，所以有些指标已不再具有问题代表性。

（2）建立指标体系评价基准所使用数据均为2014年之前的数据，从钢铁行业环境经济数据、产排污数据可以看出，近年来钢铁行业清洁生产取得了明显成果。而基准值需要对目前生产工艺的标准具有引领作用，所以 2014 年发布的指标体系的基准值有待提高。

（3）由温室气体排放导致的全球气候变化已受到全球的高度关注。为实现《巴黎协定》提出的"将全球平均气温较前工业化时期上升幅度控制在 2℃以内，并努力将温度上升幅度限制在 1.5℃以内"的控温目标，以及我国提出的 2030 年碳达峰和 2060 年碳中和的"双碳"目标，钢铁企业正在大力推进低碳化发展，努力实现以低能耗、低排放、低污染为核心的清洁生产，实现可持续发展战略。全球碳排放交易机制也已开始运作并有逐渐形成统一的全球碳市场之势。我国已于 2020 年出台了《碳排放权交易管理办法（试行）》，并以发电行业为试点正式启动了全国碳市场第一个履约周期，而钢铁行业作为高耗能行业有望在"十四五"期间被纳入碳排放交易市场。所以如何衡量和评价钢铁企业降碳发展的进程和程度是目前亟待解决的重要问题之一。从现有的清洁生产评价指标体系来看，还没有将碳排放量和降碳量等作为一个评价维度，甚至尚未列入二级指标中。由此可见，还必须从降碳的维度对钢铁行业清洁生产评价指标体系进行完善，以满足"双碳"目标战略和碳排放交易市场的需求。

（4）目前《钢铁行业清洁生产评价指标体系》（2014）并未涵盖生命周期全过程。从生命周期全过程来评价和认识产品或服务的资源消耗、环境排放及其影响潜势，可防止环境负荷在不同生命阶段或不同污染物之间的转移，确保采用的新技术、新工艺等是真正满足生态要求的。在不少行业，清洁生产也已从最初重点关注单个企业内部生产过程，逐步发展为关注全过程。所以应更关注整个生命周期系统内的清洁生产问题，防止在实现低碳的过程中造成其他环境负荷的增加。从生命周期系统角度进行清洁生产评价指标和基准值的设置，是实现各指标层协同效应的基本保证。

8.2.1.3　建立指标体系的意义

（1）通过对我国钢铁行业清洁生产现状进行的调查和分析，找出当前《钢铁行业清洁生产指标体系》存在的不足，为钢铁行业清洁生产的发展提供指导。

（2）分析钢铁行业与清洁生产相关的指标体系的优点和不足，结合当前清洁生产发展热点，面向碳中和的现实需求，从全生命周期的角度构建钢铁清洁生产指标体系，丰富和完善了当前的指标体系，以准确评估钢铁行业的清洁生产水平和发展需求。

8.2.2　已有指标体系的比较分析

8.2.2.1　《清洁生产标准》和《清洁生产指标体系》的比较

国家发改委 2005 年颁布实施了《钢铁行业清洁生产评价指标体系（试行）》，环境保护部 2006 年颁布实施了（HJ/T 189—2006）《清洁生产标准钢铁行业》、工业和信息化部组织编制了《钢铁行业清洁生产水平评价技术要求》（暂未发布），三部委针对钢铁行业出台不同清洁生产标准，存在着尺度不一的情况。但是，钢铁企业及机构进行钢铁行业清洁生产评价时多半采用《清洁生产标准钢铁行业》。2006 年起颁布的《清洁生产标准钢铁行业》系列，这些指标体系由生产工艺与装备要求指标、资源能源利用指标、产品指标、污染物指标、废物回收利用指标和环境管理要求指标 6 个一级指标和 42 个二层级指标组成。这些标准将清洁生产水平划分为 3 个等级，一级为国际先进水平，代表目前国际上相关行业清洁生产的发展方向；二级为国内先进水平，代表目前国内相关行业清洁生产的发展方向；三级为国内基本水平，代表在目前国家技术许可条件下应该达到的最基本水平（或平均水平）。

为贯彻落实《中华人民共和国清洁生产促进法》（2012 年），建立健全系统规范的清洁生产技术指标体系，指导和推动企业依法实施清洁生产，我国于 2014 年之后又陆续更新了钢铁行业清洁生产指标体系和评价基准，颁布了《钢铁行业清洁生产评价指标体系》系列，替代了由环保部门在 2006~2009 年发布的钢铁行业清洁生产标准。《钢铁行业清洁生产评价指标体系》由生产工艺装备与技术、节能减排装备与技术、资源与能源消耗、产品特征、污染物排放与控制、资源综合利用、清洁生产管理 7 个一级指标和 58 个二级指标组成。

钢铁行业清洁生产评价指标体系继承了原国家环保部颁布的清洁生产标准框架的特点（六大类一级指标、三级基准值）。吸收和采纳了原国家发改委颁布的清洁生产评价指标体系（试行）综合指数计算方法和清洁生产水平分级的判定方法[73]。

但是在内容上将六大类指标调整为七大类指标，在二级指标设置和基准值的设置也有很大的不同。一级指标的改变更凸显了评价体系的明确性、系统性和宏观性；二级指标个数的增加可更详细地衡量企业生产过程中各因素对清洁生产水平的影响大小。三个清洁生产等级基准值的设定也更符合进一步提高清洁生产效益的要求。

这主要是因为：（1）采纳了钢铁行业先进适用的清洁生产技术，如煤调湿技术、铁钢高效衔接技术、原料场全封闭技术、烧结烟气综合净化治理技术等[73]。（2）结合了钢铁行业最新的产排污数据、经济数据等，如钢铁统计年鉴、企业统计数据等。（3）参考了当时下发的钢铁行业相关产业政策、标准、设计规范、污染防治最佳可行技术导则等文件，如《清洁生产评价指标体系编制通则（试行）》《钢铁工业生产规范条件》《国家环境保护"十二五"规划》等。（4）将近年来钢铁企业开展清洁生产审核活动取得的成功经验融入指标内容中，如钢铁企业健全完善清洁生产领导机构、清洁生产管理制度、编制和实施清洁生产规划与年度计划、建立能源管理体系、成立能源管理控制中心、开展节能评估和能源审计工作等[73]。(5)结合全生命周期思想更关注从原材料选取、生产到使用、处置的各个环节,更强调全过程的污染防治和资源节约利用。

8.2.2.2　与清洁生产相关的钢铁行业指标体系比较

在探索清洁生产指标体系的过程中,清洁生产有着不同的表达方式,比如节能减排、绿色工厂、绿色产品、绿色生产、绿色制造等。为了全面推行清洁生产、绿色制造,加快实施绿色制造工程,进一步发挥标准的规范和引领作用,推进绿色制造标准化工作,工业和信息化部、国家标准化管理委员会共同组织制定了《绿色制造标准体系建设指南》。其中钢铁行业绿色制造重点区域共19项,分为7个大类,涵盖了综合基础、绿色产品、绿色工厂、绿色企业、绿色园区、绿色供应链以及绿色评价与服务。指南指导钢铁行业通过实施绿色制造标准化提升工程,构建绿色制造标准体系,加快绿色产品等重点领域标准制修订的方式,来推动企业开发绿色产品、推行绿色设计、提升产品节能环保低碳水平,从而引领绿色生产和绿色消费[74]。指南按照国家鼓励、产业急需和支撑行业主管部门重点工作的原则,提出了绿色制造标准体系内重点标准,其中与钢铁行业相关的有《绿色制造管理体系要求》《绿色产品评价通则》《钢铁行业绿色工厂评价导则》《绿色企业评价通则》《绿色园区评价通则》《绿色供应链评价通则》。根据标准涵盖的范围,钢铁行业适用程度、发布日期等,本章对近几年发布的《钢铁行业绿色工厂评价导则》《绿色设计产品评价规范》《钢铁行业绿色生产管理评价标准》《钢铁工业绿色高质量发展指数》团体标准、《中国宝武绿色城市钢厂评价指标体系》这五套清洁生指标体系进行比较分析。

A　近年发布的钢铁行业指标体系概述

a　钢铁行业绿色工厂评价导则(2019)

《中国制造2025》将"全面推动绿色制造"作为九大战略重点之一,明确提出要"建设绿色工厂,实现厂房集约化、原料无害化、生产洁净化、废物资源化、能源低碳化"。钢铁行业作为第一批行业率先发布《钢铁行业绿色工厂评价导则》行业标准对企业绿色工厂创建提出了一系列要求,适用于钢铁联合企业绿色工厂(不含矿山)的评价,其他独立轧钢等类型钢铁企业绿色工厂评价可参照本标准。

该评价导则基于一致性原则、定量与定性相结合原则、行业性原则,设立基本要求、基础设施、管理体系、能源与资源投入、产品、环境排放、绩效7大一级指标、31个二级指标及若干评价要求,具体评价要求分为必选要求和可选要求,必选要求为工厂应达到的基础性要求;可选要求为提高性要求,具有先进性。

该评价导则对企业绿色发展有很大的促进作用。有助于在钢铁行业内树立标杆,引导和规范工厂实施绿色制造、绿色生产[75]。

b 钢铁行业绿色生产管理评价标准（2020）

为科学合理评价不同钢铁企业绿色生产管理水平，引导钢铁企业有序开展深度治理、节能减排，推进低碳转型升级和高质量发展，推动钢铁行业打赢污染防治攻坚战，由首钢股份主持制定、中国金属学会批准的《钢铁行业绿色生产管理评价标准》八项团体标准正式发布，于 2020 年在全国范围内实施。

标准结合了国家、省市超低排要求，查阅国标、冶标、地标等 60 余项标准，参考政策指导文件 30 余份，并与世界一流企业、国内先进企业对标，确保各项技术指标的先进性，创造性地设计了该系列标准的基本架构、指标体系。该系列标准分为通则、焦化、烧结（球团）、炼铁、炼钢、热轧、冷轧（碳钢）、冷轧（电工钢）8 个部分，还下设《钢铁行业绿色园区标准》其中通则部分设立合规性要求，基础设施、管理体系、能源与资源投入，环境排放、产品 6 大一级指标，23 个二级指标，在二级指标下设具体评价要求。对钢铁联合企业的总体评级依照通则和单工序得分折合分数的形式确定。钢铁行业绿色生产水平分为三个等级，一级企业为绿色生产领先水平，二级企业为绿色生产先进水平，三级企业为绿色生产一般水平。

该指标体系填补了钢铁行业绿色生产管理评价标准的空白，为科学评价钢铁企业绿色生产管理水平，推动钢铁行业绿色制造、节能减排、低碳发展，贡献了首钢智慧和方案[76]。

c 钢铁行业绿色生产管理评价标准（通则）（2020）

当前我国钢铁工业正处在转型升级的关键时期，是推动技术和管理创新、全面提升钢铁工业绿色制造和高质量发展的时期。为进一步贯彻落实绿色发展理念，评估钢铁企业和行业的绿色发展水平，同时在行业内形成"绿色发展，你超我赶"的良性竞争局面，迫切需要制定一套能够反映并引领钢铁工业绿色高质量发展的综合指标体系，并通过科学计算得到绿色高质量发展指数。中国宝武钢铁集团有限公司、北京京诚嘉宇环境科技有限公司、冶金工业信息标准研究院等单位承担编制了《钢铁工业绿色高质量发展指数（20200035）》团体标准。

本标准结合国家及行业的相关政策标准，并征求了部分钢铁企业的意见，从装备技术、资源利用、能源效率、环保绩效、区域环境、经营质量、智慧创新、产品与供应链、区域发展贡献、应对气候变化等"多目标约束"统筹优化与集成解决为出发点，以清洁生产为基础，提出符合我国钢铁工业发展特点、体现"绿色"和"高质量"要求的指标体系。指标体系以"绿色制造"和"发展质量"为一级指标。二级指标共 10 项，其中，绿色制造下设的二级指标包括装备技术、资源利用、能源效率、环保绩效、区域环境 5 项；发展质量下设的二级指标包括经营质量、智慧创新、产品与供应链、区域发展贡献、应对气候变化 5 项。三级指标共 57 项，其中 43 项定量指标，14 项定性指标；所有指标值均为年度绩效指标。本指标体系单独设置附加项指标，分为"加分项"和"扣分项"，引导企业弥补自身不足，向行业标杆企业看齐。加分项主要考虑企业在绿色发展和高质量发展方面获得的荣誉，并鼓励企业在国家产业政策引领下，调整为电炉冶炼工艺（或增加电炉钢比例）；扣分项主要考虑企业在年度内发生的节能监察和环保处罚情况以及造成人员伤亡的安全事件等。

根据权重赋予分值，得出能够客观反映行业和企业整体发展水平的"指数"，用以表征钢铁行业/企业绿色高质量发展状况，同时引领和推动行业转变观念和生产发展方式，促进钢铁工业参与循环型社会建设、构建持续稳定经营的技术体系和发展模式，加快技术升级，推动行业绿色高质量发展[77]。

d 绿色设计产品评价技术规范管线钢（2019）

推行钢铁产品绿色设计，降低其在全生命周期内对环境的影响，是钢铁工业推进绿色制造的具体体现，也是加快全行业实现高质量发展的关键。中国钢铁工业协会、中国特钢企业协会等行业组织响应政策要求，先后制定并发布了《绿色设计产品评价技术规范管线钢》《绿色设计产品评价技术规范取向电工钢》《绿色设计产品评价技术规范新能源汽车用无取向电工钢》，以及《绿色设计产品评价技术规范厨房厨具用不锈钢》等团体标准，其中管线钢技术规范适用于采用高炉炼铁、转炉炼钢、宽厚板可逆式轧机或热连轧机组生产的石油、天然气及其他类似流体输送管用管线钢的绿色设计产品评价。

管线钢评价技术规范依据生命周期评价方法，考虑管线钢产品的制造生命周期，深入分析各阶段的资源消耗、生态环境、人体健康影响因素，选取不同阶段的、可评价的指标构成评价指标体系。在满足评价指标要求的基础上，采用生命周期评价方法，进行生命周期影响评价，编制生命周期评价报告并作为评价绿色设计产品的必要条件。所以其评价指标体系较为基础简单，包括能源属性、资源属性、环境属性、产品属性4个一级指标及12个二级指标[78,79]。

e 中国宝武绿色城市钢厂评价指标体系（2020）

中国宝武以全新的高度再思考企业绿色发展，提出以"三治四化"（废气超低排、废水零排放、固废不出厂；洁化、绿化、美化、文化）为抓手推进生态环保工作，以"两于一入"（高于标准、优于城区、融入城市）为目标建设绿色城市钢厂。为了有效评估集团公司钢铁产业绿色发展情况、帮助各企业发现短板、挖掘潜力、进而持续改进，集团公司立项建立"中国宝武绿色城市钢厂评价指标体系"，促进环保管理创新，持续推进环保治理体系和治理能力的现代化。

中国宝武绿色城市钢厂评价指标体系，从绿色钢厂、产城融合两个维度来衡量和评价长流程钢铁企业的绿色发展状况，具体包括绿色钢厂、产城融合2个一级指标，二级指标有12项，其中绿色钢厂下设的二级指标包括资源能源、工艺装备、废气超低排、废水零排放、固废不出厂、厂区洁化、绿化美观、生态文化

8 项，产城融合下设的二级指标包括增长质量、产品与供应链、资源共享、社企关系 4 项，及下设的 80 个三级指标。

中国宝武集团计划通过收集更多企业实绩数据对钢铁企业绿色城市钢厂评价指标体系进行验证，并结合行业专家的意见和建议加以完善，使之成为行业标准，以推动行业绿色发展。

B 近年发布的钢铁行业指标体系对比分析

从 1997 年有关生命周期评价的第一个国际标准（ISO 14040）颁布实施以来，历经 20 多年的发展，生命周期全过程的思想和评价技术已在许多行业、国家或地区得到广泛应用。从生命周期全过程来评价和认识产品或服务的资源消耗、环境排放及其影响潜势，可防止环境负荷在不同生命阶段或不同污染物之间的转移，确保采用的新技术、新工艺等是真正满足生态要求的。

在不少行业，清洁生产评价指标体系都从最初重点关注企业内部生产过程，逐步发展为关注从原材料采掘和加工、产品生产、使用和报废处置全过程。尤其在当前特别强调低碳目标的情景下，更应关注整个生命周期系统内的清洁生产问题，防止在实现低碳的过程中造成其他环境负荷的增加。所以本节从生命周期全过程出发，将各指标体系的二级指标或三级指标按照原材料开采、钢铁生产、供应运输、产品使用、回收利用五个阶段进行分类统计，以便考量各指标体系的科学性与全面性，分析钢铁行业指标体系发展趋势。其中按照各指标体系一级指标的分类共性，又将钢铁生产流程分为资源能源投入、降碳、排放、增效、产品、管理、技术和设施七个部分。各指标体系中生命周期各阶段指标设置个数及所占百分比如表 8-4 所示。

从全生命周期的角度来看，2014 年的《钢铁行业清洁生产评价指标体系》只注重于企业生产过程中的清洁生产程度，原材料开采、降碳、供应运输、产品使用、回收利用方面有所忽视，生产和节能减排的工艺与设备、资源能源投入、增效、管理分布较为均衡。

a 原材料开采阶段

钢铁生产的原材料基本属于外购，所以原材料开采阶段可衡量上游企业的清洁生产水平。2014 年的《清洁生产评价指标体系》中缺乏原材料开采方面的指标，而近年来发布的指标体系多引入对钢铁企业采购过程设定指标标准去衡量开采过程的清洁生产水平。《钢铁行业绿色工厂评价导则》通过钢铁企业采购过程中是否设定环保准则去评价供方企业，供方采购信息是否包括有害物质使用、可回收材料使用、能效等要求，钢铁厂是否对采购材料进行检验以确保材料合规来进行衡量。《钢铁行业绿色生产管理评价标准》通过钢铁厂是否对供方设置准入机制和评价机制来衡量。《钢铁行业绿色高质量发展指数》用钢铁厂是否有绿色采购制度或协议来进行衡量。总之，多是通过对钢铁厂采购环节设置定性的指

表8-4　各指标体系中生命周期各阶段指标设置个数及所占百分比

生命周期阶段		钢铁行业清洁生产评价指标体系	指标数	钢铁行业绿色工厂评价导则	指标数	钢铁行业绿色生产管理评价标准	指标数	钢铁行业绿色园区评价指标体系	指标数	钢铁行业绿色高质量发展指数	指标数	中国宝武绿色城市钢厂评价指标体系	指标数
原材料开采		—	—	3.2%	1	4.3%	1	—	—	1.7%	1	1.25%	1
钢铁生产	资源能源	17.2%	10	6.4%	2	8.7%	2	9.1%	3	19.3%	11	12.5%	11
	降碳	—	—	9.7%	3	4.3%	1	3%	1	8.8%	5	1.25%	1
	排放	10.3%	6	12.9%	4	17.4%	4	12.1%	4	10.4%	6	10%	8
	增效	17.2%	10	12.9%	4	—	—	39.4%	13	14%	8	17.5%	14
	管理	17.2%	10	25.8%	8	26.1%	6	21.2%	7	21%	12	38.75%	31
	产品	5.2%	3	6.4%	2	8.7%	2	3%	1	8.8%	5	7.5%	6
	技术与设施	32.8%	19	19.4%	6	21.7%	5	12.1%	4	14%	8	8.75%	7
供应运输		—	—	—	—	4.3%	1	—	—	1.7%	1	1.25%	1
产品使用		—	—	3.2%	1	4.3%	1	—	—	—	—	—	—
回收利用		—	—	—	—	—	—	—	—	1.7%	1	1.25%	1

标，但是缺少进一步详细的标准。

b　钢铁生产阶段

钢铁生产阶段指的是从原材料运入"大门"到钢铁产品运出"大门"的过程，主要包括工业过程和能源转化过程及其他辅助生产过程等。此阶段为钢铁行业的相关清洁生产标准的重点关注阶段，该阶段指标占比达到80%以上。按照各指标体系一级指标的分类共性，又可分为资源能源投入、降碳、排放、增效、产品、管理、技术和设施七个层面。

"资源能源投入"层面代表的是生产钢铁时资源能源的利用效率和资源能源的清洁程度。2014年的《清洁生产评价指标体系》中此层面指标所占比例为17.3%，主要采用各主要工序的能耗、钢铁料消耗、水资源能耗来衡量资源能源利用效率，采用高炉燃料比、二次能源发电量所占耗电量比例来衡量资源能源的清洁程度。近年来新发布的指标均在此基础上有所补充。《钢铁行业绿色工厂评价导则》除了仍采用各工序能耗、水耗、原材料消耗等指标外，还引入了余热余压余能等二次资源回收利用、废弃资源回收利用、低碳新能源利用、生产结构用能结构、建立能源管理中心等指标以便更好地衡量资源能源的清洁性。《钢铁行业绿色生产管理评价标准》在此层面与《钢铁行业绿色工厂评价导则》指标设置类似，另外在能源消耗类指标中新引入等待期间的能源消耗，要求热装热送比不小于30%。对余热余压余能等二次资源回收利用中的能源放散作出规定。《钢铁行业绿色园区评价指标体系》引入了可再生能源使用比例、自发电比例、构建工业生产链项目数量，其中构建工业生产链项目数量是以"钢铁主业"为核心，以其副产品和废物为突出点，针对性延伸到产业链，构建生态产业链所引入的企业、工序等。《钢铁行业绿色高质量发展指数》和《中国宝武绿色城市钢厂评价指标体系》仍采用各主要工序能耗衡量能源使用效率，除高炉燃料比引入煤炭占能源消耗比例、可再生能源利用、余能回收量占能源消耗总量比例、能源放散率来更好的衡量能源清洁程度。除钢铁料消耗、水耗外还引入矿石品位、废钢消耗量、非常规水资源利用率来衡量资源情况。

"降碳"层面代表的是降低温室气体排放量的能力。2014年的《清洁生产评价指标体系》中没有体现降碳能力的指标，《钢铁行业绿色生产管理评价标准》采用了温室气体排放量，《中国宝武绿色城市钢厂评价指标体系》采用了吨钢二氧化碳排放量指标，均只能从碳排放角度去衡量，《钢铁行业绿色园区评价指标体系》采用单位工业增加值二氧化碳排放量年均消减率，来衡量碳减排能力，均设置较不全面。《钢铁行业绿色工厂评价导则》采用了温室气体排放量、能源低碳化、产品减碳三个指标，能较全面地衡量降碳能力。《钢铁行业绿色高质量发展指数》采用了碳排放管理、吨钢二氧化碳排放量、碳强度下降率、碳配额清缴、绿色低碳活动五个指标，其中特别引入了碳交易市场相关的指标更具有先进性、全面性。可见随着温室气体排放导致的全球气候变化越来越受到全球范围内的关注，以及我国提出的 2030 年碳达峰和 2060 年碳中和的"双碳"目标，钢铁企业正在大力推进低碳化发展。所以最近发布的指标体系均加入衡量降碳能力的指标，目前最常采用的指标包括碳排类指标，比如温室气体排放量、吨钢碳排放量，以此来进行定量的评价企业碳排能力。碳减排类指标，比如碳排放年均消减率、吨钢碳排放量等，来衡量单位时间内企业降低碳排放的能力。低碳能源类，比如能源低碳化来综合衡量含碳能源消耗、吨碳排放、碳排放下降能力。产品减碳类从产品的角度来衡量单类产品碳排放量。碳排放管理类从管理层面衡量企业碳减排潜力。随着全球碳排放交易机制开始运作，也逐渐引入相关指标，比如碳配额结余率、碳配额清缴，碳低效率等。

　　"排放"层面代表的是钢铁生产过程中废气、废水、废物及它们中携带的污染物的排放量。各指标体系均对此重点关注，指标设置也具有较大的共性。2014年的《清洁生产评价指标体系》设置了废水排放类、废气排放类的六个排放指标。在此基础上，《钢铁行业绿色工厂评价导则》和《钢铁行业绿色生产管理评价标准》新引入了固废排放，噪声排放的指标。《钢铁行业绿色园区评价指标体系》除污染物排放总量达标还引入新的衡量污染物排放情况的重点污染源稳定排放达标、污染物排放弹性系数两个指标，重点污染源稳定排放达标衡量了稳定达标排放的污染源所占总污染源的比重，污染物排放弹性系数引入了工业增加值，衡量了随着工业增加值的增长各污染物的增长情况。《中国宝武绿色城市钢厂评价指标体系》则定下了废气超低排、废水零排放、固废不出厂的目标。

　　"增效"层面表示的是进行清洁生产过程中产生的环境效益、企业效益。在此层面中重点关注的是资源的综合利用能力，特别是废物回收利用的能力。2014年的《清洁生产评价指标体系》中本层面所设置的 10 个指标均是衡量废气、废水、废物的回收综合利用。在此基础上，《钢铁行业绿色工厂评价导则》引入用地集约化以评估工厂占地、建筑的效益，还引入生产洁净化、能源低碳化进行进一步综合评估。《钢铁行业绿色园区评价指标体系》则是除了资源综合利用的指标外加入了与经济有关的指标，比如环保投入比——用来衡量企业投资环境保护的能力，单位面积工业增加值、水产出率、土地产出率、能源产出率等——用来衡量随着企业经济效益的提高各污染排放量的提高。《钢铁行业绿色高质量发展指数》在废物综合利用外也引入了吨钢环保成本衡量企业投资环保的能力，引入能耗下降率定量的衡量节能效益。此外还特别加入了发展贡献类的指标，比如纳税增长、协助城市消纳固体废物、企业向城市或园区供应能源量等，衡量了企业帮助城市所产生的环境效益和经济效益。《中国宝武绿色城市钢厂评价指标体系》同样也是在废物综合利用外引入与所在城市联系的更大层面的发展贡献类、资源共享类指标。

"管理"层面衡量的是企业的合规性，和能否进行良好的企业管理、环境管理的能力。此指标层一般设置为符合政策、规则类的指标和管理体系建设类指标，2014年的《清洁生产评价指标体系》《钢铁行业绿色工厂评价导则》以及《钢铁行业绿色生产管理评价标准》均按此在该层面分别设置了10个指标、8个指标、6个指标。在此基础上《钢铁行业绿色园区评价指标体系》引入了工厂环境类指标，比如绿化覆盖率、空气优良率、道路绿茵率等衡量工厂环境绿色程度。《钢铁行业绿色高质量发展指数》除引入工厂环境类外，还新引入了经营管理类指标，比如主业从业人员人均产钢量、员工人均培训时长、伤害频率等，进一步衡量了企业。《中国宝武绿色城市钢厂评价指标体系》更是除了一般指标、工厂环境指标、经营管理类指标外，加入了5个生态文化类和6个社企关系类指标。其中生态文化类包括节能减排员工评选表彰活动、绿色发展相关奖项等，社企关系类包括环保事件、环保公益活动、环境信息主动纰漏等指标。总之，从环境绿色管理、企业绿色管理、人文绿色管理多角度进一步更全面地评估了企业的综合绿色管理能力。

"产品"层面衡量的是产品的绿色程度。2014年的《清洁生产评价指标体系》仅从产品质量角度设置了钢材综合成材率、钢材质量合格率、钢材质量优等品率三个指标。随着钢铁行业越加注重开发绿色产品、推行绿色设计、提升产品节能环保低碳水平，钢铁行业各指标体系在此基础上引入了产品生态设计类和绿色产品市场占比类指标，从产品生命周期影响评价、政府的绿色产品认证、绿色产品研发、绿色产品销售占比、绿色产品营销等多角度进行综合衡量。

"技术与设施"层面衡量的是企业生产工艺及装备、节能减排技术与装备和企业的基础设施的先进性和清洁性。2014年的《清洁生产评价指标体系》非常重视此层面，设置了19个指标，共占比33%。与近几年发布的指标相比，企业生产工艺及设备类指标的差异较小，而节能减排技术类指标随着近年钢铁企业清洁生产技术的推进而差异较明显。《钢铁行业绿色高质量发展指数》参考国内外比较权威的可行性技术及实施指南等，结合钢铁企业生产应用现状，重新选取了11项涵盖焦化、烧结、球团、炼铁、炼钢、轧钢、水处理、固废资源化利用等主要生产工序和全厂综合的可行性技术，以综合评价企业节能减排技术水平。《钢铁行业绿色高质量发展指数》和《中国宝武绿色城市钢厂评价指标体系》还引入了创新研发类指标，通过衡量企业新技术探索、获得专利、绿色研发资金投入等来评价企业清洁生产潜力。

　　c　供应与运输

"供应运输"衡量的是与企业的生产和运营有关的物流活动所造成的环境影响。各指标体系在此层面设置较少。《钢铁行业绿色生产管理评价标准》和《钢铁行业绿色高质量发展指数》采用了清洁运输（物流）指标，通过各运输方式所占比例来衡量运输的清洁性。《中国宝武绿色城市钢厂评价指标体系》采用了运输中的废气超低排放实现率来表示。

　　d　产品使用

"产品使用"衡量的是使用阶段产生的环境影响。然而此层面指标设置依旧较少。只有《钢铁行业绿色工厂评价导则》和《钢铁行业绿色生产管理评价标准》设置了产品能耗指标，用以衡量产品在使用过程中可能造成的能耗。

　　e　回收利用

"回收利用"层面衡量的是钢铁产品在废弃后的处置和回收利用能力。各指标体系在此层面设置依旧较少，均使用在生产过程中的吨钢废钢消耗量或者废钢比来衡量企业回收利用能力。

8.2.3　钢铁行业清洁生产新指标体系的建立

8.2.3.1　指标体系建立的原则

清洁生产指标的选取是否合适，决定着清洁生产评价结果的可信度。除要满足行业清洁生产宗旨要求外，清洁生产评价指标体系还需遵照以下原则建立。

（1）科学性原则。以生态效率和低碳为目标，构建指标体系内的每一个指标的名称、定义、解释、计算方法必须准确，符合区域和产业发展的实际情况。其基准值的设置必须符合当下的清洁生产水平。指标权重的确定突出重点指标。可参考最新发布的清洁生产政策、国内外已发布的评价指标体系及相关研究、专家咨询、行业新闻等。

（2）可比性原则。指标体系中同一层次的指标，应具有相同的计量范围、计量口径和计量方法。能够有利于区域资源环境承载力进行横向和纵向比较。可使企业清洁生产程度、状况得到量化——对企业进行整体性综合量化评价，可使行业内众多企业在一个标准平台下实现对比[72]。

（3）可操作性原则。建立简练实用的框架，以数据可获得性、获得成本为条件，尽可能采用行业常规统计指标。有利于为社会公众理解接受，有利于行政管理人员利用该指标体系进行管理决策，以便将理论研究运用到实际当中。

（4）完备性原则。即将节能、降耗、减污和增效以及国家产业发展、技术进步和资源环境保护政策等多项目标要求综合归纳入一个评价体系之中。清洁生产指标体系应全面、系统地反映行业生产的各方面，全面反映行业的生产全过程对环境的影响状况。

（5）层次性原则。评价对象所包含的准则层指标进行层层分解，最终以最下层的指标衡量总评价目标。各下层指标相互独立，与上层指标具有递进作用。

（6）驱动性原则。体系建立和实施能对企业清洁生产形成驱动力，评价指标体系采用的运行方式，如在媒体公告评价结果等，能对企业实施清洁生产形成驱动[2]。

(7) 生命周期评价原则。从生命周期全过程来评价和认识产品或服务的资源消耗、环境排放及其影响潜势，可防止环境负荷在不同生命阶段或不同污染物之间的转移，确保推进的清洁生产是真正满足生态要求的。

8.2.3.2 指标体系构建方法

常见的方法有综合法、专家咨询法和层次分析法（AHP）等。

综合法就是对已经存在的一些指标体系，按一定的规则分类，重新筛选，选择出那些使用频度较高、具有可操作性、独立性、科学性的指标。

专家咨询法又称为德尔菲法，这是一种简单易行的，建立在大众的经验、智慧的基础上进行分析与判断的一种定性分析方法。在具体应用中，首先将自己的问题做成咨询表，然后选择本研究领域的权威专家咨询，专家对表中的每一个问题进行判断和选择。表格回收后综合所有专家意见，再将结果反馈给各位专家，再次回收，反复多次，直至专家意见一致为止。

层次分析法就是首先将要分析的问题层次化，根据问题的性质和要达到的总目标，将问题按照不同属性自上而下地分成若干层次，一般最上层为目标层，通常只有一个因素；中间通常为准则层，可以有一个或多个层次；最下层一般为方案层。在此基础上，充分利用经验和判断，对准则层的因素进行量化，通过两两比较相对重要性构造判断矩阵，计算出判断矩阵的最大特征根和特征向量，从而得到方案或目标相对重要性的定量化描述。层次分析法的最大优点是将定性与定量相结合，提高了分析的精确性，可以准确地确定评价体系指标的权重，使评价更具合理性、公平性、科学性。本章指标体系将使用层次分析法建立。

8.2.3.3 系统边界的确定

钢铁工业是全球范围内环境影响的主要工业贡献者。在全球范围内，主要的钢铁生产路线是综合钢厂（BF-BOF）路线，约占世界钢铁产量的70%。

综合钢厂钢铁生产一般分为四个子流程：包括主要原材料及产品生产流程、辅助原材料生产流程、回收流程，以及废物处理流程。

根据工业生态系统、产品生命周期两个范围划分了系统边界（如图8-2所示），其中工业生态系统范围（范围一 scope 1）包括了工业过程、能源转化过程和外购能源输入过程，具体为焦化、烧结、高炉炼铁、转炉炼钢、轧钢、自备电厂、其他辅助生产过程及外购电力、热力运用到生产中；产品生命周期范围（范围二 scope 2）加入了原材料的准备过程、产品使用和废弃管理过程，比如矿石精选、原材料的生产和运输、原煤开采和运输、产品包装运输和废弃钢材回收利用等。

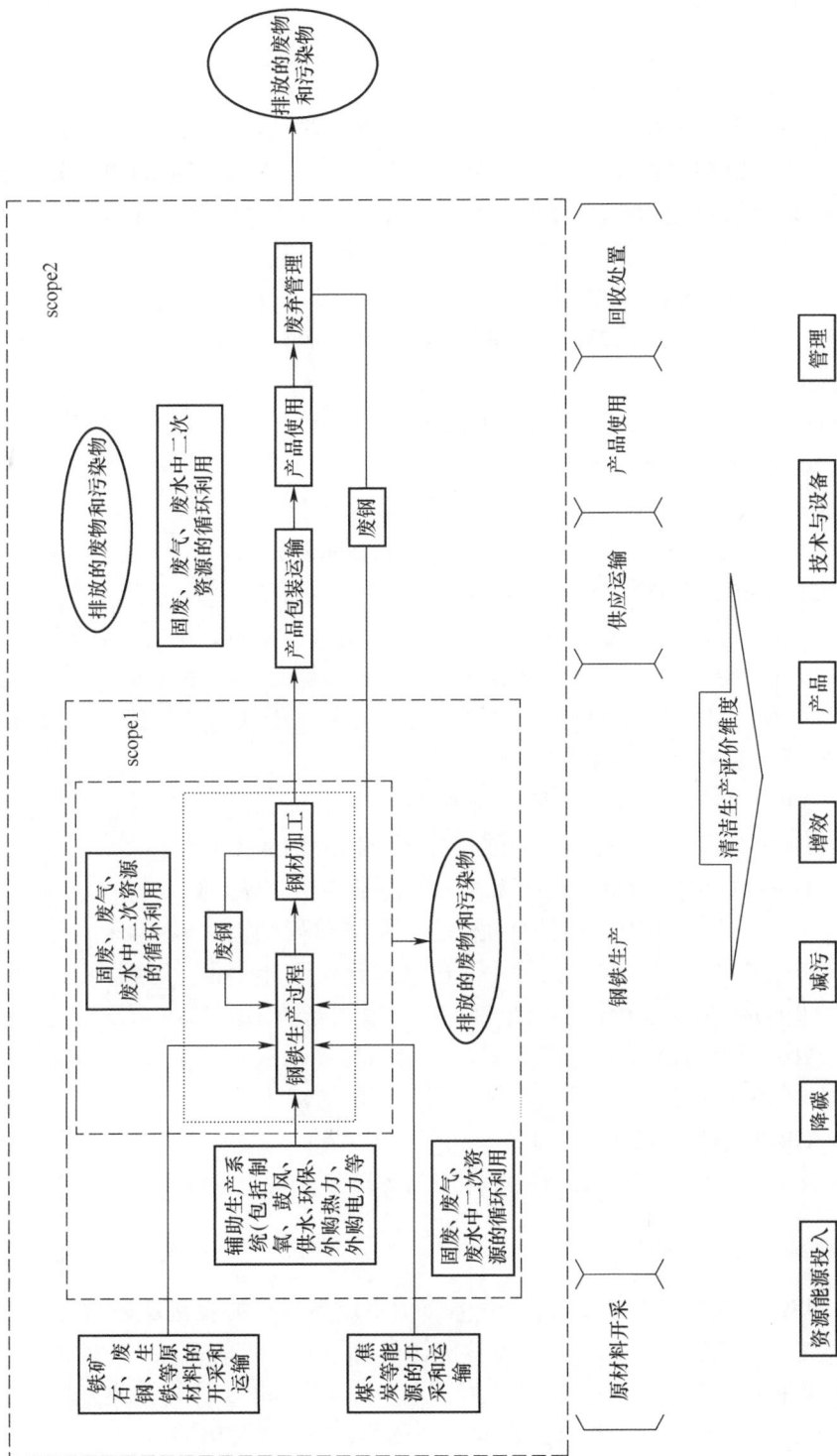

图 8-2　钢铁工业系统边界展示图

8.2.3.4   指标体系构成

A   指标选取依据

本指标体系的选取建立将参考国内外已发布的钢铁清洁生产评价指标体系，最新发布的有关节能减排、清洁生产、产业发展等方面的相关政策，各企业的行业报告等文件。这些文件都提出了一些具体的指标，将其按一定的规则分类，重新筛选，结合钢铁行业指标体系发展趋势，选择出那些使用频度较高、具有可操作性、独立性、科学性的指标。再结合专家意见进行最终确定。

主要参考了如下标准、政策：

（1）水节约〔2019〕373 号《钢铁工业用水定额》；

（2）GB/T 26924—2011《节水型企业钢铁行业》；

（3）HJ/T 189—2006《清洁生产标准钢铁行业》；

（4）2013《钢铁行业清洁生产评价指标体系》；

（5）GB/T 50632—2019《钢铁企业节能设计标准》；

（6）GB 13456—2012《钢铁工业水污染排放标准》；

（7）GB 28664—2012《炼钢工业大气污染物排放标准》；

（8）环大气〔2019〕35 号《关于推进实施钢铁行业超低排放的意见》；

（9）2013《中国钢铁生产企业温室气体排放核算方法与报告指南（试行）》；

（10）钢科协〔2021〕48 号《钢科协关于征求〈钢铁行业碳排放核算方法〉团体标准征求意见稿意见的函》；

（11）YB/T 4771—2019《钢铁行业绿色工厂评价导则》；

（12）HJ 885—2018《污染源源强核算技术指南钢铁工业》；

（13）DB 411954—2020《钢铁工业大气污染物排放标准》；

（14）YB/T 4771 2019《钢铁行业绿色工厂评价导则》；

（15）T/CSM 2—2020《钢铁行业绿色生产管理评价标准（通则）》；

（16）T/CSM 2021《钢铁工业绿色高质量发展指数》；

（17）2020《中国宝武绿色城市钢厂评价指标体系》；

（18）T/GM 03—04《钢铁行业绿色园区评价指标体系》；

（19）GB/T 33761—2017《绿色产品评价通则》；

（20）YB/T 4768—2019《绿色设计产品评价技术规范管线钢》；

（21）2016《绿色制造标准体系建设指南》；

（22）《中国制造 2025》；

（23）ISO 14064—3 2019《温室气体声明审定与核查的规范及指南》；

（24）YB/T 4360—2014《钢铁企业能源管理中心技术规范》；

（25）《钢铁行业（烧结、球团）清洁生产评价指标体系》（国家发展和改革委员会、生态环境部、工业和信息化部，2018 年第 17 号公告）；

（26）《钢铁行业（高炉炼铁）清洁生产评价指标体系》（国家发展和改革委员会、生态环境部、工业和信息化部，2018 年第 17 号公告）；

（27）《钢铁行业（炼钢）清洁生产评价指标体系》（国家发展和改革委员会、生态环境部、工业和信息化部，2018 年第 17 号公告）。

B 指标体系确定

以评价钢铁行业清洁生产水平为目的，将评价对象所包含的影响因素进行自上而下的层层分解，再以最下层的指标自下而上地综合衡量总评价目标。本指标体系从层次上划分为目标层、准则层、范围层和指标层四个层次。

目标层：代表着本指标体系的首要准则，是由最后进行综合评分所得到的结果，表示钢铁行业清洁生产水平。

准则层：是为实现目标层所设立的准则，将目标层进行分解得到的具有独立性、普遍适用性、概括性、全面性的指标（一级指标）。本指标体系从生命周期视角，基于两个范围，将钢铁行业清洁生产指标体系划分为节源、降碳、减污、增效、管理、产品、技术与设施七个准则层（一级指标）。

范围层：将整个系统根据工业生态系统、产品生命周期划分为两个范围。

指标层：为实现准则层而设定的指标，将准则层 7 个一级指标细分为能反映钢铁行业清洁生产各方面有代表性的、内容具体、易于评价考核的二级指标。为了能够客观反映企业的清洁生产水平以及他们能改进的程度，所以设置了定量评价指标以通过具体的数值来表达结果。在建立评价指标体系时，除了定量指标还有定性指标来衡量企业是否管理得当、是否符合政策和法律法规。而本书则先筛选合适指标，再通过计算方式将这些指标以定量的方式表达。本体系将二级指标设定为 34 个。基于 LCA 的钢铁行业指标体系构成、指标极性及评级基准值如表 8-5 所示。

8.2.3.5 指标内涵

（1）资源能源投入。资源能源投入层面代表的是生产钢铁时资源能源的利用效率和资源能源的清洁程度。其中钢铁生产过程中的资源主要包括水和铁矿石、废钢等原材料，能源主要包括化石能源、可再生能源、电能等。在本指标层设置了基于范围一的 5 个指标，基于范围二的 2 个指标，共 7 个二级指标。

A1 采购资源环境符合性：衡量钢铁生产所用原材料的清洁程度。由于钢铁生产的原材料基本属于外购，所以本指标也可用来衡量上游企业的清洁生产水平。

A2 吨钢废钢消耗量：用来衡量钢铁企业回收废钢进行再利用的能力，也可以衡量钢铁生产原材料的清洁水平。废钢使用比例越高则越清洁。

A3 吨钢钢铁料消耗量：用来衡量钢铁生产中的原材料利用效率。消耗的钢铁料越多，说明利用效率越差。

表 8-5　基于 LCA 的钢铁行业指标体系构成、指标极性及评级基准值

目标层	准则层	所属生命周期边界范围	指标层	指标极性	基准值			参考文献
					一级	二级	三级	
钢铁行业清洁生产水平	A 资源能源投入	scope2	A1 采购资源环境符合性	+	企业实施检验等措施以保证采购产品符合采购协议的环境要求	企业采购时和供应方签署有与环境要求相关的绿色采购协议	企业采购时对供应方有包括环境要求在内的选择、评价机制	YB/T 4771—2019
			A2 吨钢废钢消耗量, kg/t	+	≥200	≥150	≥50	钢铁行业绿色高质量发展指数
			A3 吨钢铁料消耗, kg/t	−	≤1060	≤1070	≤1090	HJ/T 1892006
			A4 吨钢耗水量(新水), m³/t	−	≤2.8	≤3.3	≤3.8	GB 13456—2012
			A5 吨钢可比能耗, kgce/t	−	≤500	≤550	≤600	GB/T 50632—2019
		scope1	A6 可再生能源使用比例, %	+	≥5(与前期相比)	≥3	0	钢铁行业绿色高质量发展指数
			A7 二次能源发电量占总耗电量比率, %	+	≥65	≥60	≥50	GB 13456—2012
	B 降碳	scope1	B1 碳抵消率	+	≥0	—	—	文献[79]
			B2 碳配额结余率	+	≥0	—	—	
		scope2	B3 吨钢碳排放量	−	≤1.8	≤1.9	≤2.0	钢铁行业绿色高质量发展指数
			B4 吨钢碳排放年均消减率, %	+	≥3	≥1	0	钢铁行业绿色高质量发展指数

续表 8-5

目标层	准则层	所属生命周期边界范围	指标层	指标极性	基准值			参考文献
					一级	二级	三级	
钢行业清洁生产水平	C 减污	scope1	C1 吨钢废水排放量，m³/t 钢	−	≤1.2	≤1.4	≤1.6	GB 13456—2012
			C2 吨钢 CODCr（废水）排放量，kg/t 钢	−	≤0.02	≤0.05	≤0.08	GB 13456—2012
		scope2	C3 吨钢氨氮（废水）排放量，kg/t 钢	−	≤0.002	≤0.006	≤0.01	GB 13456—2012
			C4 吨钢 SO$_x$（废气）排放量，kg/t 钢	−	≤0.4	≤0.8	≤1.2	GB 13456—2012
			C5 吨钢 NO$_x$（废气）排放量，kg/t 钢	−	≤0.6	≤0.9	≤1.2	GB 13456—2012
			C6 吨钢颗粒物（废气）排放量，kg/t 钢	−	≤0.30	≤0.60	≤0.80	GB 13456—2012
	D 增效	scope1	D1 吨钢环保成本，元/t	+	≥300	≥200	≥100	中国宝钢绿色城市钢厂评价指标体系
			D2 水重复利用率，%	+	≥98.5	≥97.5	≥96.0	GB/T 26924—2011
		scope2	D3 废气回收利用率，%	+	≥90	≥85	≥80	T/GM 03—04
			D4 固废回收利用率，%	+	≥95	≥90	≥85	T/GM 03—04
			D5 能源消耗下降率，%	+	≥2	≥1	≥0	钢铁工业绿色高质量发展指数
	E 产品	scope2	E1 产品使用能耗	−	钢铁产品为用能产品时应满足相关能效限定值及能效能级标准中的限定值			—
			E2 生态设计	+	3	2	1	YB/T 4771—2019

续表 8-5

目标层	准则层	所属生命周期边界范围	指标层	指标极性	基准值 一级	基准值 二级	基准值 三级	参考文献
钢铁行业清洁生产水平	E 产品	scope2 scope1	E3 钢材质量优等品率,%	+	≥60	≥45	≥30	GB 13456—2012
	F 技术与设备	scope1	F1 清洁运输率,%	+	≥90	≥80	≥70	T/CM 03-04
			F2 生产工艺装备及技术达标	+	≥6	≥5	≥4	—
		scope2 scope1	F3 节能减排装备与技术达标	+	≥10	≥9	≥7	—
			F4 前沿技术探索	+	≥2	≥1	0	钢铁工业绿色高质量发展指数
	G 管理	scope2	G1 合规性	+	园区在建设和生产过程中应遵守有关法律、法规、政策和标准。园区内无钢铁产业政策和结构调整指导目录中规定的落后装备。园区内污染物排放符合国家现行有关标准对钢铁行业的要求。园区内近三年无特别重大、重大突发环境事件发生			YB/T 4771—2019
			G2 环境信息纰漏	+	≥3	≥2	≥1	钢铁工业绿色高质量发展指数
			G3 环境管理体系完善度,%	+	100	≥75	≥50	GB 13456—2012
			G4 能源管理体系完善度,%	+	100	≥75	≥50	GB 13456—2012
			G5 环境审核活动完善度,%	+	100	≥75	—	GB 13456—2012

A4 吨钢耗水量（新水）：用来衡量钢铁生产中新水的利用效率。新水消耗越少，则水资源利用率越高。

A5 吨钢可比能耗：在整个生产过程中，生产每吨粗钢所消耗的（折算成标准煤）总能量。用来衡量钢铁生产中能源的利用效率。数值越大，说明能效越低。

A6 可再生能源使用比例：可再生能源包括太阳能、风能、生物质能、地热能、波浪能、潮汐能、海洋温差能等。其可能造成的环境影响较化石能源的小，用来衡量能源的清洁程度。其值越大，说明使用的能源越清洁。

A7 二次能源发电量占总耗电量比率：企业在钢铁生产过程中会利用二次能源（余热、余压、富余煤气）通过自备发电厂进行发电，减少外购电力。所以可以用来衡量能源回收利用水平和电能的清洁程度。其值越大，说明能源回收利用水平越高，使用外购高污染电力越少。

（2）降碳。降碳层面代表的是降低温室气体排放量的能力。随着温室气体排放导致的全球气候变化越来越受到全球范围内的关注，以及我国提出的2030年碳达峰和2060年碳中和的"双碳"目标，钢铁企业正在大力推进低碳化发展。另外，全球碳排放交易机制也已开始运作。所以创新性地提出本指标层。本层设置了基于范围一的2个指标，基于范围二的2个指标，共4个指标。

B1 碳抵消率：重点排放单位可使用国家核证自愿减排量（CCER）或生态环境部另行公布的其他减排指标，抵消其不超过5%的经核查排放量。用于抵消的CCER应来自可再生能源、碳汇、甲烷利用等领域减排项目。可衡量企业碳减排的积极性。该指标数值越大，表明企业碳减排积极性越高。

B2 碳配额结余率：一个企业的碳配额是国家、政府通过考虑整体减排目标以及企业自身因素而为企业设定的碳排放额度。企业结余碳排放额度占碳配额的比例，可以衡量企业的碳减排能力。

B3 吨钢碳排放量：衡量钢铁企业在实际生产过程的平均碳排放强度。其值越大，越不清洁。

B4 吨钢碳排放年均消减率：衡量钢铁企业在生产过程中碳减排能力大小。

（3）减污。减污层面代表的是钢铁生产过程中废气、废水、废物及它们中携带的污染物的排放量。目前大多数钢铁厂已能对固体废弃物进行合理处置，而废气废水排放虽得到明显改善，但是仍有较大进步空间。所以本指标层主要选取了代表性废气、废水排放指标共6个。

C1 吨钢废水排放量：企业生产过程中生产1t钢排放的废水量。

C2 吨钢 CODCr（废水）排放量：COD指用化学氧化剂氧化水中有机污染物时所需的氧量。本指标表示废水中有机物的含量，反映生产1t钢铁产生的废水的有机物污染程度。

C3 吨钢氨氮（废水）排放量：废水中的氨氮是水体富营养化和环境污染的重要物质，易引起水中藻类及其他微生物大量繁殖。

C4 吨钢 SO_x（废气）排放量：钢铁生产过程中废气里三大有害物之一。二氧化硫是最常见、最简单、有刺激性的硫氧化物。

C5 吨钢 NO_x（废气）排放量：钢铁生产过程中的废气里的三大有害物之一，形成光化学烟雾污染、引起人体疾病、造成酸雨、增加紫外线辐射。

C6 吨钢颗粒物（废气）排放量：钢铁生产过程中废气里三大有害物之一，是一级致癌物，会引起疾病，还会产生雾霾。

（4）增效。增效层面衡量的是通过节能降耗和减污增益等措施来降低的环境影响和提高的综合效益。在此层面中重点关注的是资源的综合利用能力（特别是废物回收利用的能力）的效益。本层面设置了基于范围一的 4 个指标，基于范围二的 1 个指标，共 5 个指标。

D1 吨钢环保成本：引入经济元素通过企业在环保方面的经济投入衡量企业的积极性，也可以衡量获得当前环境效益所需花费的经济成本。

D2 水重复利用率：衡量企业节约用水、减少污染，合理利用水资源的能力。

D3 废气回收利用率：回收利用的废气资源量占园区废气资源的比重，衡量废气回收利用效率。废气资源量为经技术经济所确定的可回收利用的气量。园区中可回收利用的废气资源包括但不限于焦炉煤气、高炉煤气、转炉煤气、电石尾气、黄磷尾气、化工合成池放气。

D4 固废回收利用率：企业安全处置、综合利用工业固体废物量（含危险废物）与当年工业固体废物总产生量的比值，衡量固废回收利用效率。

D5 能源消耗下降率：衡量企业节能措施和活动产生的效益。

（5）产品。产品层面衡量的是产品的绿色程度。一般从产品质量、成材率角度去衡量。随着钢铁行业生产技术的提高，钢铁产品质量合格率已基本达标。并且钢铁行业越加注重开发绿色产品、推行绿色设计、提升产品节能环保低碳水平，所以也越来越重视产品生态设计类和绿色产品市场等方面。本层面设置了基于范围一的 1 个指标，基于范围二的 2 个指标，共 3 个指标。

E1 产品使用能耗：衡量产品在使用过程中是否满足相关的能耗标准。

E2 生态设计：通过企业是否对产品进行生命周期影响评价、生态设计，是否取得绿色产品认证来衡量产品绿色程度。

E3 钢材质量优等品率：通过钢铁产品的质量水平及变化情况衡量企业的生产技术。在行业、地区和企业之间具有横向和纵向的可比性，有利于促进企业技术进步。

（6）技术与设施。技术与设施层面衡量的是企业生产工艺装备与技术、节能减排装备与技术和企业的基础设施的先进性和清洁性。本层面重点关注的是生产工艺装备与技术、节能减排装备与技术指标。本层面基于范围一的 3 个指标，基于范围二的 1 个指标，共 4 个指标。

F1 运输设备：通过原材料、钢铁产品等物料在运输过程中使用的运输设备的清洁性来衡量企业在供应运输阶段的清洁性。

F2 生产工艺装备及技术达标：2014 年钢铁行业清洁生产指标体系筛选出 7 个具有典型代表性的生产工艺装备及技术，并设置了三个基准值，本指标以其二级基准值为基准计算企业典型生产工艺装备及技术的达标得分。

F3 节能减排装备与技术达标：2014 年钢铁行业清洁生产指标体系筛选出 12 个具有典型代表性的节能减排装备与技术，并设置了三个基准值，本指标以其二级基准值为基准计算企业典型节能减排装备与技术的达标得分。

F4 前沿技术探索：随着钢铁行业清洁生产推进，探索出数种具有良好节能减排效果的典型前沿技术，但是尚未普及至全行业领域。所以通过企业对前沿技术的探索实施情况来衡量企业清洁生产潜力。

（7）管理。"管理"层面衡量的是企业的合规性，和能否进行良好的企业管理、环境管理的能力。此指标层重点关注符合政策、规则类的指标和管理体系建设类指标。共设置 5 个指标。

G1 合规性：企业必须依法而设，生产过程中遵守相关法律政策、法律、法规、标准。

G2 环境信息纰漏：通过企业主动对外公布环境信息衡量企业的管理能力。

G3 环境管理体系完善度：通过是否设立合规的环境管理体系及完成度衡量企业的管理能力。

G4 能源管理体系完善度：通过是否设立合规的能源管理体系及完成度衡量企业的管理能力。

G5 环境审核体系完善度：按国家规定要求，组织开展节能评估与能源审计工作，从结构节能、管理节能、技术节能三个方面挖掘节能潜力，实施节能改造项目和任务，年度节能任务达到国家要求。通过是否设立合规的环境审核体系及完成度衡量企业的管理能力。

8.2.3.6 部分指标的计算方法

（1）资源能源投入指标。

A2 吨钢废钢消耗量：

吨钢废钢消耗量（kg/t）= 废钢消耗总量（kg）/粗钢产量（t）

A3 吨钢钢铁料消耗：

吨钢钢铁料消耗（kg/t）= 炼钢工序入炉钢铁料量（kg）/粗钢产量（t）

A4 吨钢耗水量（新水）

$$V_{ui} = V_i / TCG$$

式中 V_{ui}——吨钢消耗新水量，m^3/t 钢；

$\quad\quad V_i$——钢铁生产过程中所消耗的总新水量，m^3；

$\quad\quad TCG$——合格粗钢产量，t。

A5 吨钢可比能耗：

$$吨钢可比能耗（kgce/t）= \frac{年消耗的各种能源折标准煤量总和（kgce）}{合格粗钢产量（t）}$$

A7 二次能源发电量占总耗电量比率：

$$E_{zl} = E_{zf}/E_{zh} \times 100\%$$

式中 E_{zl}——二次能源发电量占总耗电量比率，%；

$\quad\quad E_{zf}$——企业在钢铁生产过程中利用二次能源（余热、余压、富余煤气）通过发电装置所产生的电量，包括 TRT、干熄焦、烧结余热发电、自备电站用富余煤气所发的电量等，万千瓦时/年；

$\quad\quad E_{zh}$——企业在钢铁生产过程中所消耗的总电量，包括外购电量及二次能源发电量自用量，万千瓦时/年。

采用燃煤和煤气混烧的自备电厂按煤气掺烧热值比例分摊煤气所发电量。

（2）降碳指标。

B1 碳抵消率：

$$碳抵消率=碳抵消（t）/碳配额（t）$$

碳抵消：在配额市场之外引入自愿减排市场交易，即 CCER 交易。CCER 交易指控排企业向实施"碳抵消"活动的企业购买可用于抵消自身碳排的核证量。控排企业的碳排放可用非控排企业使用清洁能源减少温室气体排放或增加碳汇来抵消。碳市场按照 1∶1 的比例给予 CCER 替代碳排放配额，即 1 个 CCER 等同于 1 个配额，可以抵消 1t 二氧化碳当量的排放。

碳配额：一个企业的碳配额是国家、政府通过考虑整体减排目标以及企业自身因素而为企业设定的碳排放额度。

B2 碳配额结余率：

$$碳配额结余率=碳配额结余（t）/碳配额（t）$$
$$碳配额结余（t）=碳配额（t）-碳排放量（t）$$

B3 吨钢碳排放量：

$$吨钢碳排放量（tCO_2/t）=企业二氧化碳排放总量（t）/粗钢产量（t）$$

企业二氧化碳排放总量按《中国钢铁生产企业温室气体排放核算方法与报告指南(试行)》和（GB/T 32151.5—2015)《温室气体排放核算与报告要求》核算。

B4 吨钢碳排放年均消减率：

$$吨钢碳排放年均消减率=(企业上一年度单位产品碳排放量-本年度单位产品$$
$$碳排放量)/上一年度单位产品碳排放量\times100\%。$$

（3）减污指标。

C1 吨钢废水排放量：

$$吨钢废水排放量（m^3/t）= 废水排放量（m^3）/粗钢量（t）$$

C2 吨钢 COD（废水）排放量：

$$吨钢 COD 排放量（kg/t）=（废水中 COD 的浓度（g/m^3）×废水排放量 m^3 × 10^{-3}）/粗钢量（t）$$

C3 吨钢氨氮（废水）排放量：

$$吨钢氨氮排放量（kg/t）=（废水中氨氮的浓度（g/m^3）×废水排放量（m^3 × 10^{-3}））/粗钢量（t）$$

C4 吨钢 SO_2（废气）排放量：

$$吨钢 SO_2（废气）排放量（kg/t）= 排放的 SO_2 量（kg）/粗钢量（t）$$

C5 吨钢 NO_x（废气）排放量（以 NO_2 计算）：

$$吨钢 NO_x（废气）排放量（kg/t）= 排放的 NO_x 量（kg）/粗钢量（t）$$

C6 吨钢颗粒物（废气）排放量：

$$吨钢颗粒物（废气）排放量（kg/t）= 排放的颗粒物量（kg）/粗钢量（t）$$

（4）增效指标。

D1 吨钢环保成本：

$$吨钢环保成本（元/t）=（钢铁企业年度环保费用化投入（元）+资本化投入（元））/粗钢产量（t）$$

费用化投入包括：环保运行费用（环保设施运行费、动力费、人工费、维修费等）、环保设施折旧及租赁费，环保税费（环保税及其他行政收费）、其他环保支出（如环境监测、体系审核及认证服务费、环境修复、危废管理及处置费等）。

资本化投入包括：环保技改项目投入、新改扩建工程配套环保"三同时"投入。

D2 水重复利用率：

$$W = [W_r/(W_r + W_n)] × 100\%$$

式中　W——生产水重复利用率，%；

　　　W_r——企业生产过程中的重复用水量，m^3；

　　　W_n——企业生产过程中的补水量，m^3。

D3 废气回收利用率：

$$废气回收利用率（\%）=（回收利用的废气资源量万立方米/企业可回收利用的资源量万立方米）×100\%$$

废气资源量是经技术经济分析确定的可回收利用的废气量。园区中可回收利用的废气资源包括但不限于焦炉煤气、高炉煤气、转炉煤气。

D4 固废回收利用率：

固废回收利用率（%）=（处置利用的固废资源量万立方米/企业总产生固废
量万立方米）×100%

D5 能源消耗下降率：

能源消耗下降率（%）=（本期吨钢综合能耗（kgce/t）-前期吨钢综合能耗
（kgce/t））/前期吨钢综合能耗（kgce/t）

（5）产品指标。

E2 生态设计：

—开展产品生态设计，得1分；

—进行产品生命周期评价，得1分；

—产品获得节能/绿色产品认证，得1分。

E3 钢材质量优等品率：

钢材质量优等品率（%）=钢材中优等品量/钢材检验合格量×100%

（6）技术与设备指标。

F1 清洁运输所占比例：

清洁运输所占比例（%）=铁路、水运、管道及管带机运输的进出厂物料量
（t）/进出厂总物料运输量（t）×100%

F2 生产工艺装备及技术达标值：

2014年钢铁行业清洁生产指标体系筛选出7个具有典型代表性的生产工艺装
备及技术，并设置了三个基准值。其中，

—每个生产工艺装备及技术达到2014年钢铁行业清洁生产指标体系一级基
准值得1分；

—每个生产工艺装备及技术达到2014年钢铁行业清洁生产指标体系二级基
准值得0.5分。

F3 节能减排装备与技术达标值：

2014年钢铁行业清洁生产指标体系筛选出12个具有典型代表性的节能减排
装备与技术，并设置了三个基准值。其中，

—每个生产工艺装备及技术达到2014年钢铁行业清洁生产指标体系一级基
准值得1分；

—每个生产工艺装备及技术达到2014年钢铁行业清洁生产指标体系二级基
准值得0.5分。

F4 前沿技术探索：

研发、示范或推广技术（非高炉炼铁技术（包括氢能冶金），高炉煤气精脱
硫技术，CO_2捕集、回收、存储和利用技术，全燃副产煤气亚临界发电技术等）
的每实施1个得1分。

（7）管理指标。

G2 环境信息纰漏：

—定期公布环境信息得 1 分；

—环境责任报告、社会责任报告或可持续发展报告等定期发布 1 项得 1 分，定期发布 2 项得 2 分，以此类推。

G3 环境管理体系完善度：

以下四项每完成一项完善度增长 25%。

—建立有 GB/T 24001 环境管理体系，能有效运行；

—环境管理体系取得认证；

—完成年度环境目标、指标和环境管理方案不低于 80%，并达到环境持续改进的要求；

—环境管理手册、程序文件及作业文件齐备、有效。

G4 能源管理体系完善度：

以下四项每完成一项完善度增长 25%。

—有健全的能源管理机构、管理制度；

—建立有能源管理体系并有效运行；

—建立有能源管理控制中心；

—制定有企业用能和节能发展规划，年度管控目标完成率≥80%。

G5 环境审核体系完善度：

以下四项每完成一项完善度增长 25%。

—按国家规定要求，组织开展节能评估与能源审计工作，从结构节能、管理节能、技术节能三个方面挖掘节能潜力；

—实施节能改造项目完成率≥70%；

—实施节能改造项目完成率≥100%；

—年度节能任务达到国家要求。

8.2.3.7　指标基准值的选取确定

指标基准值既考虑其具有足够的激励性，又考虑实现指标的可行性。主要以《钢铁行业清洁生产评价指标体系》为基础，重点参考了 GB/T 50632—2019《钢铁企业节能设计标准》《钢铁行业绿色工厂评价导则》《绿色设计产品评价规范》《钢铁行业绿色生产管理评价标准》《钢铁工业绿色高质量发展指数》团体标准、《中国宝武绿色城市钢厂评价指标体系》等近两年发布的清洁生产指标中相关指标的基准值和《关于推进实施钢铁行业超低排放的意见》《碳排放权交易管理办法（试行）》《"十四五"全国清洁生产推行方案》等近年节能减排政策限值等。其中，部分定量指标基准值还结合中国钢铁年鉴[80]、世界钢铁统计年鉴[81]等权威机构的指标数据，一些未能从权威机构获取的定量指标数据则通过分析比较国内最先进钢铁企业指标数据（先进企业可持续发展报告、社会责任报告等），再根据本书前文研究成果进行了新的确定，主要包括资源能源投入、降碳、减污、增效层面的定量指标基准值，具体依据如下所示：

A2 根据废钢铁产业"十三五"发展规划，提出的"十三五"期间炼钢废钢比达到20%以上，其中转炉废钢比力争达到15%以上，电炉钢比逐步提高，并力争摆脱电炉转炉化。A4、A5 以2014年钢铁行业清洁生产评价指标体系基准值为基础，对比2014年、2020年钢铁统计年鉴数据和优良企业近年数据得出。其中2014年钢铁年鉴吨钢可比能耗546kgce/t粗钢、2020年钢铁年鉴吨钢可比能耗493kgce/t粗钢，2020年中钢协部分会员单位平均数据485kgce/t粗钢，平均能耗约下降了10%。2020年中钢协部分会员单位平均数据水耗2.45m³/t，2020年部分优良企业耗水数据有：河钢2.54m³/t、宝钢2.9m³/t、首钢3.09m³/t、荣程联合钢铁3.55m³/t、宝钢湛江3.47m³/t，平均水耗约下降了20%。A6 根据《关于促进钢铁工业高质量发展的指导意见》指出短期内，钢铁行业降碳将以宏观调控继续压减粗钢产量和降低吨钢碳排放为主，长远看，有望通过可再生能源替代方式，改变钢铁行业用能结构，从钢铁工业源头降低碳排放。而目前钢铁行业利用可再生资源仍处于探索阶段，所以企业有利用到可再生资源已属于积极降碳。可再生能源包括太阳能、风能、生物质能、地热能、波浪能、潮汐能、海洋温差能等。

B3 根据国际钢协统计2017～2020年吨钢碳排放量分别为1.84tCO_2/t、1.81tCO_2/t、1.85tCO_2/t、1.89tCO_2/t。武钢2017～2020年的吨钢碳排放约为1.88tCO_2/t、1.91tCO_2/t、1.82tCO_2/t、1.9tCO_2/t。宝钢2021年的吨钢碳排放为1.89CO_2/t，并承诺2023年实现碳达峰，2035年力争减碳30%。B4 依据2018～2020年世界钢协统计吨钢碳排放年均消减率分别为1.63%、-2.21%、-2.16%。武钢吨钢碳排放年均消减率分别为-1.60%、4.71%、-4.40%。目前吨钢碳排放量消减率并不稳定，钢铁低碳转型仍任重道远。

根据《国家环境保护"十四五"规划》钢铁行业将在"十四五"期间全面落实超低排放。减污层面的基准值均是基于2014年钢铁行业清洁生产评价指标体系的基准值，对比2014年、2020年钢铁统计年鉴数据和优良企业近年数据得出。其中C1依据的企业数据有：2021年武钢1.12m³/t钢，同比2017年下降60%。2020年宝钢1.0m³/t钢。2020年中钢协重点统计钢铁企业0.83m³/t钢。近年，宝钢、河钢、有多家企业计划在"十四五"期间达到废水零排放。C2 依据2020年钢铁年鉴吨钢COD（废水）排放量0.012kg/t，是2014年钢铁行业清洁生产评价指标体系一级指标值的20%。并参考了钢铁行业绿色高质量发展指数标准。C3 参考了宝钢2020年吨钢氨氮（废水）排放量0.001kg/t和钢铁行业绿色高质量发展指数标准。C4 参考了2020年钢铁年鉴0.47kg/t，宝钢可持续发展报告

0.2kg/t，河钢社会责任报告 0.4kg/t 和钢铁行业绿色高质量发展指数标准。C5 参考了宝钢可持续发展报告 0.7kg/t，河钢社会责任报告 0.45kg/t 和钢铁行业绿色高质量发展指数标准。C6 参考了 2020 年钢铁年鉴 0.48kg/t，宝钢可持续发展报告 0.2kg/t，河钢社会责任报告 0.31kg/t 和钢铁行业绿色高质量发展指数标准。

D1 依据宝钢 2021 年吨钢环保成本约 140 元，估计未来会达到 200 元。纵横钢铁环保成本已达到 300 元/吨左右，并声明领先于同类多数钢厂。沙钢公布环保成本也达到了 280 元/吨左右，较 2015 年高出近 1 倍。德龙钢铁环保成本约 240 元。根据目前业内一些测算，钢铁行业要实现碳中和，吨钢成本预计仍有较高上升空间。D2 依据中国钢铁年鉴 2020 年水重复利用率为 97.92%，同比 2014 年上升 0.5%，超过 2014 年钢铁行业清洁生产评价指标体系的一级基准值。部分优良企业均超过 98%（河钢 98.38%、首钢 98.64%、鞍钢 98.6% 等）。D5 依据 2021 年国民经济和社会发展统计公报核算全年吨钢能耗下降 0.4%，中钢协重点统计钢铁企业数据，2017 年平均约为 2.5%、2018 年约为 4.5%[82]、2019 年平均为 1.14%。

8.3　小　　结

综上所述，目前已有较多的研究对传统钢铁生产工艺进行 LCA 评价，其生产过程中的环境影响及各子过程的环境影响贡献已有较为明确的数据。目前钢铁行业的清洁生产战略主要有四种路径方法：碳捕获存储与利用、工艺技术创新（例如 ISARNA 冶炼厂技术、碱性电解、高级直接还原等）、材料能源替代（例如生物质等）、废物管理（例如废钢回收再利用、高炉余热回收制氢、有机朗肯循环回收热能发电、废气发电）等，均具有较高的环境效益，其中令人遗憾的是这些方法多存在于理论阶段或实验室阶段，并未在钢铁厂中进行大规模实际使用，其数据量也比较有限。所以实际上只有少量的研究对这些清洁生产技术进行 LCA 评价。

LCA 能够从全生命周期的视角评价其环境影响，并帮助作出相关决策。所以今后可扩大 LCA 边界范围，包括最终的钢铁产品轧制作业和所有半成品的生产过程，以充分反映钢铁厂的环境可持续性问题。还应完善各钢铁产品的 LCI 数据及环境影响评价。此外，还应更积极地从全生命周期角度去评估钢铁清洁生产工艺，如 DRI（直接还原铁）、SR（熔炼还原）、碳捕获储存与利用（CCS 和 CCU）技术、资源回收方案、替代化石或衍生资源技术（如生物质、废塑料等）等。另外，还应将基于 LCA 的环境分析，与热力学分析、经济分析和社会分析等相结合，以便更宏观地去评价钢铁行业实施清洁生产的效果。由于目前生命周期评价的研究历史不长，方法体系尚不完善，各国学者的研究存在诸多差异，因此必然存在一些局限性，如生命周期过程来源的变异性（同一产品的不同生产工艺）、所用模型的不确定性（例如通过多介质模型简化环境中污染物的迁移和转化）、生命周期分析中选择过程的不确定性（例如，使用的分配方法和系统边界）等。然而，环境生命周期评价为钢铁生产中的能源和环境问题提供了初步分析，为优化行业发展提供了良好的科学依据。因此，必须广泛借鉴国际生命周期评估方法应用的经验，加快其推广应用，真正为我国钢铁行业的可持续发展和碳中和目标服务。

　　另外，在构建面向碳中和的钢铁行业清洁生产评估体系方面，我们发现已有的指标体系存在一定不足，例如：第一，《钢铁行业清洁生产评价指标体系》（2014）距今（2023 年）已有较长时间，所以有些指标已不再具有问题代表性；第二，建立指标体系评价基准所使用数据均为 2014 年之前的数据，而 2014 年发布的指标体系的基准值有待提高；第三，由温室气体排放导致的全球气候变化已受到全球的高度关注。同时，通过与不同行业清洁生产指标体系的比较，我们发现清洁生产评价指标体系都从最初重点关注企业内部生产过程，逐步发展为关注从原材料采掘和加工、产品生产、使用和报废处置全过程。所以，本章节从（1）科学性原则、（2）可比性原则、（3）可操作性原则、（4）完备性原则、（5）层次性原则、（6）驱动性原则、（7）生命周期评价原则七个方面进行了钢铁行业清洁生产新指标体系的初步探索。

参 考 文 献

[1] 世界钢铁协会. 循环经济中的钢铁行业-全生命周期视角 [R]. 世界钢铁协会，2015.

[2] Li G Q, Nie Z, Zhou H, et al. An accumulative model for the comparative life cycle assessment case study：iron and steel process [J]. International Journal of Life Cycle Assessment, 2002, 7 (4)：225-229.

[3] Chen S Y, Fu X, Chu M , et al. Life cycle assessment of the comprehensive utilisation of vanadium titano-magnetite [J]. Journal of Cleaner Production, 2015, 101 (15)：122-128.

[4] 高成康、陈杉、陈胜，等. 应用 LCA 分析中国典型钢铁企业的环境负荷 [J]. 哈尔滨工业大学学报，2016, 48 (4)：177-181.

[5] Ma X T, Ye L, Qi C , et al. Life cycle assessment and water footprint evaluation of crude steel production：A case study in China [J]. Journal of Environmental Management, 2018, 224 (15)：10-18.

[6] 王宪恩、栾天阳、陈英姿，等. 基于 LCA 的废旧资源循环利用节能减排效果评估模式与方法研究——以吉林省某钢铁企业为例 [J]. 中国人口·资源与环境，2016, 26 (10)：69-77.

[7] Liu H M , Li Q , Li G , et al. Life cycle assessment of environmental impact of steelmaking process [J]. Complexity, 2020, 2020.

[8] Sepplälä J, Koskela S, Melanen M , et al. The finnish metals industry and the environment [J]. Resources Conservation & Recycling, 2002, 35（1/2）：61-76.

[9] Burchart-Korol D . Life cycle assessment of steel production in Poland：a case study [J]. Journal of Cleaner Production, 2013, 54（1）：235-243.

[10] Gulnur M O, Dilek F B, Karanfil T, et al. The environmental impacts of iron and steel industry：a life cycle assessment study [J]. Journal of Cleaner Production, 2016, 130（1）：195-201.

[11] Pietro R, Bruno N, Giuseppe T , et al. Life cycle assessment of steel produced in an italian integrated steel mill [J]. Sustainability, 2016, 8（8）.

[12] Mitterpach J, Hroncova E, Ladomersky J , et al. Environmental evaluation of grey cast iron via life cycle assessment [J]. Journal of Cleaner Production, 2017, 148（1）：324-335.

[13] Dora-Andreea C , Letitia P, Paul C , et al. Assessing the environmental impact of an integrated steel mill with post-combustion CO_2 capture and storage using the LCA methodology [J]. Journal of Cleaner Production, 2018, 211（20）：1015-1025.

[14] Backes J G, Suer J, Pauliks N , et al. Life cycle assessment of an integrated steel mill using primary manufacturing data：actual environmental profile [J]. Sustainability, 2021, 13（6）：3443.

[15] Norgate T E, Jahanshahi S, Rankin W J . Assessing the environmental impact of metal production processes [J]. Journal of Cleaner Production, 2007, 15（8/9）：838-848.

[16] Tongpool R, Jirajariyavech A, Yuvaniyama C , et al. Analysis of steel production in Thailand：Environmental impacts and solutions [J]. Energy, 2010, 35（10）：4192-4200.

[17] Liu Y, Li H, Huang S , et al. Environmental and economic-related impact assessment of iron and steel production. A call for shared responsibility in global trade [J]. Journal of Cleaner Production, 2020：122239.

[18] Ana-Maria I, Francois H, Denis A. Process integrated modelling for steelmaking life cycle inventory analysis [J]. Environmental Impact Assessment Review, 2008, 28（7）：429-438.

[19] Bieda B, Grzesik K, Sala D , et al. Life cycle inventory processes of the integrated steel plant （ISP） in Krakow, Poland—coke production, a case study [J]. The International Journal of Life Cycle Assessment, 2015.

[20] 邹安全, 罗杏玲, 全春光 . 基于 EIO-LCA 的钢铁产品生命周期碳排放研究 [J]. 管理世界, 2013（12）：178-179.

[21] IEAGHG. Challenges andopportunities of CO_2 capture and storage for the iron and steel industry [M]. 2011/17.

[22] Tanzer S E . Can bioenergy with carbon capture and storage result in carbon negative steel? [J]. International Journal of Greenhouse Gas Control, 2020, 100（1）.

[23] World Steel Association. Lifecycle assessment methodology report-life cycle inventory study for steel products, 2015[M]. Available online：https：//www. worldsteel. org/dms/internetDocumentList/bookshop/LCAMethodology-Report/document/LCA%20Methodology%20Report. pdf（accessed on 3 December 2015）.

[24] Eurofer. Methodology Report: Life cycle inventory on stainless steel production in the eu, pe international; eurofer: brussels [M]. Belgium, 2011.

[25] International Stainless Steel Forum. LCI data for stainless steel products [M], 2015. Available online: http://www. worldstainless. org (accessed on 3 December 2015) .

[26] Norgate T E. Metal recycling: an assessment using life cycle energy consumption as a sustainability indicator [J]. Minerals, 2005.

[27] Pardo N, Moya J A. Prospective scenarios on energy efficiency and CO_2 emissions in the European Iron & Steel industry [J]. Energy, 2013, 54 (6): 113-128.

[28] World Steel Association. Life cycle assessment methodology report-life cycle inventory study for steel products [M]. 2015. Available online: https://www. worldsteel. org/dms/internetDocumentList/bookshop/LCA-Methodology-Report/document/LCA%20Methodology%20Report. pdf.

[29] Birat J P, Prum N, et al. The value of recycling to society and its internalization into LCA methodology [J]. Revue de Métallurgie, 2006, 103 (2): 50-61.

[30] World Steel Association. The three Rs of sustainable steel [M]. World Steel Association September 2009 (2010) .

[31] Broadbent C. Steel's recyclability: demonstrating the benefits of recycling steel to achieve a circular economy [J]. International Journal of Life Cycle Assessment, 2016, 21: 1658-1665.

[32] Rahman S, Handler R M, Mayer A L . Life cycle assessment of steel in the ship recycling industry in Bangladesh [J]. Journal of Cleaner Production, 2016, 135: 963-971.

[33] Biganzoli L, Rigamonti L, Grosso M. LCA evaluation of packaging re-use: The steel drums case study [J]. Mater Cycles Waste Management , 2019, 21: 67-78.

[34] Ober J A. Mineral Commodity Summaries 2016 US Geological Survey [M]. 2016.

[35] Mayes W M, Younger P L , Aumônier J. Hydrogeochemistry of alkaline steel slag leachates in the UK [J]. Water Air Soil Pollution, 2008, 195: 35-50. .

[36] Chaurand P, Rose J, Briois V , et al. Environmental impacts of steel slag reused in road construction : a crystallographic and molecular (XANES) approach [J]. Journal of Hazardous Materials, 2007, 139 (3): 537-542.

[37] Gomes H I, Mayes W M, Baxter H A , et al. Options for managing alkaline steel slag leachate: A life cycle assessment [J]. Journal of Cleaner Production, 2018, 202 (20): 401-412.

[38] Salmi O, Wierink M . Effects of waste recovery on carbon footprint: A case study of the gulf of bothnia steel and zinc industries [J]. Journal of Cleaner Production, 2011, 19 (16): 1857-1864.

[39] Mroueh U M, Eskola P, Laine-Ylijoki J . Life-cycle impacts of the use of industrial by-products in road and earth construction [J]. Waste Management, 2001, 21 (3): 271-277.

[40] Sayagh S, Ventura A , Hoang T , et al. Sensitivity of the LCA allocation procedure for BFS recycled into pavement structures [J]. Resources Conservation & Recycling, 2010, 54 (6): 348-358.

[41] Ana Mladenovič, Turk J , Jaka Kovač, et al. Environmental evaluation of two scenarios for the selection of materials for asphalt wearing courses [J]. Journal of Cleaner Production, 2015, 87 (1): 683-691.

[42] Ferreira V J , Saez-De-Guinoa Vilaplana A , Garcia-Armingol T , et al. Evaluation of the steel slag incorporation as coarse aggregate for road construction: technical requirements and environmental impact assessment [J]. Journal of Cleaner Production, 2016, 130 (1): 175-186.

[43] Esther L A, Pedro L G, Irune I V , et al. Comprehensive analysis of the environmental impact of electric arc furnace steel slag on asphalt mixtures [J]. Journal of Cleaner Production, 2020, 275: 123121.

[44] Jo H , Lee M G , Park J , et al. Preparation of high-purity nano-$CaCO_3$ from steel slag [J]. Energy, 2016, 120: 884-894.

[45] Jl A, Khr A, Hyh B , et al. Techno-economic and environmental evaluation of nano calcium carbonate production utilizing the steel slag [J]. Journal of CO_2 Utilization, 2020 (37-): 37.

[46] Mattila H P, Hudd H, Zevenhoven R . Cradle-to-gate life cycle assessment of precipitated calcium carbonate production from steel converter slag [J]. Journal of Cleaner Production, 2014, 84 (1): 611-618.

[47] Di Maria A, Salman M, Dubois M. et al. Life cycle assessment to evaluate the environmental performance of new construction material from stainless steel slag [J]. Int J Life Cycle Assess , 2018, 23,: 2091-2109.

[48] Bieda A, Henclik J, Kulczycka. Life cycle assessment in the energy generation process-variant analysis in metallurgical industry [J]. Archives of Metallurgy and Materials, 2010, 55: 1083-1088.

[49] Li T, Castro P M, Lv Z. Life cycle assessment and optimization of an iron making system with a combined cycle power plant: a case study from China [J]. Clean Technologies and Environmental Policy, 2017, 19 (4): 1133-1145.

[50] Garcia S G, Montequin V R, Fernandez R L , et al. Evaluation of the synergies in cogeneration with steel waste gases based on Life Cycle Assessment: A combined coke oven and steelmaking gas case study [J]. Journal of Cleaner Production, 2019, 217 (20): 576-583.

[51] Messagie M, Boureima F, Mertens J , et al. The Influence of Allocation on the Carbon Footprint of Electricity Production from Waste Gas, a Case Study for Blast Furnace Gas [J]. Energies, 2013, 6 (3): 1217-1232.

[52] Kim Y K, Lee E B . Optimization simulation, using steel plant off-gas for power generation: a life-cycle cost analysis approach [J]. Energies, 2018, 11 (11): 2884.

[53] Duan W, Yu Q, Wang Z , et al. Life cycle and economic assessment of multi-stage blast furnace slag waste heat recovery system [J]. Energy, 2018, 142 (1): 486-495.

[54] Walsh C, Thornley P . The environmental impact and economic feasibility of introducing an Organic Rankine Cycle to recover low grade heat during the production of metallurgical coke

[J]. Journal of Cleaner Production, 2012, 34: 29-37.

[55] Lin Y P, Wang W H, Pan S Y, et al. Environmental impacts and benefits of organic rankine cycle power generation technology and wood pellet fuel exemplified by electric arc furnace steel industry [J]. Applied Energy, 2016, 183 (1): 369-379.

[56] Lampert K, Ziebik A. Comparative analysis of energy requirements of CO_2 removal from metallurgical fuel gases [J]. Energy, 2007, 32 (4): 521-527.

[57] Hayashi M, Mimura T. Steel industries in japan achieve most efficient energy cut-off chemical absorption process for carbon dioxide capture from blast furnace gas [J]. Energy Procedia, 2013, 37: 7134-7138.

[58] Tsupari E, Karki J, Arasto A, et al. Post-combustion capture of CO_2 at an integrated steel mill-Part Ⅱ: Economic feasibility [J]. International Journal of Greenhouse Gas Control, 2013, 16: 278-286.

[59] Arasto A, Tsupari E, Karki J, et al. Post-combustion capture of CO_2 at an integrated steel mill-Part Ⅰ: Technical concept analysis [J]. International Journal of Greenhouse Gas Control, 2013, 16: 271-277.

[60] Arasto A, Tsupari E, Karki J, et al. Costs and potential of carbon capture and storage at an integrated steel mill [J]. Energy Procedia, 2013, 37: 7117-7124.

[61] Dora-Andreea C, Letitia P, Paul C, et al., Assessing the environmental impact of an integrated steel mill with post-combustion CO_2 capture and storage using the LCA methodology [J], Journal of Cleaner Production, 2019, 211: 1015-1025.

[62] Cormos, Calin-Cristian. Evaluation of reactive absorption and adsorption systems for post-combustion CO_2 capture applied to iron and steel industry. [J]. Applied Thermal Engineering, 2016, 105: 56-64.

[63] Petrescu L, Chisalita D A, Cormos C C, et al. Life cycle assessment of sewgs technology applied to integrated steel plants [J]. Sustainability, 2019, 11.

[64] Echterhof T. Review on the use of alternative carbon sources in EAF steelmaking [J]. Metals 2021, 11 (2): 222.

[65] Yu S, Fukuda K, Kato K, et al. CO_2 reduction potentials by utilizing waste plastics in steel works [J]. International Journal of Life Cycle Assessment, 2009, 14 (2): 122-136.

[66] Vadenbo C O, Boesch M E, Hellweg S. Life cycle assessment model for the use of alternative resources in ironmaking [J]. Journal of Industrial Ecology, 2013, 17 (3): 363-374.

[67] Jahanshahi S, Mathieson J G, Somerville M A, et al. Development of Low-Emission Integrated Steelmaking Process [J]. Sustainability. 2015, 1: 94-114.

[68] Lin Y P, Wang W H, Pan S Y, et al. Environmental impacts and benefits of organic rankine cycle power generation technology and wood pellet fuel exemplified by electric arc furnace steel industry [J]. Applied Energy, 2016, 183 (1): 369-379.

[69] Norgate T, Langberg D. Environmental and economic aspects of charcoal use in steelmaking [J]. ISIJ International, 2009, 49 (4): 587-595.

［70］ Terry N , Nawshad H , Michael S , et al. Biomass as a source of renewable carbon for iron and Steelmaking ［J］. Transactions of the Iron & Steel Institute of Japan, 2012, 52（8）: 1472-1481.

［71］ Demus T, Reichel T, Echterhof T, et al. Biochar usage in EAF-steelmaking potential and feasibility ［C］// 1st ESTAD & 31st JSI 7-8 April 2014-Paris, 2014.

［72］ Weldegiorgis F S, Franks D M. Social dimensions of energy supply alternatives in steelmaking: comparison of biomass and coal production scenarios in Australia ［J］. Journal of Cleaner Production, 2014, 84（1）: 281-288.

［73］ 刘志鹏. 钢铁行业清洁生产评价指标体系解读 ［C］// 2014 年全国冶金能源环保生产技术会文集, 2014: 115-118.

［74］ 陈程, 马东旭, 肖邦国. 推动我国钢铁绿色设计产品高质量发展的建议 ［J］. 中国钢铁业, 2020（4）: 37-42.

［75］ 郜学. 标准引领钢铁工业绿色发展 ［J］. 信息技术与标准化, 2019（7）: 58-62.

［76］ 中国冶金建设协会 http://www.zgyj.org.cn/science/842100204.html.

［77］《钢铁工业绿色高质量发展指数》团体标准编制说明 ［R］. http://www.ttbz.org.cn/StandardManage/Detail/41507/.

［78］ YB/T 4768—2019 绿色设计产品评价技术规范管线钢.

［79］ 张彩平, 张莹. 钢铁企业碳资产绩效评价指标体系构建及应用研究 ［J］. 环境污染与防治, 2017, 39（7）: 807-810.

［80］ 中国钢铁工业协会. 2021 年中国钢铁工业年鉴 ［R］. 中国钢铁工业协会, 2021.

［81］ 世界钢铁协会. 世界钢铁统计年鉴 2020 ［R］. 世界钢铁协会, 2020.

9 "一带一路"沿线钢铁行业清洁生产合作发展对策

9.1 国际产能合作概述

当一国（地区）发展到一定水平时，单纯地依靠出口无法解决境内外市场资源配置的问题，必须将境内产业向外转移或承接其他国家（地区）转移而来的产业，在产业互动中实现发展[1]。所谓的国际产能合作并不只是将自身多余产能向他国和地区进行机械转移，而是在双方共同发展的前提下所形成的一种全新合作模式[2]。国际产能合作是一种围绕生产能力新建、转移和提升的国际合作形式，包括直接投资、工程承包、装备贸易和技术合作等[3]。一般来说，产能合作主要可以分为通过产品输出以及产业转移的两种方式[4]。目前，世界主要国家和地区在国际产能合作方面已经有了不少有益经验。以美国为例，其作为全球产业分工价值链和全球创新价值体系的顶端，一方面重视资金、人才和知识资源配置在产能合作中的集结作用，不断优化国际产能合作的要素配置，为良好的国际产能合作打下坚实的基础；另一方面鼓励企业参与全球产业转移，通过修改《反垄断法》《通信法》等法律放宽对企业经济活动的限制，为企业发展及合作提供有利公平竞争的制度环境。作为全球著名的制造业强国、第三大贸易出口国，德国在国际产能合作的主要方式是绿地投资（Green Field Investment），即创建投资，指国外投资设厂的投资模式，能够进一步优化低端与高端产业布局，构建以自身为价值链的核心节点的区域性产能转移价值链。日本在国外则主要采取对外直接投资的方式，并且日本对外直接投资企业具有所有权优势、内部化优势和区位优势。

当然，值得注意的是，美国的"工业互联网"、德国的"工业4.0"、英国的"英国制造2050"、日本的《2014制造业白皮书》以及中国的"中国制造2025"都以智能制造为核心，为推动国内工业，尤其是制造业转型升级注入了新的活力，也增加了国际产能合作的难度[1]。

9.2 中国和"一带一路"沿线国家钢铁产能合作的基础和现状

"一带一路"沿线国家多为发展中国家，处于大规模工业化和产业升级阶段，需要大力加强交通、通信、能源、水利、市政等基础设施项目建设。钢铁是"一带一路"沿线国家基础设施互联互通的重要基础原材料保障。随着"一带一路"建设的不断推进，沿线国家在今后很长一段时间内都将是全球钢铁投资与消费的重要地区[5]。

中国是当今世界最主要的钢铁生产国。由于受到新冠疫情的冲击，2022年中国粗钢产量略有下降，为1013Mt，占全球粗钢总产量的53.9%，远高于排在第2名的印度（124.7Mt）；其他产量分列世界排名第3~6位的日本、美国、俄罗斯和韩国，其2022年粗钢产量仅分别为89.2Mt、80.7Mt、71.5Mt和65.9Mt[6]。欧盟（含英国）2021年粗钢产量仅占全球8.2%，除中日韩和印度外的其他亚洲国家2021年粗钢产量仅占全球8.1%，而欠发达地区，如中南美洲和非洲的粗钢产量分别仅占全球的2.4%和1.0%。此外，2020年和2021年"一带一路"主要产钢国粗钢产量分别为3.85亿吨和4.22亿吨，分别占世界粗钢总产量的20.5%和21.6%，2020年粗钢表观消费量为3.82亿吨，占世界粗钢表观消费总量的20.2%[7]。

据统计，截至2021年，我国与"一带一路"国家钢铁国际产能合作的钢铁投资项目约25个，钢铁工程建设项目约10个[8]。工程承包、绿地投资和跨国并购是中国钢铁企业对外投资的主要方式。跨国并购主要是为了获取资源、技术、品牌及市场渠道，目前相对于前二者在沿线国家已实施的跨国并购数目相对较少。

例如，中钢设备已与伊朗有关钢铁公司签署了100万吨钢厂项目的总承包合同；鞍钢继中标大沃风电工程供货任务后，独家中标了巴基斯坦城市轨道交通项目8000t钢轨需求合同；河钢武钢与哈萨克斯坦相关企业签署了1000t抗硫化氢腐蚀钢的承包合同；首钢在埃塞俄比亚建设大型工业园区，在捷克新建一个汽车零部件工厂；中冶赛迪签订设计咨询合同，在澳方新建联合钢厂；文安钢铁与中冶集团签订合作备忘录，共同在马来西亚投资30亿美元，建设年产500万吨钢、300万吨水泥、200万吨焦炭的资源综合利用型钢铁企业；河钢为借助斯梅代雷沃钢厂完备的工艺装备和物流设施以及中东欧地区的市场，与塞尔维亚共和国政府签署了收购协议[9]。

9.3 "一带一路"倡议下钢铁行业国际产能合作的挑战与机遇

"一带一路"倡议是开放包容、友好合作的国际平台，自提出以来便受到了沿线国家的热烈欢迎。"一带一路"倡议生命力旺盛，发展前景广阔，为广大发展中国家共同应对气候变化、生物多样性保护和实现"碳中和、碳达峰"愿景注入强劲动力。清洁生产是能够减少资源能源消耗，预防环境污染的生产端策略，是优化资源能源配置和实现可持续发展的重要手段。清洁生产是钢铁行业高质量发展的重要内容。钢铁行业是高耗能，高污染行业，在生产过程中产生了大量的废水、废气和废渣，带来了严重的环境问题。在"一带一路"倡议下推进钢铁行业的清洁生产是积极响应国家节能减排、绿色发展号召的体现，对环保事业的发展具有重要意义。"一带一路"倡议为建立更优的国际钢铁产能合作机制提供了可行的路径，也为钢铁行业清洁生产研究和发展提供了新的挑战与机遇。

9.3.1 "一带一路"倡议下钢铁行业清洁生产国际合作的挑战

"一带一路"倡议下钢铁行业开展清洁生产跨区域合作的挑战主要体现在三个方面：

（1）"一带一路"沿线国家钢铁工业基础薄弱且环境污染严重。总体而言，"一带一路"沿线国家在全球工业分工中还多处于中低端位置，存在资源效率低下、环境污染严重等问题，钢铁行业整体清洁生产水平不高，管理和技术体系不够完善，对发达国家的技术依赖度较高。尤其面临全球气候变化与"碳达峰、碳中和"目标下，如何依托中国等钢铁主要生产国先进的钢铁清洁生产优势及经验，加快钢铁行业转型升级，同时又兼顾所在国的实际发展阶段和清洁生产水平而筛选出所在国适用的最优合作方式，以此带动全球钢铁行业更加可持续地蓬勃发展，仍然是需要深思的问题。

（2）"一带一路"沿线钢铁行业现行标准和指标体系滞后及不兼容问题严重。一方面，"一带一路"沿线钢铁行业现行标准及指标体系存在滞后性，"一带一路"沿线钢铁行业现有指标体系严重滞后于实际清洁生产审核需要，缺少行业公认的清洁生产评价指标体系，不能满足环境管理的需求，同时也无法与碳中和目标实现有效衔接；另一方面，"一带一路"沿线多为发展中国家，工业化程度不高，钢铁行业发展水平参差不齐，选取钢铁标准不同，标准化程度差异较大，在实际建设中兼容性和协同性有待加强，没有规范、统一且合理的国际互认标准，严重阻碍了"一带一路"沿线钢铁行业清洁生产发展。

（3）现有的"一带一路"钢铁国际产能合作机制仍需要进一步完善。自2013年"一带一路"倡议提出以来，至今已近10年。中国钢铁行业及各企业在"走出去"过程中做了很多有益探索及尝试，也获得了很多宝贵的经验。但目前的钢铁国际产能合作机制仍有不少提升空间。目前沿线的钢铁产能合作面临缺乏必要的统筹协调、项目融资难、沿线国家在护照签证和外事管理等方面的规定过于死板严苛等问题，严重阻碍了国内钢铁企业在"一带一路"沿线国家海外投资的积极性和实际效率。

9.3.2 "一带一路"倡议下钢铁行业清洁生产国际合作的机遇

（1）"一带一路"沿线拥有巨大的潜在钢铁市场。据世界钢铁协会统计，未来十数年，东南亚和印度市场合计将有至少 2 亿吨的钢铁市场增量。尤其是在"一带一路"沿线国家，人均钢铁消费量潜力巨大，且劳动力、土地房产、水电气劳动力等各类要素成本较低，发展钢铁产业具有较大优势。以东南亚为例，过去 10 年的钢铁产量几近翻倍，但仍存在近 4000 万吨的钢铁供应缺口；而南亚的印度是目前全球第二大产钢国，具备人口红利，且城镇化率偏低、基础建设薄弱，钢铁消费需求巨大。

（2）中国钢铁行业已具备"走出去"的强大产能和先进技术。根据最新的统计资料，2021 年中国已拥有全球逾 50% 的粗钢产量，此外，中国钢铁行业具备完整的工业体系网络，工业数据完整，经验装备水平、设备制造水平、清洁生产水平和管理水平等都具备"走出去"的实力，可以为"一带一路"沿线国家所借鉴。"一带一路"倡议提供了良好平台，便于钢铁企业选取适合自身的模式在带路地区投资建厂，促进钢铁产业转型，优化产业结构。另外，值得指出的是，"一带一路"沿线国家多具备丰富的自然禀赋，随着"一带一路"倡议的推进，这些国家丰富的自然资源也可更为方便快捷地进入中国，为进一步改善我国钢铁行业原材料紧缺状态提供了条件。

（3）"一带一路"倡议为沿线国家交流发展钢铁清洁生产技术提供了好的平台。我国在跨区域钢铁行业清洁生产方面的合作研发潜力巨大。以绿色低碳技术的专利申请为例，据冶金科技查新咨询中心统计结果显示，"一带一路"沿线主要钢铁生产国在氢冶金、智能制造和高炉炉顶煤气余压发电三类绿色低碳技术的专利申请数占全球比例仅为 9.9%、9.2% 和 7.9%，中国的对应占比则分别高达60.5%、53.3% 和 73.4%，均超过 50%[10]。虽然我国钢铁行业绿色低碳技术先进，但由于种种原因，目前国内钢铁企业和研究机构在三类绿色低碳技术方面的专利在"一带一路"沿线的布局几乎为空白。随着"一带一路"倡议的逐步推进和发展，必将为我国和沿线国家间钢铁行业清洁生产技术的交流互鉴提供一个好的平台。

9.4 "一带一路"沿线国家钢铁行业实现碳中和目标的障碍与可行路径

9.4.1 钢铁行业实现碳中和目标的障碍

（1）技术成熟度。根据国际能源署预测，21 世纪末实现碳中和需要各行业依托减排技术在现有排放水平实现大量减排。碳减排革新技术的成熟、大规模应用是实现减排目标的关键。而目前，各类技术均未实现大规模工业化应用，各类技术的减排实绩效果及对钢铁行业发展的潜在影响尚未知，如有学者认为 CCS

技术对实现钢铁行业减排目标的作用可能不及预测。

（2）技术应用的条件可行性。这部分主要考虑了两方面的因素，一个是基础设施建设，另一个是清洁能源的可获得性。

有专家指出，碳减排技术的应用还需要考虑交通、能源供应、空间等因素，现有钢铁行业已经完成了各类能源介质管线的铺设，在总体布局上也往往较为局促，新建大型设施将会变得较为困难，同时，如果涉及物流的较大变化，企业的运输条件可能也难以具备。

也有专家指出清洁能源的可获得性将是部分技术得以应用的一个关键。如在氢路径减碳中涉及氢气的获取，电解路径涉及电力获取，如果这部分氢气或电力的产生仍旧来自传统化石能源，那么全生命周期的碳减排效果将大打折扣，因此使用清洁能源作为氢气和电力来源将显得至关重要，EUROFER 预计，欧洲钢铁业在未来应用电炉以及电解制氢时将具有 $400\sim480TW\cdot h/$年的清洁电力缺口。

（3）成本及投资因素。这是各类减排技术项目得以最终投入大规模应用的一个关键因素，包括项目投资、项目运行成本等。各类碳减排突破技术从技术可行性验证到示范项目再到大规模推广过程中均需要投入大量资金。部分金融专家举例说明，如 COURSE50 及 SALCOS 项目在技术验证阶段即需要上百万美元的投入，ULCOS 项目在示范应用阶段的投资预计将达到上亿美元级别，而技术的推广更是可能达到数十亿美元级别。

突破性减碳技术的成熟、大规模应用仅仅依靠企业单方推进难以实现，需要得到政府、金融机构等在内的各方资金支持。而钢铁行业由于产业自身的特点可能影响到其得到金融机构的融资，如钢铁行业相比于油气、能源行业的盈利性相对较弱，行业发展具有周期性产能过剩的特点，这些都会影响到金融机构对行业的投资意愿，进而影响到技术的研发及推广应用。

（4）钢铁企业的国际竞争。各类减排技术的成本投入最终将体现在钢铁产品的价格中，可能存在不同钢铁企业在单位碳减排的不同投入，进而形成不同地区钢铁产品的不同价格竞争优势，进而加剧区域间钢铁产品国际竞争力差异。不同钢铁企业在减碳上的行动存在不同，部分先发企业在减碳技术研发及推广应用上大量投入，虽然将产生一定的减排效果，但是其他企业将由于碳减排投入相对较少，而将具备更有价格优势的产品。

9.4.2 钢铁行业实现碳中和目标的可行路径

（1）依靠基于政府或区域组织的资金补贴推进碳减排技术的研究及应用推广。考虑到突破性技术研发及推广的巨大资金需求，欧盟委员会及部分成员国均推出了特定的技术补贴机制，如 Innovation Fund、NER300、Europe Horizon 等，但是这些机制一般只针对欧盟成员国；部分投资银行开展绿色金融投资业务，如欧洲复兴开发银行的 Green Economy Financing 计划，其面向欧盟以及部分发展中国家。

（2）推动碳排放交易机制。碳排放交易在欧盟起步较早，目前已经相对较为成熟；中国的碳市场建设是从地方试点起步的。2011 年 10 月在北京、天津、上海、重庆、广东、湖北、深圳 7 省市启动了碳排放权交易地方试点工作。2013 年起，7 个地方试点碳市场陆续开始上线交易，有效促进了试点省市企业温室气体减排，也为全国碳市场建设摸索了制度，锻炼了人才，积累了经验，奠定了基础。2017 年末，经过国务院同意《全国碳排放权交易市场建设方案》印发实施，要求建设全国统一的碳排放权交易市场。2021 年 7 月 16日，全国碳市场启动仪式于北京、上海、武汉三地同时举办，备受瞩目的全国碳市场正式开始上线交易。同时，相关专家也就碳交易机制提出了一些关切，如提醒需要避免碳定价过高而影响企业参与的积极性，以及提议优化碳排放计算方法，提高数据透明性等，以提升能源效率和推进行业能源结构优化的用煤总量控制机制。

中国目前正在推进的控煤工作，由地方政府分阶段、因地制宜地推进煤炭消费总量控制可以推进钢铁企业提高资源利用率、能源效率，促进企业实现绿色升级，进而推进行业可持续转型。

（3）构建跨行业的能源、资源循环机制。目前的低碳技术路径仅仅关注了能源流，虽然理论上可以实现能源的线性流动，但是忽视了废弃物的问题，应关注跨行业的资源、能源流动，推进行业间实现资源、能源的闭环循环流动。

（4）推动行业内外加强技术交流和技术转移。日本钢铁协会、JFE 的专家介绍了其技术转移及支撑机制，包含能源诊断、技术推广移植（TCL 列表）等措施，目前正在印度以及东南亚钢铁行业推广节能技术。宝钢股份的专家介绍了中国钢铁行业面对日益严峻的节能减排压力，各大钢厂在能源环保领域加大技术、经验交流，共同提升节能环保绩效，并指出诸如世界钢协、中钢协、冶金规划院等 NGO 组织在其中扮演了越来越重要的角色。

（5）构建钢铁行业绿色评价机制。来自标准普尔（S&P Global Rating）的专家分享了其 ES 评价机制，指出可以从环境绩效、社会影响和公司治理水平三个角度评价企业绿色绩效，作为企业信用评价的一个维度，可以为企业绿色信贷的申请提供依据。来自 EUROFER、安米的专家指出应推广钢铁企业绿色产品评价，作为供应链的准入机制。

9.5 "一带一路"沿线国家钢铁行业清洁生产提升潜力分析

清洁生产与可持续发展是社会发展的必然要求，同时也是可持续发展战略的重要突破。清洁生产的发展逐步使传统末端治理的环境管理方式向源头控制转变，从资源节约和环境保护两个方面对钢铁行业的全生命周期阶段给予充分的考虑和要求。通过产品绿色设计、企业环境管理、绿色供应链、生产工艺革新、清洁生产技术管理、废弃物资源化等环节的清洁化和科学化，清洁生产实现了节能降耗，减污增效的环境管理，体现了钢铁行业可持续发展的战略部署，实现了环境保护与经济发展的共赢局面。

"一带一路"倡议下钢铁行业的清洁生产提升方向可以从以下五个方面考虑：

（1）优化能源结构。调整能源结构比例，执行精料方针，优化炉料结构。提高焦炭品质和入炉矿质量，采用高氧高煤量喷吹技术降低能耗水平，实现清洁生产。增加清洁能源的使用比例，将煤、石油和天然气等不可再生资源更换为风能、太阳能和生产过程中的废弃能源等，实现能源的高效利用，促进钢铁行业的可持续发展。

（2）优化生产工艺。不合理的生产工艺会造成资源能源的浪费以及过多的废弃物排放，先进生产工艺以及清洁生产技术的采用能够优化生产流程配置，提高生产效率，实现清洁生产。如减少烧结工序中固定燃料的消耗、降低烧结工序中电能的消耗、回收烧结工序中的余热、开展废弃钢材的二次利用、高炉渣的循环有效利用和建立环保自动监测体系等。加强基础应用研究，攻克核心技术、材料和设备壁垒，开创前瞻性创新成果推动产品开发和产业升级。

（3）提高行业集中度。"一带一路"国家的钢铁行业集中度较低，产业结构不合理。因此钢铁行业通过整合重组提高集中度，实现跨区域的资产重组，建立龙头企业，通过加严环境标准淘汰小型钢铁企业，建立钢铁基地，实现规模经济，提高企业劳动生产率、经济效益和环境效益。

（4）深化机制体制改革。推动钢铁行业体制改革，实现自主经营，自负盈亏，激发各种创新活力，发挥市场在资源配置中的决定性作用。同时也要兼顾政府的调控作用，让政府为钢铁行业的可持续发展提供公平的竞争环境，促进公平竞争，提高市场活力，打破区域间的种种壁垒，促进各要素循环流通，提高资源利用效率，实现可持续发展。

（5）探索智能制造路径。将传统钢铁生产与人工智能、大数据、物联网、云计算等技术结合起来，促进行业的智能化，数字化发展。发挥数字经济优势，加快钢铁行业智能化转型。如生产方式的数字化，通过生产运营全流程数据监控，提高行业的数字化，自动化水平，从而进一步提高资源利用效率、劳动生产率和产品质量稳定性；生产运营的智能化通过优化资源配置和生产运营方式，推动产业向智能化生产运营转型，提高企业决策方案的科学性和合理性，提高企业的风险防范能力，降低行业综合成本。

9.6 面向碳中和的沿线钢铁行业清洁生产产能合作对策建议

推动钢铁行业国际产能合作，既要结合国内钢铁产能及政策导向，发挥国内优势，加快钢铁行业转型升级，又要兼顾沿线国家实际情况、切实需求与清洁生产水平，与沿线国家的政府和企业开展深度沟通磋商，提高钢铁企业海外投资的效率，以此带动钢铁产能的对外输出。

在综合分析"一带一路"沿线国家钢铁市场需求规模、贸易情况、经济基础、市场环境、制度环境等数据基础上，结合我国钢铁行业国际产能合作政策导向，对面向清洁生产和碳减排目标的"一带一路"产能合作提出如下建议：

（1）大力完善"一带一路"沿线钢铁国际产能合作机制。国家层面上需要进一步加强顶层设计与统筹调控，如加大国家政策性资金扶持力度，创新金融服务，为项目融资提供切实便利，以更好地鼓励企业进行国际产能合作；统一规划及布局，鼓励中小钢铁企业通过并购重组等方式集中产能，形成产业合力，从总体上增加我国钢铁贸易的竞争力；加强与沿线国家沟通磋商，简化通关手续，降低产品进出口贸易的时间成本，提高钢铁企业海外投资及产业布局的便捷性与效率；注意有效规避政治风险，制定合理的"一带一路"沿线钢铁贸易风险应对机制。而在企业层面上，一方面可以首先依托国家政策支持，发挥主观能动性，扩大钢铁资源进口，以创新带动发展，加大研发力度，不断优化钢铁产品结构，自主创新研发具有我国自主知识产权的高端钢铁生产技术，促进钢铁产业转型升级和高质量发展，提升我国钢铁产品的国际竞争力；其次，则应该充分调研"一带一路"沿线国家钢铁市场需求规模、贸易情况、经济基础、市场环境、制度环境等数据，结合自身需求，设置短期及长期的分类合作目标，有针对性地选择合适的钢铁产能合作方式；另一方面，除了注重直接出口钢铁生产装备外，也应该注重相关技术、管理经验和标准及指标体系的输出，提升我国在全球钢铁的国际话语权。

（2）加强"一带一路"沿线钢铁行业全生命周期清洁生产技术创新和人才培养。面对全球气候变化和"双碳"目标，全生命周期清洁生产技术的创新变革是重中之重。目前全球钢铁行业正在推进的低碳和减污替代技术可分为碳技术路径、氢气技术路径和电解技术路径三大路径，共涉及生物质替代、碳捕获及储存（CCS）、碳捕获及利用（CCU）、氢气直接还原、氢气生产以及电解共六大类技术。需要注意的是，钢铁行业的碳中和愿景贯穿于全生命周期过程，很难单靠某项技术的革新与推广而实现。虽然目前正在推进的清洁生产技术发展迅速，但总体仍处于小试或中试阶段，还有不少技术壁垒需要克服，距离大规模工业应用还有较长距离。因此，除了对单项清洁生产技术的大力攻关，还应注重不同清洁生产技术的组合应用以及"一带一路"沿线国家实际的发展状况、实际需要与经济及环境成本，有时"最优"并不意味着"最合适"。

另外，除了清洁生产技术本身，大量与钢铁行业清洁生产相关的高素质人才也是推动沿线钢铁转型，达到绿色钢铁目标的重要推手。因此，建议定期组织高水平的钢铁清洁生产培训，培育专业化、国际化的钢铁行业清洁生产人才。

（3）积极推进"一带一路"沿线钢铁行业相关标准及指标体系制定及互认工作。正如前述所提到的，"一带一路"沿线钢铁行业现行标准及指标体系滞后及不兼容问题严重，严重阻碍了沿线钢铁行业清洁生产发展。所以，建议积极推进"一带一路"沿线钢铁行业相关标准和指标体系制定及互认工作。目前，我国钢铁行业在超低排放、节能降耗、资源综合利用、低碳转型等方面均处于国际领先水平，为"一带一路"沿线国家钢铁行业的绿色可持续发展提供了参考和示范。在相关国家和地区形成规范统一的国际互认标准，通过所构建的钢铁行业清洁生产技术清单，推广适用于沿线国家的先进绿色低碳技术，是引领"一带一路"沿线钢铁行业清洁生产的重要手段[9]。另外，制定和实施统一互认的清洁生产相关标准及评价指标体系，将会促进钢铁行业清洁生产创新技术在"一带一路"沿线的推广应用，进一步推动和提高沿线国家钢铁行业的清洁生产水平。

参 考 文 献

[1] 刘建设. "一带一路"国际产能合作问题研究［R］. 中国社会科学院研究生院, 2019.

[2] 陈丽. "一带一路"倡议下我国钢铁产业国际产能合作机制的研究［J］. 冶金管理, 2022（1）: 3.

[3] 迟京东. 落实"一带一路"倡议 推动钢铁国际产能合作［J］. 中国钢铁业, 2017（4）: 8-9.

[4] 况丽平. 国际产能合作的研究回顾及述评［J］. 现代商贸工业, 2017（4）: 42-43. DOI: 10.19311/j.cnki.1672-3198.2017.04.017.

[5] "一带一路"主要国家钢铁标准化. https://www.sohu.com/a/530655013_313737.

[6] 世界钢铁协会. 官网［EB/OL］. 2022. https://worldsteel.org.

[7] 世界钢协和GTT.

[8] https://baijiahao.baidu.com/s?id=17304105958144859184&wfr=spider&for=pc.

[9] https://www.custeel.com/stopic/jn416/.

[10] http://www.worldmetals.com.cn/viscms/tupianxinwen3693/20220406/257910.html.